點校本二十四史修訂本

金史

第六册

卷七七至卷九六

〔元〕脱脱 等撰

中華書局

2020年2月第1版　　2024年6月第2次印刷
ISBN 978-7-101-14218-1

金史卷七十七

列傳第十五

宗弼本名兀朮　亨本名孛迭　張邦昌　劉豫　撻懶

宗弼，本名斡啜，又作兀朮，亦作斡出，或作晃斡出，太祖第四子也〔一〕。希尹獲遼護衞習泥烈，問知遼帝獵鴛鴦濼。都統杲出青嶺，宗望、宗弼率百騎與馬和尚逐越盧、孛古、野里斯等，馳擊敗之。宗弼矢盡，遂奪遼兵士槍，獨殺八人，生獲五人，遂審得遼主在鴛鴦濼畋獵，尚未去，可襲取者。

及宗望伐宋，宗弼從軍，取湯陰縣，降其卒三千人。至御河，宋人已焚橋，不得渡，合魯索以七十騎涉之，殺宋焚橋軍五百人。宗望遣吳孝民先入汴諭宋人，宗弼以三千騎薄汴城，宋上皇出奔，選百騎追之，弗及，獲馬三千而還。

宗望薨，宗輔爲右副元帥，徇地淄、青。宗弼敗宋鄭宗孟數萬衆，遂克青州。復破賊將趙成于臨朐，大破黄瓊軍，遂取臨朐。宗輔軍還，遇敵三萬衆于河上，宗弼擊敗之，殺萬餘人。

詔伐宋康王，宗輔發河北，宗弼攻開德府，糧乏，轉攻濮州。前鋒烏林荅泰欲破王善二十萬衆，遂克濮州，降旁近五縣。攻開德府，宗弼以其軍先登，奮擊破之。攻大名府，宗弼軍復先登，破其城。河北平。

宋主自揚州奔于江南，宗弼等分道伐之。進兵歸德，城中有自西門、北門出者〔二〕，當海復敗之。乃絶隍築道，列礟隍上，將攻之，城中人懼，遂降。先遣阿里、蒲盧渾至壽春，宗弼軍繼之。宋安撫使馬世元率官屬出降。進降廬州，再降巢縣王善軍。當海等破酈瓊萬餘衆于和州，遂自和州渡江。將至江寧西二十里，宋杜充率步騎六萬來拒戰，鶻盧補、當海、迪虎、大臭合擊破之。宋陳邦光以江寧府降。留長安奴、斡里也守江寧。使阿魯補、斡里也别將兵徇地，下太平州、濠州及句容、溧陽等縣，泝江而西，屢敗張永等兵，杜充遂降。

宗弼自江寧取廣德軍路，追襲宋主于越州。至湖州，取之。先使阿里、蒲盧渾趨杭州，具舟于錢塘江。宗弼至杭州，官守巨室皆逃去，遂攻杭州，取之。宋主聞杭州不守，遂自越奔明州。宗弼留杭州，使阿里、蒲盧渾以精兵四千襲之。訛魯補、朮列速降越州。大臯破宋周汪軍〔三〕，阿里、蒲魯渾破宋兵三千，遂渡曹娥江，去明州二十五里，大破宋兵，追至其城下。城中出兵，戰失利，宋主走入于海。宗弼中分麾下兵，會攻明州，克之。阿里、蒲盧渾泛海至昌國縣，執宋明州守趙伯諤，伯諤言「宋主奔温州，將自温州趨福州矣」。遂行海追三百餘里，不及，阿里、蒲盧渾乃還。

宗弼還自杭州，遂取秀州。赤盞暉敗宋軍于平江，遂取平江。阿里率兵先趨鎮江，宋韓世忠以舟師扼江口，宗弼舟小，契丹、漢軍没者二百餘人，遂自鎮江泝流西上。世忠襲之，奪世忠大舟十艘，於是宗弼循南岸，世忠循北岸，且戰且行。世忠艨艟大艦數倍宗弼軍，出宗弼軍前後數里，擊柝之聲，自夜達旦。世忠以輕舟來挑戰，一日數接。將至黄天蕩，宗弼乃因老鸛河故道開三十里通秦淮，一日一夜而成，宗弼乃得至江寧。撻懶使移剌古自天長趨江寧援宗弼，烏林荅泰欲亦以兵來會，連敗宋兵。

宗弼發江寧，將渡江而北。宗弼軍渡自東，移剌古渡自西，與世忠戰于江渡。世忠分舟師絶江流上下，將左右掩擊之。世忠舟皆張五緉，宗弼選善射者，乘輕舟，以火箭射世忠舟上五緉，五緉著火箭，皆自焚，煙焰滿江，世忠不能軍，追北七十里，舟軍殲焉，世忠僅能自免。

宗弼渡江北還，遂從宗輔定陝西。與張浚戰于富平，宗弼陷重圍中，韓常流矢中目，怒拔去其矢，血淋漓，以土塞創，躍馬奮呼搏戰，遂解圍，與宗弼俱出。既敗張浚軍于富平，遂與阿盧補招降熙河、涇原兩路。及攻吴玠于和尚原，抵險不可進，乃退軍，伏兵起，且戰且走，行三十里，將至平地，宋軍陣于山口，宗弼大敗，將士多戰没。明年，復攻和尚原，克之。天會十五年，爲右副元帥，封瀋王。

天眷元年，撻懶、宗磐執議以河南之地割賜宋，詔遣張通古等奉使江南。明年，宋主遣端明殿學士韓肖胄奉表謝，遣王倫等乞歸父喪及母韋氏兄弟。宗弼自軍中入朝，進拜都元帥。宗弼察撻懶與宋人交通賂遺，遂以河南、陝西與宋，奏請誅撻懶，復舊疆。是時，宗磐已誅，撻懶在行臺，復與鶻懶謀反。會置行臺於燕京，詔宗弼爲太保，領行臺尚書省，都元帥如故，往燕京誅撻懶。撻懶自燕京南走，將亡入于宋，追至祁州，殺之〔四〕。

詔「諸州郡軍旅之事，決于帥府。民訟錢穀，行臺尚書省治之」。宗弼兼總其事，遂議南伐。太師宗幹以下皆曰：「構蒙再造之恩，不思報德，妄自鴟張，祈求無厭，今若不取，後恐難圖。」上曰：「彼將謂我不能奄有河南之地。且都元帥久在方面，深究利害，宜即舉兵討之。」遂命元帥府復河南疆土，詔中外。

宗弼由黎陽趨汴，右監軍撒离喝出河中趨陝西。宋岳飛、韓世忠分據河南州郡要害，復出兵涉河東，駐嵐、石、保德之境，以相牽制。宗弼遣孔彦舟下汴、鄭兩州，王伯龍取陳州，李成取洛陽，自率衆取亳州及順昌府，嵩、汝等州相次皆下。時暑，宗弼還軍于汴，岳飛等軍皆退去，河南平，時天眷三年也。上使使勞問宗弼以下將士，凡有功軍士三千，並加忠勇校尉。攻嵐、石、保德皆克之。

宗弼入朝，是時，上幸燕京，宗弼見於行在所。居再旬，宗弼還軍，上起立酹酒飲之，賜以甲冑弓矢及馬二匹。宗弼已啓行四日，召還。至日，希尹誅。越五日，宗弼還軍，進伐淮南，克廬州。

上幸燕京。宗弼朝燕京，乞取江南，上從之。制詔都元帥宗弼比還軍與宰臣同入奏事。俄爲尚書左丞相兼侍中，太保、都元帥、領行臺如故。詔以燕京路隸尚書省，西京及山後諸部族隸元帥府。乃還軍，遂伐江南。既渡淮，以書責讓宋人，宋人答書乞加寬宥。宗弼令宋主遣信臣來禀議，宋主乞「先斂兵，許弊邑拜表闕下」，宗弼以便宜約以畫淮水爲界。上遣護衛將軍撒改往軍中勞之。

皇統二年二月〔五〕，宗弼朝京師，兼監修國史。宋主遣端明殿學士何鑄等進誓表，其表曰：「臣構言，今來畫疆，合以淮水中流爲界，西有唐、鄧州割屬上國。自鄧州西四十里并南四十里爲界，屬鄧州。其四十里外並西南盡屬光化軍，爲弊邑。沿邊州城，既蒙恩造，許備藩方，世世子孫，謹守臣節。每年皇帝生辰并正旦，遣使稱賀不絕。歲貢銀、絹二十五萬兩、匹，自壬戌年爲首，每春季差人般送至泗州交納。有渝此盟，明神是殛，墜命亡氏，踣其國家。臣今既進誓表，伏望上國蚤降誓詔，庶使弊邑永有憑焉。」

宗弼進拜太傅。廼遣左宣徽使劉筈使宋，以衮冕圭寶珮璲玉册册康王爲宋帝。其册文曰：「皇帝若曰：咨爾宋康王趙構。不弔，天降喪于爾邦，亟瀆齊盟，自貽顛覆，俾爾越在江表。用勤我師旅，蓋十有八年于茲。朕用震悼，斯民其何罪。今天其悔禍，誕誘爾衷，封奏狎至，願身列于藩輔。今遣光禄大夫、左宣徽使劉筈等持節册命爾爲帝，國號宋，世服臣職，永爲屏翰。嗚呼欽哉，其恭聽朕命。」仍詔天下。賜宗弼人口牛馬各千、駝百、羊萬，仍每歲宋國進貢内給銀、絹二千兩、匹。

宗弼表乞致仕，不許，優詔答之，賜以金券。皇統三年〔六〕，爲太師，領三省事，都元帥、領行臺尚書省事如故。皇統八年，薨。大定十五年，謚忠烈，十八年，配享太宗廟廷。子孛迭。

亨本名孛迭。熙宗時，封芮王，爲猛安，加銀青光禄大夫。天德初，加特進。海陵忌太宗諸子，將謁太廟，以亨爲右衛將軍，語在太宗諸王傳。

海陵賜良弓，亨性直，材勇絶人，喜自負，辭曰：「所賜弓，弱不可用。」海陵遂忌之，出爲真定尹，謂亨曰：「太宗諸子方强，多在河朔、山東，真定據其衝要，如其有變，欲倚卿爲重耳。」其實忌亨也。歷中京、東京留守。家奴梁遵告亨與衛士符公弼謀反，考驗無狀，遵坐誅。海陵益疑之。改廣寧尹，再任李老僧使伺察亨動静，且令構其罪狀。

亨初除廣寧，諸公主宗婦往賀其母徒單氏，太祖長女兀魯曰：「孛迭雖稍下遷，勿以爲嫌，國家視京府一也，況孛迭年富，何患不貴顯乎。」是時，兀魯與徒單斜也爲室，斜也妾忽撻得幸於徒單后，忽撻詣后，告「兀魯語涉怨望，且指斥，又言孛迭當大貴」。海陵使蕭裕鞫之，左驗皆不敢言，遂殺兀魯而杖斜也，免其官，以兀魯怨望，斜也不先奏聞故也。乃封忽撻爲莘國夫人。

久之，亨家奴六斤頗黠，給使總諸奴，老僧謂六斤曰：「爾渤海大族，不幸坐累爲奴，寧不念爲良乎。」六斤識其意。六斤嘗與亨侍妾私通，亨知之，怒曰：「必殺此奴。」六斤聞之懼，密與老僧謀告亨謀逆。亨有良馬，將因海陵生辰進之，以謂生辰進馬者衆，不能以良馬自異，欲他日入見進之。六斤言亨笑海陵不識馬，不足進。亨之奴有自京師來者，具言徒單阿里出虎誅死。亨曰：「彼有貸死誓券，安得誅之。」奴曰：「必欲殺之，誓券安足用哉。」亨曰：「然則將及我矣。」六斤即以爲怨望，遂誣亨欲因間刺海陵。老僧即捕繫亨以聞。工部尚書耶律安禮、大理正忒里等鞫之，亨言嘗論鐵券事，實無反心，而六斤亦自引伏與妾私通，亨嘗言欲殺之狀。安禮等還奏，海陵怒，復遣與老僧同鞫之。與其家奴並加搒掠，皆不伏。老僧夜至亨囚所，使人蹴其陰間殺之。亨比至死，不勝楚痛，聲達於外。海陵聞亨死，佯爲泣下，遣人諭其母曰：「爾子所犯法，當考掠，不意飲水致死。」

亨擊鞠爲天下第一，常獨當數人。馬無良惡，皆如意。馬方馳，輒投杖馬前，側身附地，取杖而去。每畋獵，持鐵連鎚擊狐兔。一日與海陵同行道中，遇羣豕，亨曰：「吾能以鎚殺之。」即奮鎚遥擊，中其腹，穿入之。終以勇力見忌焉。

正隆六年，海陵遣使殺諸宗室，於是殺亨妃徒單氏、次妃大氏及子羊蹄等三人。大定初，追復亨官爵，封韓王。十七年，詔有司改葬亨及妻子。

贊曰：宗弼蹙宋主于海島，卒定畫淮之約。熙宗舉河南、陝西以與宋人，矯而正之者，宗弼也。宗翰死，宗磐、宗雋、撻懶湛溺富貴，人人有自爲之心，宗幹獨立，不能如之何，時無宗弼，金之國勢亦曰殆哉。世宗嘗有言曰：「宗翰之後，惟宗弼一人。」非虛言也。

張邦昌，宋史有傳。天會四年〔七〕，宗望軍圍汴，宋少帝請割三鎮地及輸歲幣、納質修好。於是，邦昌爲宋太宰，與肅王樞俱爲質以來。而少帝以書誘耶律余睹，宗翰、宗望復伐宋，執二帝以歸。劉彦宗乞復立趙氏，太宗不許。宋吏部尚書王時雍等請邦昌治國事，天會五年三月，立邦昌爲大楚皇帝。

初，少帝以康王構與邦昌爲質，既而肅王樞易之，康王乃歸。及宗望再舉兵，少帝復使康王奉玉册玉寶衮冕，增上太宗尊號請和。康王至磁州，而宗望已自魏縣渡河圍汴矣。及二帝出汴州，從大軍北來，而邦昌至汴，康王入于歸德。邦昌勸進于歸德，康王已即位，罪以隱事殺之。

邦昌死，太宗聞之，大怒，詔元帥府伐宋，宋主走揚州，事具宗翰等傳。其後，太宗復立劉豫繼邦昌，號大齊。

劉豫字彦游，景州阜城人。宋宣和末，仕爲河北西路提刑。徙浙西，抵儀真，喪妻翟氏，繼值父憂。康王至揚州，樞密使張慤薦知濟南府。是時，山東盜賊滿野，豫欲得江南一郡，宰相不與，忿忿而去。撻懶攻濟南，有關勝者，濟南驍將也，屢出城拒戰，豫遂殺關勝出降。遂爲京東東西、淮南安撫使，知東平府兼諸路馬步軍都總管，節制河外諸軍。以豫子麟知濟南府，撻懶屯兵衝要，以鎮撫之。

初，康王既殺張邦昌，自歸德奔揚州，詔左右副元帥合兵討之，詔曰：「俟宋平，當援立藩輔，以鎮南服，如張邦昌者。」及宋主自明州入海亡去，宗弼北還，乃議更立其人。衆議折可求、劉豫皆可立，而豫亦有心。撻懶爲豫求封，太宗用封張邦昌故事，以九月朔旦授策，受策之後，以藩王禮見使者。臣宗翰、臣宗輔議：「既策爲藩輔，稱臣奉表，朝廷報諭詔命，避正位與使人抗禮，餘禮並從帝者。」詔曰：「今立豫爲子皇帝，既爲鄰國之君，又爲大朝之子，其見大朝使介，惟使者始見躬問起居與面辭有奏則立，其餘並行皇帝禮。」

天會八年九月戊申，備禮册命，立豫爲大齊皇帝，都大名，仍號北京，置丞相以下官，赦境内。復自大名還居東平，以東平爲東京，汴州爲汴京，降宋南京爲歸德府，降淮寧、永昌、順昌、興仁府俱爲州。張孝純等爲宰相，弟益爲北京留守，母翟氏爲皇太后，妾錢氏爲皇后。錢氏，宣和内人也。以辛亥年爲阜昌元年〔八〕。以其子麟爲尚書左丞相、諸路兵馬大總管。宋人畏之，待以敵國禮，國書稱大齊皇帝。豫宰相張孝純、鄭億年、李鄴家人皆在宋，宋人加意撫之。阜昌二年，豫遷都于汴。睿宗定陝西，太宗以其地賜豫，從張邦昌所受封略故也。

元帥府使蕭慶如汴，與豫議以伐宋事，豫報曰：「宋主軍帥韓世忠屯潤州，劉光世屯江寧。今舉大兵，欲往采石渡江，而劉光世拒守江寧；若出宿州抵揚州，則世忠必聚海船截瓜洲渡。若輕兵直趨采石，彼未有備，我必徑渡江矣。光世海船亦在潤州，韓世忠必先取之，二將由此必不和〔九〕。以此逼宋主，其可以也。」

未幾，宋主閤門宣贊舍人徐文將大小船六十隻、軍兵七百餘人來奔，至密州界中，率將佐至汴。豫與元帥府書曰：「徐文一行，久在海中，盡知江南利害。文言：宋主在杭州，其候潮門外錢塘江内有船二百隻。宋主初走入海時，於此上船，過錢塘江别有河入越州，向明州定海口迤邐前去昌國縣，其縣在海中，宋人聚船積糧之處。今大軍可先往昌國縣，攻取船糧，還趨明州城下，奪取宋主御船，直抵錢塘江口。今自密州上船，如風勢順，可五日夜到昌國縣，或風勢稍慢，十日或半月可至。」

初，宗弼自江南北還，宗翰將入朝，再議以伐宋事。宗翰堅執以爲可伐。宗弼曰：「江南卑濕，今士馬困憊，糧儲未豐足，恐無成功。」宗翰曰：「都監務偷安爾〔一〇〕。」及豫以書報，而睿宗亦不肯用豫策，使撻懶帥師至瓜洲而還。

天會十四年，制詔「齊國與本朝軍民相訴，關涉文移，署年止用天會」。天會十五年，詔廢齊國，降封豫爲蜀王。豫稱大號凡八年。於是，置行臺尚書省於汴，除去豫弊政，人情大悅。以故齊宰相張孝純權行臺左丞相，遂遷豫家屬於臨潢府。

皇統元年，賜豫錢一萬貫、田五十頃、牛五十頭。三年，進封曹王〔一二〕。三年，薨〔一三〕。子麟。

麟字元瑞，豫之子也。宋宣和間，父廕補將仕郎，累加承務郎。天會七年，豫以濟南降〔一三〕，麟因從軍，討水賊王江，破降之。豫節制東平，以麟知濟南府事。齊國建，以濟南爲興平軍，麟爲節度使、開府儀同三司、梁國公，充諸路兵馬大總管，判濟南府事。明年，爲齊尚書左丞相。明年，從豫遷汴，罷判濟南，依前開府，聽置參謀。豫請立麟爲太子，朝廷不許，曰：「若與我伐宋有功則立之。」於是，麟連歲帥兵南伐，皆無功而還。

及朝廷議廢齊，報以南伐之期，俾豫先遣兵駐淮上。撻懶以軍廢豫，止刁馬河，麟從數百騎出迎，撻懶諭麟，止從騎南岸，獨召麟渡河，因執麟。豫廢，麟還臨潢。頃之，授北京路都轉運使，歷中京、燕京路都轉運使、參知政事、尚書左丞，復爲興平軍節度使、上京路轉運使、開府儀同三司，封韓國公。薨，年六十四。正隆間，降二品以上官封，改贈特進、息國公。

昌本名撻懶，穆宗子。宗翰襲遼主于鴛鴦濼，遼都統馬哥奔擣里，撻懶收其羣牧。宗翰使撻懶追擊之，不及，獲遼樞密使得里底及其子磨哥、那野以還。

太祖自將襲遼主于大魚濼，留輜重于草濼，使撻懶、牙卯守之。奚路兵官渾黜不能安輯其衆，遂以撻懶爲奚六路軍帥鎮之。習古迺、婆盧火護送常勝軍及燕京豪族工匠自松亭關入内地，上戒之曰：「若遇險阨，則分兵以往。」習古迺、婆盧火迺合於撻懶。

久之，討劾山速古部奚人，奚人據險戰，殺且盡，速古、啜里、鐵尼十三巖皆平之。詔曰：「朕以奚路險阻，經略爲難，命汝往任其事，而克副所託，良用嘉歎。今回离保部族來附，餘衆奔潰，無能爲已。比命習古迺、婆盧火護送降人，若遇險阻，即分兵以行，餘衆悉與汝合。降詔二十，招諭未降，汝當審度其事，從宜處之。」其後撫定奚部及分南路邊界，表請設官鎮守。上曰：「依東京渤海列置千户、謀克。」

遼外戚遥輦昭古牙部族在建州，斜野襲走之，獲其妻孥及官豪之族。撻懶復擊之，擒其隊將曷魯燥、白撒葛，殺之，降民户千餘，進降金源縣。詔增賜銀牌十。又降遥輦二部，再破興中兵，降建州官屬，得山砦二十，村堡五百八十。阿忽復敗昭古牙，降其官民尤多。昭古牙勢蹙亦降，興中、建州皆平。詔第將士功賞，撫安新民。

撻懶請以遥輦九營爲九猛安。上以奪鄰有功，使領四猛安，昭古牙仍爲親管猛安。五猛安之都帥，命撻懶擇人授之。撻懶與劉彦宗舉蕭公翊爲興中尹〔一四〕，郡府各以契丹、漢官攝治，上皆從之。及宗翰、宗望伐宋，撻懶爲六部路都統。宗望已受宋盟，軍還，撻懶乃歸中京。

天會四年八月〔一五〕，復伐宋。閏月，宗翰、宗望軍皆至汴州。撻懶、阿里刮破宋兵二萬於杞，覆其三營，獲京東路都總管胡直孺及其二子與南路都統制隨師元及其三將，遂克拱州，降寧陵，破睢陽，下亳州。宋兵來復睢陽，又擊走之，擒其將石瑱〔一六〕。

宋二帝已降，大軍北還，撻懶爲元帥左監軍，徇地山東，取密州。迪虎取單州，撻懶取鉅鹿，阿里刮取宗城，迪古不取清平、臨清，蒙刮取趙州，阿里刮徇下濬、滑、恩及高唐，分遣諸將趣磁、信德，皆降之。劉豫以濟南府降，詔以豫爲安撫使，治東平，撻懶以左監軍鎮撫之，大事專決焉。後爲右副元帥。天會十五年爲左副元帥，封魯國王。

初，宋人既誅張邦昌，太宗詔諸將復求如邦昌者立之，或舉折可求，撻懶力舉劉豫。豫立爲帝，號大齊。豫爲帝數年，無尺寸功，遂廢豫爲蜀王。撻懶與右副元帥宗弼俱在河南，宋使王倫求河南、陝西地于撻懶。明年，撻懶朝京師，倡議以廢齊舊地與宋，熙宗命羣臣議，會東京留守宗雋來朝，與撻懶合力，宗幹等爭之不能得。宗雋曰：「我以地與宋，宋必德我。」宗憲折之曰：「我俘宋人父兄，怨非一日。若復資以土地，是助讎也，何德之有。勿與便。」撻懶弟勗亦以爲不可。既退，撻懶責勗曰：「他人尚有從我者，汝乃異議乎。」勗曰：「苟利國家，豈敢私邪。」是時，太宗長子宗磐爲宰相，位在宗幹上，撻懶、宗雋附之，竟執議以河南、陝西地與宋。張通古爲詔諭江南使。

久之，宗磐跋扈尤甚，宗雋亦爲丞相，撻懶持兵柄，謀反有狀。宗磐、宗雋皆伏誅，詔以撻懶屬尊，有大功，因釋不問，出爲行臺尚書左丞相，手詔慰遣。撻懶至燕京，愈驕肆不法，復與翼王鶻懶謀反，而朝議漸知其初與宋交通而倡議割河南、陝西之地。宗弼請復取河南、陝西。會有上變告撻懶者，熙宗乃下詔誅之。撻懶自燕京南走，追而殺之于祁州，并殺翼王及宗人活离胡土、撻懶二子斡帶、烏達補，而赦其黨與。

宗弼爲都元帥，再定河南、陝西。伐宋渡淮，宋康王乞和，遂稱臣，畫淮爲界，乃罷兵。

贊曰：君臣之位，如冠屨定分，不可頃刻易也。五季亂極，綱常斁壞。遼之太宗，慢褻神器，倒置冠屨，援立石晉，以臣易君，宇宙以來之一大變也。金人效尤，而張邦昌、劉豫之事出焉。邦昌雖非本心，以死辭之，孰曰不可。豫乘時徼利，金人欲倚以爲功，豈有是理哉。撻懶初薦劉豫，後以陝西、河南歸宋，視猶儻來，初無固志以處此也。積其輕躁，終陷逆圖，事敗南奔，適足以實通宋之事爾。哀哉。

校勘記

〔一〕太祖第四子也　按，本書卷六九太祖諸子傳，太祖子景宣帝、宗幹、宗望、睿宗皆年長於宗弼。又大金國志卷二七兀朮傳，稱其爲「武元第六子，江南誤呼作『四太子』也」。此處作「第四子」顯誤。

〔二〕城中有自西門北門出者　永樂大典卷六七六五「王」字韻下宗室封王二十九「瀋王」條下引宗弼傳無「北門」二字。

〔三〕朮列速降越州大臭破宋周汪軍　按，本書卷三太宗紀，天會七年十二月，「大臭敗宋樞密使周望于秀州」。疑「周汪」是「周望」之誤。

〔四〕「宗弼自軍中入朝」至「追至祁州殺之」　此處記事前後淆亂。按，本書卷四熙宗紀，天眷元年九月「丁酉，改燕京樞密院爲行臺尚書省」，二年七月「丙戌，以右副元帥宗弼爲都元帥」，「八月辛亥，行臺左丞相撻懶、翼王鶻懶及活离胡土、撻懶子斡帶、烏達補謀反，伏誅」，三年正月癸巳，「以都元帥宗弼領行臺尚書省事」。則「置行臺於燕京」事當在「宗弼自軍中入朝，進拜都元帥」之前，「詔宗弼爲太保，領行臺尚書省，都元帥如故」事當在「撻懶自燕京南走，將亡入于宋，追至祁州，殺之」之後。

〔五〕皇統二年二月　「皇統」二字原脱；「二年」，原作「三年」。按，本書卷六〇交聘表上，皇統二年「二月辛卯，宋端明殿學士何鑄、容州觀察使曹勛來進誓表」。今據補改。

〔六〕皇統三年　按，本書卷四熙宗紀，皇統七年九月，「以都元帥宗弼爲太師、領三省事，都元帥、行臺尚書省事如故」。疑「三年」爲「七年」之誤。

〔七〕天會四年　「四年」，原作「五年」。按，本書卷三太宗紀，天會四年正月「癸酉，諸軍圍汴」，「戊寅，宋以康王構、少宰張邦昌爲質」；二月「己亥，復進師圍汴。宋使宇文虛中以書來，改以肅王樞爲質」。卷六〇交聘表上同。今據改。

〔八〕以辛亥年爲阜昌元年　按，劉豫事蹟載建元詔，「以其年十一月二十三日以後爲阜昌元年」。即以即位當年爲元年。金石萃編卷一五九敕祭忠武王碑，「維阜昌六年歲次乙卯九月辛未朔」，「乙卯」爲金天會十三年，推其元年爲天會八年庚戌，此處「辛亥」或是「庚戌」之誤。

〔九〕二將由此必不和　「和」，原作「知」，據南監本、北監本、殿本、局本改。

〔一〇〕都監務偷安爾　按，本書卷九一石抹卞傳，「天會末，宗弼爲右監軍」。大金國志卷二七兀朮傳，天會「七年，爲右監軍」。均作「右監軍」，與此處所稱「都監」不同。

〔一一〕三年進封曹王　按，本書卷四熙宗紀，皇統二年二月辛卯，「改封蜀王劉豫爲曹王」。疑「三年」爲「二年」之誤。

〔一二〕三年薨　「三年」之上原有「皇統」二字。按，上文已有「皇統元年」，此「皇統」二字衍，今删。又本書卷四熙宗紀，皇統六年九月「戊寅，曹王劉豫薨」。疑「三年」爲「六年」之誤。

〔一三〕天會七年豫以濟南降　按，宋史卷四七五叛臣傳上劉豫傳，建炎二年（金天會六年）冬，「率百姓降金，百姓不從，豫縋城納款」。繫年與此異。

〔一四〕撻懶與劉彦宗舉蕭公翊爲興中尹　按，本書卷八二蕭恭傳，「父翊，天輔間歸朝，從攻興中，遂以爲興中尹」。疑「蕭公翊」或爲「蕭翊」之誤。

〔一五〕天會四年八月　「天會四年」四字原脱。按，本書卷三太宗紀，天會四年「八月庚子，詔左副元帥宗翰、右副元帥宗望伐宋」。今據補。

〔一六〕「撻懶阿里刮破宋兵二萬於杞」至「擒其將石瑱」　此段文字又見於本書卷六六宗室撻懶傳，二人女真本名同，撰史者不辨，分記兩傳中，必有一誤。又，「二萬」，卷六六作「三萬」。

金史卷七十八

列傳第十六

劉彥宗　劉萼　劉筈　劉仲誨　劉頍　時立愛
韓企先 子鐸

劉彥宗字魯開，大興宛平人。遠祖怦，唐盧龍節度使。石晉以幽、薊入遼，劉氏六世仕遼，相繼爲宰相。父霄至中京留守。彥宗擢進士乙科。天祚走天德。秦晉國王耶律捏里自立于燕〔一〕，擢彥宗留守判官。蕭妃攝政，遷簽書樞密院事。太祖至居庸關，蕭妃自古北口遯去，都監高六送款于太祖。太祖奄至，駐蹕城南，彥宗與左企弓等奉表降。太祖一見，器遇之，俾復舊，遷左僕射，佩金牌。

張覺爲南京留守，太祖聞覺有異志，使彥宗、斜鉢宣慰之。太祖至鴛鴦濼，不豫，還上京〔二〕，留宗翰都統軍事，留彥宗佐之。及張覺敗奔于宋，衆推張敦固爲都統，殺使者，乘城拒守，攻之不肯下。彥宗同中書門下平章事，知樞密院事，加侍中，佐宗望軍。宗望奏，方圖攻取，凡州縣之事委彥宗裁決之。

天會二年，詔彥宗曰：「中京等兩路先多拒命，故遣使撫諭，貰其官民之罪，所犯在降附前者勿論。卿等選官與使者往諭之，使勤于稼穡。」未幾，大舉伐宋，彥宗畫十策，詔彥宗兼領漢軍都統。蔡靖以燕山降。詔彥宗凡燕京一品以下官皆承制注授，遂進兵伐宋。至汴，宋少帝割地納質，師還。宗望分將士屯安肅、雄、霸、廣信之境，留闍母、彥宗于燕京節制諸軍。明年，再伐宋〔三〕，已圍汴京，彥宗謂宗翰、宗望曰：「蕭何入關，秋豪無犯，惟收圖籍。遼太宗入汴，載路車、法服、石經以歸，皆令則也。」二帥嘉納之，執二帝以歸。

天會六年薨，年五十三，追封鄆王。正隆二年，例降封開府儀同三司。大定十五年，追封兖國公，謚英敏〔四〕。子蒪、箬〔五〕。

蒪，彥宗季子也。遼末以蔭補閤門祗候。天輔七年，授禮賓使，累官德州防禦使。天德初，稍加擢用，歷左右宣徽使，拜參知政事，進尚書左丞，爲沁南軍節度使，歷臨洮、太原尹。正隆南伐，爲漢南道行營兵馬都統制。大定初，除興中尹，封任國公，歷順天、定武軍節度使、濟南尹。

蕚淫縱無行，所至貪墨狼籍。廉使劾之，詔遣大理少卿張九思就濟南鞫問。既就逮，不測所以，引刃自殺，不死。詔削官一階，罷歸田里，卒。子仲詢，天德三年，賜王彥潛牓及第。

筈，彥宗次子。幼時以廕隸閤門，不就，去從學。遼末調兵，而筈在選中。遼兵敗，左右多散亡，乃選筈爲扈從，授左承制。遼主西奔，蕭妃攝政，賜筈進士第，授尚書左司員外郎，寄班閤門。

天輔七年，太祖取燕，筈從其父兄出降，遷尚書左司郎中。八年，授殿中少監〔六〕。太祖崩，宋、夏遣使弔慰，凡館見禮儀皆筈詳定。遷衞尉少卿，授西上閤門使，仍從事元帥府。元帥府以便宜從事，凡約束廢置及四方號令多從筈之畫焉〔七〕。

天會二年，遷太常少卿、東上閤門使。從宗翰伐宋，圍太原，遷衞尉卿，權簽宣徽院事。四年，授左諫議大夫。秋，復南征，權中書省樞密院事。丁父憂，明年起復，直樞密院事加給事中。七年，爲禮部侍郎〔八〕。十年，改彰信軍節度使，權簽中書省樞密院事。

天眷二年，改左宣徽使，熙宗幸燕，法駕儀仗筈討論者爲多。皇統二年，充江南封册使〔九〕，假中書侍郎。既至臨安，而宋人牓其居曰「行宮」，筈曰：「未受命，而名行宮，非也。」請去牓而後行禮。宋人驚服其有識，欲厚賄説之，奉金珠三十餘萬，而筈不之顧，皆嘆曰：「大國有人焉。」

五年，爲行臺尚書右丞相〔一〇〕，兼判左宣徽使事，留京師。或請釐革河南官吏之濫雜者，筈曰：「廢齊用兵江表，求一切近効，其所用人不必皆以章程，故有不由科目而爲大吏，不試弓馬而握兵柄者。今撫定未久，姑收人心，奈何爲是紛更也。」遂仍其舊。

七年，帥府議於館陶築三城，以爲有警即令北軍入居之。筈曰：「今天下一家，孰爲南北。設或有變，軍人入城，獨能安耶。當嚴武備以察姦，無示彼此之間也。」其後，竟從筈議。初，以河外三州賜夏人，或言秦之在夏者數千人，皆願來歸。諸將請約之，筈曰：「三小州不足爲輕重，恐失朝廷大信。且秦人之在蜀者倍多於此，何獨捨彼而取此乎。」遂從筈議。陝西邊帥請完沿邊城郭以備南寇，筈曰：「我利車騎而不利城守。今城之，則勞民而結怨。況盟已定，豈可妄動。」遂罷之。

九年八月，拜司空。九月，拜平章政事〔一一〕，封吴國公，行臺右丞相如故。天德元年，封滕王。二年，拜尚書右丞相兼中書令，進封鄭王。未幾，以疾求解政務，授燕京留守，進封曹王。

居數月，乞致仕。筈自爲宣徽使，以能得悼后意，致位宰相。海陵即位，意頗鄙之。及筈求致仕，詔略曰：「不爲暗於臨事，不爲諂於事君。未許告歸，姑從解職。」筈因慚懼而死，年五十八。子仲誨。

仲誨字子忠。皇統初，以宰相子授忠勇校尉。九年，賜進士第，除應奉翰林文字。海陵嚴暴，臣下應對多失次。嘗以時政訪問在朝官，仲誨從容敷奏，無懼色，海陵稱賞之。貞元初，丁父憂，起復翰林修撰。大定二年，遷待制，尋兼修起居注、左補闕。

三年，詔仲誨與左司員外郎蒲察蒲速越廉問所過州縣，仲誨等還奏狀，詔玉田縣令李方進一階，順州知法、權密雲縣事王宗永擢密雲縣尉，順州司候張璘、密雲縣尉石抹烏者皆免去。丁母憂，起復太子右諭德，遷翰林直學士，改棣州防禦使。猒次縣捕得强盜數十人，詣州欲以全獲希賞。仲誨疑其有冤，緩其獄。同僚曰：「縣境多盜，請寘之法，以懲其餘。」仲誨乃擇老稚者先釋之。未幾，乃獲真盜。

入爲禮部侍郎兼左諭德，遷太子詹事兼左諫議大夫。上曰：「東宮官屬，尤當選用正人，如行檢不修及不稱位者，具以名聞。」又曰：「東宮講書或論議間，當以孝儉德行正身之事告之。」頃之，東宮請增牧人及張設什用，上謂仲誨曰：「太子生於富貴，每教之恭儉。

朕服御未嘗妄有增益，卿以此意諭之。」改御史中丞。

十四年，爲宋國歲元使，宋主欲變親起接書之儀，遣館伴王抃來議，曲辨强說，欲要以必從。仲誨曰：「使臣奉命，遠來修好，固欲成禮，而信約所載，非使臣輒敢變更。公等宋國腹心，毋僥倖一時，失大國歡。」往復再三，竟用舊儀，親起接書成禮而還。

復爲太子詹事，遷吏部尚書，轉太子少師兼御史中丞。坐失糾舉大長公主事，與侍御史李瑜各削一階。仲誨前後爲東宮官且十五年，多進規戒，顯宗特加禮敬。大定十九年，卒。

仲誨立朝峻整，容色莊重，世宗嘗曰：「朕見劉仲誨嘗若將切諫者。」其以剛嚴見知如此。

頍字元矩。以大臣子孫充閤門祗候，調莘縣令，召爲承奉班都知，遷西上閤門副使兼宮苑令，累遷西上、東上閤門使。

泰和二年，宋盱眙軍報：明年賀正旦使魯誼、楊明輝。及過界，副使乃王處久。入見，魯誼殿上不雙跪。詔頍就閤詰問先報名銜楊明輝不復報改王處久之故及不雙跪者。魯誼對，拜時並雙跪，有足疾似單跪者。

初，南苑有唐舊碑，書「貞元十年御史大夫劉怦葬」。上見之曰：「苑中不宜有墓。」頍家本怦後，詔賜頍錢三百貫改葬之。

三遷右宣徽使。貞祐二年，轉左宣徽使。明年，致仕，遷一官。上曰：「卿舊人也，今朝廷多故，豈宜去位。朕自東宮薨後，思慮不周，俟稍寧息，即以上郡處卿。」頃之，起爲知開封府。四年正月元日，攝左宣徽使。再請老，未半歲復起爲御史中丞。詔安撫河南路，捕盜賊。坐與保靜軍節度使會飲，解職。起爲太子詹事，遷太子少師。詹事院欲闢廣東宮周墻，頍請於皇太子曰：「師旅饑饉之際，何爲興此役。」遂止。尋卒。

時立愛字昌壽，涿州新城人。父承謙〔一三〕，以財雄鄉里，歲飢發倉廩賑貧乏，假貸者與之折券。

遼太康九年，中進士第，調泰州幕官。丁父憂，服除，調同知春州事。未逾年，遷雲内縣令，再除文德令。樞密院選爲吏房副都承旨，轉都承旨。累遷御史中丞，剛正敢言，忤權貴。除燕京副留守，丁母憂，起復舊職，遷遼興軍節度使兼漢軍都統。

太祖已定燕京，訪求得平州人韓詢持詔招諭平州。是時，奚王回离保在盧龍嶺，立愛未敢即朝見，先使人來送款曰：「民情愚執，不即順從，願降寬恩，以慰反側。」詔曰：「朕親巡西土，底定全燕，號令所加，城邑皆下。爰嘉忠款，特示優恩，應在彼大小官員可皆充舊職，諸囚禁配隸並從釋免。」於是，遼帝尚在天德，平州雖降，民心未固。奚王回离保軍所在保聚，薊州已降復叛。民間流言謂「金人所下城邑，始則存撫，後則俘掠」。時立愛雖開諭而不肯信，乃上表「乞下明詔，遣官分行郡邑，宣諭德義。他日兵臨于宋，順則撫之，逆則討之，兵不勞而天下定矣」。上覽表嘉之，詔答曰：「卿始率吏民歸附，復條利害，悉合朕意，嘉歎不忘。山西部族緣遼主未獲，恐陰相連結，故遷處于嶺東。西京人民既無異望，皆按堵如故。或有將卒貪悍，冒犯紀律，輒掠降人者。已諭諸部及軍帥，約束兵士，秋豪有犯，必刑無赦。今遣斡羅、阿里等爲卿副貳，以撫斯民。其告諭所部，使知朕意。」

其後，以平州爲南京，用張覺爲留守，時立愛遂去平州。而張覺遂因燕京人東徙，其衆怨望，覺遂叛入于宋。

立愛既去平州歸鄉里，太祖以燕、薊與宋，新城入于宋。宋累詔立愛，立愛見宋政日壞，不肯起，戒其宗族不得求仕。

及宗望再取燕山，立愛詣幕府上謁，拜同中書門下平章事，任其子姪數人。立愛從宗望軍數年，謀畫居多，封陳國公。表求解機務，不從。九年，爲侍中、知樞密院事。久之，加中書令。天會十五年，致仕，加開府儀同三司、鄭國公。薨于家，年八十二。賻贈錢布繒帛有差。詔同簽書燕京樞密院事趙慶襲護喪事，葬用皆官給之。

韓企先，燕京人。九世祖知古，仕遼爲中書令，徙居柳城，世貴顯。乾統間，企先中進士第，回翔不振。都統杲定中京，擢樞密副都承旨，稍遷轉運使。宗翰爲都統經略山西，表署西京留守。天會六年，劉彦宗薨。企先代之，同中書門下平章事、知樞密院事。七年，遷尚書左僕射兼侍中〔一三〕，封楚國公。

初，太祖定燕京，始用漢官宰相賞左企弓等，置中書省、樞密院于廣寧府，而朝廷宰相自用女直官號。太宗初年，無所改更。及張敦固伏誅，移置中書、樞密于平州，蔡靖以燕山降，移置燕京，凡漢地選授調發租稅皆承制行之。故自時立愛、劉彦宗及企先輩，官爲宰相，其職大抵如此。斜也、宗幹當國，勸太宗改女直舊制，用漢官制度。天會四年，始定官制，立尚書省以下諸司府寺。

十二年，以企先爲尚書右丞相，召至上京。入見，太宗甚驚異曰：「朕疇昔嘗夢此人，今果見之。」於是，方議禮制度，損益舊章。企先博通經史，知前代故事，或因或革，咸取折衷。企先爲相，每欲爲官擇人，專以培植獎勵後進爲己責任。推轂士類，甄別人物，一時臺省多君子。彌縫闕漏，密謨顯諫，必咨於王。宗翰、宗幹雅敬重之，世稱賢相焉。皇統元年，封濮王。六年，薨，年六十五。正隆二年，例降封齊國公。大定八年，配享太宗廟庭。

十年，司空李德固孫引慶求襲其祖猛安，世宗曰：「德固無功，其猛安且闕之。漢人宰相惟韓企先最賢，他不及也。」十一年，將圖功臣像于衍慶宮，上曰：「丞相企先，本朝典章制度多出斯人之手，至於關決大政，與大臣謀議，不使外人知之，由是無人能知其功。前後漢人宰相無能及者，置功臣畫像中，亦足以示勸後人。」十五年，謚簡懿。

韓鐸字振文，企先次子也。皇統末，以大臣子授武義將軍。熙宗聞其有儒學，賜進士第，除宣徽判官。再遷刑部員外郎，海陵遣中使諭之曰：「郎官，高選也。汝勳賢之子，行已涖官，能世其家，故以命汝。苟能夙夜在公，當不次擢用，雖公相可到。」鐸感奮，獄或有疑，據經議讞。海陵伐宋，改兵部員外郎。

大定初，遷本部郎中，累官河州防禦使，求養親，解去。召爲左諫議大夫，遷中都路都轉運使。頃之，上謂宰臣曰：「韓鐸年高，不任繁劇，且其母老矣，可與之便郡。」於是，改順天軍節度使。卒。

贊曰：太祖入燕，始用遼南、北面官僚制度。是故劉彦宗、時立愛規爲施設，不見于朝廷之上。軍旅之暇，治官政，庀民事，務農積穀，内供京師，外給轉餉，此其功也。韓企先入相兩朝，幾二十年，成功著業，世宗稱其賢焉。

校勘記

〔一〕秦晉國王耶律揑里自立于燕　「揑里」，原作「雅里」，據元刻本、殿本、局本改。按，本書卷二太祖紀，天輔元年「四月，遼秦晉國王耶律揑里來伐」。又卷七四宗望傳，「遼主走陰山。遼秦晉國王揑里自立于燕京」。皆作「揑里」。

〔二〕還上京　此處「上京」指金上京會寧府。下文韓企先傳「召至上京」同。參見本書卷二校勘記〔二四〕。

〔三〕明年再伐宋　「明年」二字當有誤。按，上文云「至汴，宋少帝割地納質，師還」。據本書卷三太宗紀，時爲天會四年二月。金再伐宋，卷三太宗紀、卷七四宗翰傳、宗望傳所記皆在天會四年八月，在同一年。

〔四〕大定十五年追封兗國公謚英敏　此處繫年疑有誤。按，本書卷三一禮志四功臣配享，大定「八年，上命圖畫功臣於太祖廟，有司第祖宗佐命之臣，勳績之大小、官資之崇卑以次上聞。乃定左廡：（中略）儀同三司兗國公劉彦宗」。

〔五〕子萼筈　按，下文萼爲季子，筈爲次子，當先筈後萼。

〔六〕八年授殿中少監　按，天輔無「八年」。下文敍「太祖崩」之事，據本書卷二太祖紀，在天輔七年八月。「八年」應是「八月」之誤。

〔七〕「仍從事元帥府」至「凡約束廢置及四方號令多從筈之畫焉」　按，本書卷三太宗紀，天會三年「十月甲辰，詔諸將伐宋。以諳班勃極烈杲兼領都元帥」，始設元帥府。則此段記事應晚於下文「從宗翰伐宋」之事。

〔八〕七年爲禮部侍郎　按，本卷劉彦宗傳記彦宗「天會六年薨」。上文云「丁父憂，明年起復」，「明年」即爲「七年」。此處紀年重複。

〔九〕皇統二年充江南封册使　「二年」，原作「元年」。按，本書卷四熙宗紀，皇統二年三月「丙辰，遣左宣徽使劉筈以衮冕圭册册宋康王爲帝」。卷六〇交聘表上記事同。今據改。

〔一〇〕五年爲行臺尚書右丞相　本書卷四熙宗紀繫其事於皇統六年五月辛卯。

〔一〕九年八月拜司空九月拜平章政事　本書卷四熙宗紀繫劉筈爲平章政事事於皇統七年九月。

〔二〕父承謙　「承謙」，金宇文虛中時立愛墓志銘（考古一九六二年第十二期河北新城縣北場村金時立愛和時豐墓發掘記）作「承謙」。

〔三〕七年遷尚書左僕射兼侍中　本書卷三太宗紀繫其事於天會八年正月丁巳。

金史卷七十九

列傳第十七

酈瓊　李成　孔彦舟　徐文　施宜生　張中孚　張中彦
宇文虚中　王倫

酈瓊字國寶，相州臨漳人。補州學生。宋宣和間，盜賊起，瓊乃更學擊刺挽强，試弓馬，隸宗澤軍，駐于磁州。未幾告歸，括集義軍七百人，復從澤，澤署瓊爲七百人長。澤死，調戍滑州。時宗望伐宋，將渡河〔一〕。戍軍亂，殺其統制趙世彦而推瓊爲主。瓊因誘衆，號爲勤王，行且收兵，比渡淮，有衆萬餘。康王以爲楚州安撫使、淮南東路兵馬鈐轄，累遷武泰軍承宣使。未幾，率所領步騎十餘萬附于齊，授静難軍節度使，知拱州。齊國廢，以爲博州防禦使。用廉，遷驃騎上將軍。宗弼復河南，以瓊爲山東路弩手千户，知亳州事。丁母憂，去官。

宗弼再伐江南，以瓊素知南方山川險易，召至軍與計事。從容語同列曰：「瓊嘗從大軍南伐，每見元帥國王親臨陣督戰，矢石交集，而王免冑，指麾三軍，意氣自若，用兵制勝，皆與孫、吴合，可謂命世雄材矣。至於親冒鋒鏑，進不避難，將士視之，孰敢愛死乎。宜其所向無前，日闢國千里也。江南諸帥，才能不及中人。每當出兵，必身居數百里外，謂之持重。或督召軍旅，易置將校，僅以一介之士持虛文諭之，謂之調發。制敵決勝委之偏裨，是以智者解體，愚者喪師。幸一小捷，則露布飛馳，增加俘級以爲己功，斂怨將士。縱或親臨，亦必先遁。而又國政不綱，纔有微功，已加厚賞，或有大罪，乃置而不誅。不即覆亡，已爲天幸，何能振起耶。」衆以爲確論。元帥，謂宗弼也。

及宗弼問瓊以江南成敗，誰敢相拒者。瓊曰：「江南軍勢怯弱，皆敗亡之餘，又無良帥，何以禦我。頗聞秦檜當國用事。檜，老儒，所謂亡國之大夫，兢兢自守，惟顛覆是懼。吾以大軍臨之，彼之君臣方且心破膽裂，將哀鳴不暇，蓋傷弓之鳥可以虛弦下也。」既而，江南果稱臣，宗弼喜瓊爲知言。

初，瓊去亳未幾，宋兵陷之而不守，復棄去，乃以州人宋超守之。及大軍至，超復以州事委其鈐轄衛經而遁去。帥府使人招經，經不下。及城潰，百姓惶懼待命，瓊請於元帥曰：「城所不下者，凶豎劫之也。民何罪，願慰安之。」元帥以瓊先嘗守亳，因止戮經而釋其州人，復命瓊守亳。凡六年，亳人德之。遷武寧軍節度使。八年，爲泰寧軍節度使〔二〕。九年，遷歸德尹。貞元元年，加金紫光禄大夫，卒于官，年五十。

李成字伯友，雄州歸信人。勇力絶倫，能挽弓三百斤。宋宣和初，試弓手，挽强異等。累官淮南招捉使。成乃聚衆爲盜，鈔掠江南，宋遣兵破之，成遂歸齊，累除知開德府，從大軍伐宋。齊廢，再除安武軍節度使。

成在降附諸將中最勇鷙，號令甚嚴，衆莫敢犯。臨陣身先諸將。士卒未食不先食，有病者親視之。不持雨具，雖沾濕自如也。有告成反者，宗弼察其誣，使成自治，成杖而釋之，其不校如此。以此，士樂爲用，所至克捷。

宗弼再取河南，宋李興據河南府。成引軍入孟津，興率衆薄城，鼓譟請戰，成不應。日下昃，興士卒倦且飢，成開門急擊，大破之。興走漢南，成遂取洛陽、嵩、汝等。河南平，宗弼奏成爲河南尹，都管押本路兵馬。嘗取官羨粟充公費，坐奪兩官，解職。正隆間，起爲真定尹，封郡王，例封濟國公。卒，年六十九。

孔彥舟字巨濟，相州林慮人。亡賴，不事生產，避罪之汴，占籍軍中。坐事繫獄，說守者解其縛，乘夜踰城遁去。已而殺人，亡命爲盜。宋靖康初，應募，累官京東西路兵馬鈐轄。聞大軍將至山東，遂率所部，劫殺居民，燒廬舍，掠財物，渡河南去。宋人復招之，以爲沿江招捉使。彥舟暴橫，不奉約束，宋人將以兵執之，彥舟走之齊，從劉麟伐宋，爲行軍都統，改行營左總管。

齊國廢，累知淄州。從宗弼取河南，克鄭州，擒其守劉政，破孟邦傑於登封，授鄭州防禦使。討平太行車轅嶺賊。從征江南，渡淮破孫暉兵萬餘人，下安豐、霍丘。及攻濠州，以彥舟爲先鋒，順流薄城，擒其水軍統制邵青，遂克濠州。師還，累官工、兵部尚書，河南尹，封廣平郡王。正隆例降金紫光祿大夫，改西京留守〔三〕。

彥舟荒于色，有禽獸行。妾生女姿麗，彥舟苦虐其母，使自陳非己女，遂納爲妾。其官屬負官錢，私其妻與折券。惟破濠州時，諸軍凡係獲皆殺之，彥舟號令毋輒殺，免者數千人，人頗以此稱之。然自幼至老常在行伍，習兵事，知利鈍。海陵欲以爲征南將佐，正隆五年，除南京留守。

彥舟有疾，朝臣有傳彥舟死者，而彥舟尚無恙，海陵盡杖妄傳彥舟死者，以激勵之。無何竟死於汴，年五十五。遺表言「伐宋當先取淮南」云。

徐文字彦武，萊州掖縣人，徙膠水。少時販鹽爲業，往來瀕海數州，剛勇尚氣，儕輩皆憚之。宋季盜起，募戰士，爲密州板橋左十將。勇力過人，揮巨刀重五十斤，所向無前，人呼爲「徐大刀」。後隸王龍圖麾下，與夏人戰，生擒一將，補進武校尉。東還，破羣賊楊進等，轉承信郎。

宋康王渡江，召文爲樞密院准備將，擒苗傅及韓世績，以功遷淮東、浙西、沿海水軍都統制。諸將忌其材勇。是時，李成、孔彦舟皆歸齊，宋人亦疑文有北歸志，大將閻皋與文有隙，因而譖之。宋使統制朱師敏來襲文，文乃率戰艦數十艘泛海歸于齊。

齊以文爲海、密二州滄海都招捉使兼水軍統制，遷海道副都統兼海道總管，賜金帶。文以策干劉豫，欲自海道襲臨安，豫不能用。齊國廢，元帥府承制以文爲南京步軍都虞候，權馬步軍都指揮使。天眷元年，破太行賊梁小哥，以本職兼水軍統制。朝廷以河南與宋，除文山東路兵馬鈐轄。

宗弼復取河南，文破宋將李寶於濮陽、孟邦傑於登封。宋蔣知軍據河陽，文遲明至其城下，使別將攻城東北，自將精鋭潛師襲南門。城中悉衆救東北，文乃自南門斬關入城。宋軍潰去，追擊敗之。破郭清、郭遠於汝州。鄭州叛，復取之，擊走宋將戚方。河南既平，宗弼勞賞將士，賞文銀幣鞍馬。充行軍萬户，從宗弼取廬、濠等州，超換武義將軍。知濟州，在職七年，移知泰安軍。

海陵即位，録舊功，累遷中都兵馬都指揮使，賜金帶，改濬州防禦使。未幾，海陵謀伐宋，改行都水監，監造戰船於通州。

東海縣人徐元、張旺作亂，縣人房真等三人走海州，及走總管府，上變。州、府皆遣使效隨真等詣東海觀賊形勢，皆爲賊所害。州、府合兵攻之，累月不下。海陵且欲伐宋，惡聞其事，詔文與步軍指揮使張弘信、同知大興尹李惟忠、宿直將軍蕭阿窊率舟師九百浮海討之，謂文等曰：「朕意不在一邑，將以試舟師耳。」文等至東海，與賊戰，敗之，斬首五千餘級，獲徐元、張旺，餘衆請降。是役也，張弘信行至萊州，稱疾留止，日與妓樂飲酒。海陵聞之。師還，杖弘信二百。文遷定海軍節度使。房真三人官賞有差。死賊者皆贈官三級，以銀百兩、絹百匹賜其家。

大定二年，詣闕自陳年老目昏，懇求致仕。許之。以覃恩遷龍虎衞上將軍，卒于家。

施宜生字明望，邵武人也。博聞强記，未冠，由鄉貢入太學。宋政和四年，擢上舍第，試學官，授潁州教授。及王師入汴，宜生走江南。復以罪北走齊，上書陳取宋之策，齊以爲大總管府議事官。失意於劉麟，左遷彰信軍節度判官。齊國廢，擢爲太常博士，遷殿中侍御史，轉尚書吏部員外郎，爲本部郎中〔四〕。尋改禮部，出爲隰州刺史。天德二年，用參知政事張浩薦宣生可備顧問，海陵召爲翰林直學士，撰太師梁王宗弼墓銘，進官兩階。正隆元年，出知深州，召爲尚書禮部侍郎，遷翰林侍講學士。

四年冬，爲宋國正旦使。宣生自以得罪北走，恥見宋人，力辭，不許。宋命張燾館之都亭，因間以首丘風之。宣生顧其介不在旁，爲廋語曰：「今日北風甚勁。」又取几間筆扣之曰：「筆來，筆來。」於是宋始警。其副使耶律闢離刺使還以聞，坐是烹死。

初，宣生困于場屋，遇僧善風鑒，謂之曰：「子面有權骨，可公可卿。而視子身之毛，皆逆上，且覆腕，必有以合乎此而後可貴也。」宣生聞其言，大喜，竟從范汝爲於建、劍。已而，汝爲敗，變服爲傭泰之吴翁家三年，翁異之，一日屏人詰其姓名，宣生曰：「我服傭事惟謹，主人乃亦寘疑邪。」翁固詰之，則請其故。翁曰：「日者燕客，執事咸餒，而汝獨孫諸儕，且撤器有歎聲，是以識汝非真傭也。」宣生遂告之故，翁贐之金，夜濟淮以歸。試一日獲熊三十六賦擢第一，其後竟如僧言。

張中孚字信甫，其先自安定徙居張義堡。父達，仕宋至太師，封慶國公。中孚以父任補承節郎。宗翰圍太原，其父戰殁，中孚泣涕請迹父尸，乃獨率部曲十餘人入大軍中，竟得其尸以還。累官知鎮戎軍兼安撫使，屢從吴玠、張浚以兵拒大軍。浚走巴蜀，中孚權帥事。天會八年，睿宗以右副元帥次涇州〔五〕，中孚率其將吏來降，睿宗以爲鎮洮軍節度使知渭州，兼涇原路經略安撫使。

齊國建，以什一法括民田，籍丁壯爲鄉軍。中孚以爲涇原地瘠無良田，且保甲之法行之已習，今遽紛更，人必逃徙，秖見其害，未見其利也。竟執不行。時齊政甚急，莫敢違，人爲中孚懼，而中孚不之顧。未幾齊國廢，一路獨免掊克之患。

天眷初，爲陝西諸路節制使知京兆府，朝廷賜地江南，中孚遂入宋。宗弼再定河南、陝西，移文宋人，使歸中孚。至汴，就除行臺兵部尚書，遷除參知行臺尚書省事。明年，拜參知政事。貞元元年，遷尚書左丞，封南陽郡王。三年，以疾告老，乃爲濟南尹，加開府儀同三司，封宿王。移南京留守，又進封崇王。卒，年五十九，加贈鄧王。

中孚天性孝友剛毅，與弟中彦居，未嘗有間言。喜讀書，頗能書翰。其御士卒嚴而有恩，西人尤畏愛之。葬之日，老穉扶柩流涕蓋數萬人，至爲罷市，其得西人之望如此。正隆例封崇進、原國公。

張中彦字才甫，中孚弟。少以父任仕宋，爲涇原副將，知德順軍事。睿宗經略陝西，中彦降，除招撫使。從下熙、河、階、成州，授彰武軍承宣使，爲本路兵馬鈐轄，遷都總管。宋將關師古圍鞏州，與秦鳳李彦琦會兵攻之。王師下饒風關，得金、洋諸州，以中彦領興元尹，撫輯新附。師還，代彦琦爲秦鳳經略使。秦州當要衝而城不可守，中彦徙治北山，因險爲壘，今秦州是也。築臘家諸城，以扼蜀道。帥秦凡十年，改涇原路經略使知平涼府。

朝廷以河南、陝西賜宋，中孚以官守隨例當留關中。熙河經略使慕洧謀入夏，將闚關、陝，中彦與環慶趙彬會兩路兵討之，洧敗入于夏。中彦與兄中孚俱至臨安，被留，以爲龍神衞四廂都指揮使，清遠軍承宣使，提舉佑神觀，靖海軍節度使。

皇統初，恢復河南〔六〕，詔徵中彦兄弟北歸，爲靜難軍節度使，歷彰化軍、鳳翔尹，改尹慶陽，兼慶原路兵馬都總管。寧州刺史宗室宗淵毆死僚佐梁郁。郁，遠人家貧無能赴告者。中彦力爲正其罪，竟寘于法。改彰德軍節度使，均賦調法，姦豪無所蔽匿，人服其明。

正隆營汴京新宫，中彦採運關中材木。青峯山巨木最多，而高深阻絶，唐、宋以來不能致。中彦使構崖駕壑，起長橋十數里，以車運木，若行平地，開六盤山水洛之路，遂通汴梁。明年，作河上浮梁，復領其役。舟之始製，匠者未得其法，中彥手製小舟纔數寸許，不假膠漆而首尾自相鉤帶，謂之「鼓子卯」，諸匠無不駭服，其智巧如此。浮梁巨艦畢功，將發旁郡民曳之就水。中彥召役夫數十人，治地勢順下傾瀉于河，取新秫稭密布於地，復以大木限其旁，凌晨督衆乘霜滑曳之，殊不勞力而致諸水。

俄遷平陽。海陵將伐宋，驛召赴闕，授西蜀道行營副都統制，賜細鎧，使先取散關俟後命。

世宗即位，赦書至鳳翔，諸將惶惑不能決去就，中彥曉譬之，諸將感悟，受詔。上召中彥入朝，以軍付統軍合喜。及見，上賜以所御通犀帶，封宗國公。尋爲吏部尚書。上疏曰：「古者關市譏而不征，今使掌關市者征而不譏。苛留行旅，至披剔囊笥甚於剽掠，有傷國體，乞禁止。」從之。

踰年，除南京留守。時淮楚用兵，土民與戍兵雜居，訟牒紛紜，所司皆依違不決。中彥得戍兵爲盜者，悉論如法，帥府怒其專決，劾奏之，朝廷置而不問。秩滿，轉真定尹兼河北西路兵馬都總管。未幾，致仕，西歸京兆。明年，起爲臨洮尹兼熙秦路兵馬都總管。鞏州劉海構亂，既敗，籍民之從亂者數千人，中彥惟論爲首者戮之。

西羌吹折、密臧、隴逋、厖拜四族恃險不服，使侍御史沙醇之就中彥論方略，中彥曰：

「此羌服叛不常，若非中彦自行，勢必不可。」即至積石達南寺，酋長四人來，與之約降，事遂定，賞而遣之。還奏，上大悦，遣張汝玉馳驛勞之，賜以毬文金帶，用郊恩加儀同三司。以疾卒官，年七十五。百姓哀號輟市，立像祀之。

贊曰：自古健將武夫，其不才者，遭世變遷，賣降恐後。此其常態，君子之所不責也，酈瓊、徐文是已。施宜生反覆壬人，李成盜賊之靡，孔彦舟漁色親出，自絶人類，又何責也。張中孚、中彦雖有小惠足稱，然以宋大臣之子，父戰没於金，若金若齊，義皆不共戴天之讎。金以地與齊則甘心臣齊，以地歸宋則忍恥臣宋，金取其地則又比肩臣金，若趍市然，唯利所在，於斯時也，豈復知所謂綱常也哉。吁。

宇文虛中字叔通，蜀人。初仕宋，累官資政殿大學士。天會四年，宋少帝已結盟，宗望班師至孟陽，宋姚平仲乘夜來襲，明日復進兵圍汴。少帝使虛中詣宗望軍，告以襲兵皆將帥自爲之，復請和議如初，且視康王安否。頃之，臺諫以和議歸罪虛中，罷爲青州，復下遷祠職。建炎元年，貶韶州。二年，康王求可爲奉使者，虛中自貶中應詔，復資政殿大學士，爲祈請使。是時，興兵伐宋，已留王倫、朱弁不遣，虛中亦被留，實天會六年也。朝廷方議禮制度，頗愛虛中有才藝，加以官爵，虛中即受之，與韓昉輩俱掌詞命。明年，洪皓至上京，見虛中甚鄙之。

天會十三年，熙宗即位。宗翰爲太保領三省事，封晉國王，乞致仕。批答不允，其詞虛中作也。天眷間，累官翰林學士知制誥兼太常卿，封河内郡開國公。書太祖睿德神功碑，進階金紫光禄大夫。皇統二年，宋人請和，其誓表曰：「自來流移在南之人，經官陳説，願自歸者，更不禁止。上國之於弊邑，亦乞並用此約。」於是，詔尚書省移文宋國，理索張中孚、張中彦、鄭億年、杜充、張孝純、宇文虛中、王進家屬，發遣李正民、畢良史還宋，惟孟庾去留聽其所欲〔七〕。時虛中子師瑗仕宋，至轉運判官，携家北來。四年，轉承旨，加特進。遷禮部尚書，承旨如故。

虛中恃才輕肆，好譏訕，凡見女直人輒以礦鹵目之，貴人達官往往積不能平。虛中嘗撰宫殿牓署，本皆嘉美之名，惡虛中者擿其字以爲謗訕朝廷，由是媒蘖以成其罪矣。六年二月，唐括酬斡家奴杜天佛留告虛中謀反，詔有司鞫治無狀，乃羅織虛中家圖書爲反具，虛中曰：「死自吾分。至於圖籍，南來士大夫家家有之，高士談圖書尤多於我家，豈亦反耶。」有司承順風旨并殺士談，至今冤之。

士談字季默，高瓊之後。宣和末，爲忻州户曹參軍。入朝，官至翰林直學士。虛中、士談俱有文集行于世。

王倫字正道，故宋宰相王旦弟王勉玄孫〔八〕。俠邪無賴，年四十餘尚與市井惡少羣游汴中。

天會五年，宋人以倫爲假刑部侍郎，與閤門舍人朱弁充通問使。是時，方議伐宋，凡宋使者如倫及宇文虛中、魏行可、顧縱、張邵等，皆留之不遣。居數年，倫久困，乃唱爲和議求歸。元帥府使人謂之曰：「此非江南情實，特汝自爲此言耳。」倫曰：「使事有指，不然何爲來哉。惟元帥察之。」

天會十年，劉豫連歲出師皆無功，撻懶爲元帥左監軍經略南邊，密主和議，乃遣倫歸。先此，宋已遣使乞和，朝廷未之許也。倫見康王言和議事，康王大喜，遷倫官，并官其子弟。宋方與齊用兵，未可和。

天會十五年，康王聞天水郡王已薨，以倫假直學士來請其喪，使倫請撻懶曰：「河南之地，上國既不自有，與其封劉豫，曷若歸之趙氏。」是歲，劉豫受封已八年，不能自立其國，尚勤屯戍，朝廷厭其無能爲也，乃廢劉豫。撻懶以左副元帥守汴京，於是倫適至。撻懶，太祖從父兄弟，於熙宗爲祖行。太宗長子宗磐以太師領三省事，位在宗幹上。宗翰薨已久，宗幹不能與宗磐獨抗。明年，天眷元年，撻懶與東京留守宗雋俱入朝，熙宗以宗雋爲左丞相。宗雋，太祖子也。撻懶、宗磐、宗雋三人皆跋扈嗜利，陰有異圖，遂合議以齊地與宋，自宗幹以下爭之不能得。以侍郎張通古爲詔諭江南使，遣倫先歸。

明年，宋以倫爲端明殿學士，簽書樞密院事，進金器千兩、銀器萬兩，復來請天水郡王喪柩，及請母韋氏兄弟宗族等。保信軍節度使藍公佐副之。是歲，宗磐、宗雋、撻懶皆以謀反屬吏，熙宗誅宗磐、宗雋，以撻懶屬尊，赦其死，以爲行臺尚書省事左丞相，奪其兵權。右副元帥宗弼奏曰：「撻懶、宗磐陰與宋人交通，遂以河南、陝西地與宋人。」會撻懶復謀反，捕而殺之於祁州。倫至上京，有司詳讀康王表文，不書年，閱進奉狀，稱禮物不言職貢，上使宰相責問倫曰：「汝但知有元帥，豈知有上國耶。」遂留不遣，遣其副藍公佐歸。

三年五月，宗弼復取河南、陝西地，遂伐江南，已渡淮。皇統元年，宋人請和。二年二月，宋端明殿學士何鑄、容州觀察使曹勛進誓表。三月，遣左副點檢賽里、山東西路都轉運使劉裪送天水郡王喪柩，及宋帝母韋氏還江南。五月，李正民、畢良史南歸。七月，朱弁、張邵、洪皓南歸。

四年，以倫爲平州路轉運使，倫已受命復辭遜，上曰：「此反覆之人也。」遂殺之於上京，年六十一。

贊曰：孔子云，「行己有恥，使於四方不辱君命，可謂士矣」。宇文虛中朝至上京，夕受官爵。王倫紈袴之子，市井爲徒。此豈「行己有恥」之士，可以專使者耶。二子之死雖冤，其自取亦多矣。

校勘記

〔一〕澤死調戍滑州時宗望伐宋將渡河　按，宋史卷二五高宗紀二，建炎二年七月，「宗澤薨」。本書卷三太宗紀，天會五年六月「庚辰，右副元帥宗望薨」。宗望早宗澤一年卒，此處「宗望」顯誤。

〔二〕八年爲泰寧軍節度使　按，酈瓊事在齊國廢之後，而此「八年」又在「貞元元年」之前，則「八年」上當脫「皇統」二字。

〔三〕改西京留守　「西京」，原作「南京」。按，會編卷二二四，紹興二十六年即正隆元年十二月，「金人以(中略)孔彥舟知西京」。又本傳下文，「正隆五年，除南京留守」，知會編不誤。今據改。

〔四〕轉尚書吏部員外郎爲本部郎中　按，宋周密癸辛雜識別集卷上汴梁雜事載普賢洞記石碑，「金皇統四年四月一日奉議大夫、行臺吏部郎中、飛騎尉施宜生撰并書」。作「行臺吏部郎中」，與此異。

〔五〕天會八年睿宗以右副元帥次涇州　「八年」，原作「九年」；「右副元帥」，原作「左副元帥」。按，本書卷三太宗紀，天會八年「十一月甲辰，宗輔下涇州。（中略）戊申，原州降」。宋涇原路統制張中孚、知鎮戎軍李彥琦以衆降」。天會十年四月，以「右副元帥宗輔爲左副元帥」。卷七二婁室傳，天會八年，「睿宗以右副元帥，總陝西征伐」。同卷活女傳，「睿宗定陝西，活女爲都統，進攻涇州」。則「九年」當作「八年」，此時睿宗當爲「右副元帥」。今據改。

〔六〕皇統初恢復河南　按，本書卷四熙宗紀，天眷三年「五月丙子，詔元帥府復取河南、陝西地。（中略）是月，河南平」。此處繫年有誤。

〔七〕惟孟庾去留聽其所欲　「孟庾」，原作「孟庚」。按，大金國志卷一〇熙宗孝成皇帝二，天眷二年，「宋西京留守孟庾至汴京」。又同書卷一一熙宗孝成皇帝三，天眷三年，兀朮分四道征南，「至是，攻宋東京，孟庾率官吏迎拜，兀朮入城」。宋史卷二九高宗紀六，紹興十年五月丁卯，「以孟庾知開封府，爲東京留守」。五月「乙酉，兀朮入東京，留守孟庾以城降」。今據改。

〔八〕故宋宰相王旦弟王勉玄孫　「王勉」，宋史卷三七一王倫傳作「王朂」，蓋宋人避神宗諱所改。

金史卷八十

列傳第十八

熙宗二子 濟安 道濟
斜卯阿里 **突合速** **烏延蒲盧渾** **赤盞暉**
大臭 本名撻不野〔一〕 **磐** 本名蒲速越 **阿离補** 子方

熙宗諸子：悼平皇后生太子濟安，賢妃生魏王道濟。

濟安，皇統二年二月戊子生於天開殿。上年二十四始有皇子，喜甚，遣使馳報明德宮太皇太后。五日命名，大赦天下。三月甲寅，告天地宗廟。丁巳，翦鬌，奏告天地宗廟。戊午，册爲皇太子。封皇后父太尉胡塔爲王，賜人口、馬牛五百、駞五十、羊五千。隨朝職官並遷一資，皆有賜。己未，詔天下。十二月，濟安病劇，上與皇后幸佛寺焚香，流涕哀禱，曲赦五百里内罪囚。是夜，薨。謚英悼太子，葬興陵之側，上送至烏只黑水而還。命工塑其像于儲慶寺，上與皇后幸寺安置之。海陵毁上京宫室，寺亦隨毁。

道濟，皇統三年，命爲中京留守，以直學士阿懶爲都提點，張玄素爲同提點，左右輔導之。俄封魏王，封其母爲賢妃。初居外，至是養之宫中。未幾，熙宗怒殺之。

贊曰：國初制度未立，太宗、熙宗皆自諳班勃極烈即帝位。諳班勃極烈者，漢語云最尊官也。熙宗立濟安爲皇太子，始正名位，定制度焉。

斜卯阿里。父渾坦，穆宗時内附，數有戰功。阿里年十七從其伯父胡麻谷討詐都，獲其弟沙里只。高麗築九城於曷懶甸，渾坦攻之，遇敵於木里門甸，力戰久之，阿里挺槍馳刺其將於陣中，敵遂潰。渾坦與石適歡合兵於徒門水，阿里首敗敵兵，取其二城。高麗入寇，以我兵屯守要害，不得進，乃還。阿里追及于曷懶水，高麗人爭走冰上，阿里乘之，殺略幾盡，遂合兵于石適歡。道遇敵兵五萬，擊走之。又與石適歡遇敵七萬，阿里先登，奮擊大敗之。石適歡曰：「汝一日之間，三破重敵，功豈可忘。」乃厚賜之。

斡塞、烏睹本攻馳吉城，阿里鑿墉爲門，日已暮，不可入，以兵守之，旦日遂取其城。烏睹本以被甲并乘馬賜之。從攻下寧江州，授猛安。又從攻信州、賓州，皆克之。遼人來攻孛堇忽沙里城，阿里率百餘騎救之。遼兵數萬，阿里兵少，乃令軍士裂衣多爲旗幟，出山谷間，遼兵望見，遁去。

蘇、復州叛，衆至十萬。旁近女直皆保於太尉胡沙家，築壘爲固。敵圍之數重，守者糧芻俱盡，牛馬相食其騌尾，人易子而食。夜，縋二人出，告急於阿里。阿里赴之，内外合擊之，破其衆於鬪离密罕水上，勦殺幾盡，水爲之不流。蒲离古胡什吉水、馬韓島凡十餘戰，破數十萬衆。契丹、奚人聚舟千艘，將入于海。阿里以二十七舟邀之，中流矢，卧舟中，中夜始蘇。敵船已入王家島，即夜取海路追及之，敵走險以拒，阿里以騎兵邀擊，再中流矢，力戰不退，竟破之，盡獲其舟。於是，蘇、復州、婆速路皆平。

攻顯州，下靈山縣，取梁魚務，敗余睹兵，功皆最。後與散睹魯屯高州，契丹昭古牙、九斤合興中兵數萬攻胡里特寨，阿里以八謀克兵救之。胡里特先往，敗於城下。阿里指陣前緋衣者二十餘人曰：「此必賊酋也。」麾兵奮擊，皆殺之，餘衆大潰。來州、隰州兵圍胡里特城，聞阿里來救，即解圍去。

闍母討張覺，有兵出樓峯口山谷間，阿里、散篤魯、忽盧補三猛安擊敗之。宗望代闍母討張覺，阿里再敗平州兵。及伐宋，阿里別擊宋兵，敗之。孟陽之役，阿里扼橋渡力戰。明年，再伐宋，至保州、中山，累破之。進圍真定，阿里與婁室、豁魯乘風縱火，焚其樓櫓，諸軍畢登，克其城。師至河上，粘割胡撒擊走宋人，扼河津，兵數千遂渡河。諸將分出大名境，阿里破敵四百盡殪，遂圍汴。汴中夜出兵來焚攻具，阿里與謀克常孫陽阿禦之，其衆大潰。還攻趙州，降之。

天會六年〔二〕，伐宋主，取陽穀、莘縣，敗海州兵八萬人，海州降。破賊船萬餘於梁山泊。招降滕陽、東平、泰山羣盜。盜攻范縣，擊走之，獲船七百艘。宗弼攻下睢陽，與烏延蒲盧渾先以二千人往招壽春，具舟淮水上。時康民聚賈船四百與壽春相近，朮列速以騎四百破康民，斬馘數千。與當海、大臭破賊十萬於淮南。比至江，連破宋兵，獲舟二百艘。宗弼至江寧，阿里、蒲盧渾別降廣德軍，先趣杭州。去杭十餘里，遇宋伏兵二千，取我前驅甲士三十人。阿里使諸軍去馬搏戰，伏兵敗，皆逼死於水。宗弼至餘杭，而宋主走明州，阿里與蒲盧渾以精騎四千襲之，破東關兵，濟曹娥江，敗宋兵於高橋鎮。至明州，頗失利。宋主已入于海，乃退軍餘姚。宗弼使當海濟師，遂下明州，執宋守臣趙伯諤，進至昌國縣。宋主自昌國走溫州，由海路追三百餘里，弗及。遂隳明州，與宗弼俱北歸。

睿宗經略陝西，駐涇州，阿里先取渭州。睿宗趨熙河，阿里、斜喝、韓常三猛安爲前軍。十二年，與高彪監護水運。宋以舟師阻亳州河路，擊敗之，追殺六十餘里，獲其將蕭通。破漣水水寨賊，盡得其大船，遂取漣水軍，招徠安輯之。天眷間，盜據石州，阿里討之。粘割胡撒與所部先登，遂克其城，石州平。

宗弼再伐宋，阿里已老，督造戰船。宋稱臣，詔賜阿里錢千萬。自結髮從軍，大小數十戰，尤習舟楫，江、淮用兵，無役不從，時人以水星目之。爲迭里部節度使，歷順義、泰寧軍，歸德、濟南尹。天德初，致仕，加特進，封王。正隆例封韓國公，召赴闕，命造戰船。以疾薨，年七十八，謚智敏。

阿里性忠直，多智略。兄弟相友愛，家故饒財，以己猛安及財物盡與弟愛拔里。愛拔里不肯受，逃避歲餘，阿里終與之。

突合速，宗室子，拏罕塞人。初隸萬户石家奴麾下，嘗領偏師破雲中諸山寇盜。宗望攻平州，遣突合速討應州賊，平之，撫安其民而還。

及伐宋，在宗翰軍，以八謀克破石嶺關屯兵數萬，殺戮幾盡。師至太原，祁縣降而復叛，突合速攻下之。進取文水縣，後從諸帥列屯汾州之境。宋河東軍帥郝仲連、張思正，陝西軍帥張關索及其統制馬忠，合兵數萬來援，皆敗之。

宗翰南伐至潞還，太原猶未下，即留完顏銀术可總督諸軍，經略其地。於是，宋援兵大至，突合速從馬五、沃魯破宋兵四千于文水。聞宋將黃迪等以兵三十萬柵于縣之西山，復與耿守忠合兵九千擊之，殺八萬餘人，獲馬及資糧甚衆。宋制置使姚古率兵至隆州谷，突合速與拔离速以步騎萬餘禦之。种師中兵十萬據榆次，銀术可乃召突合速，使中分其兵而還，與活女等合兵八千擊敗之，斬師中于殺熊嶺。宋將張灝以兵十萬營于文水近郊，復與拔离速擊破之。潞州復叛，宋兵號十七萬，骨赧、突合速、拔离速皆被圍。突合速麾軍士，下馬力戰，遂潰圍而出。

及再舉伐宋，宗翰命婁室率軍先趨汴。婁室至澤州，突合速、沃魯以五百騎爲前驅，往招河陽。先據黃河津，宋兵萬餘背水陣，進擊敗之，皆擠于水，遂降河陽。汴京平，諸將西趣陝津，略定河東郡縣。突合速取憲州，遇其援軍，擊敗之，生擒其將。孛堇濃瑰朮魯等攻保德，未下，突合速進兵助擊，梯衝並進，遂克其城。孛堇烏谷攻石州，屢敗，亡其三將，軍士歿者數百人。突合速謂烏谷曰：「敵皆步兵，吾不可以騎戰。」烏谷曰：「聞賊挾妖術，畫馬以縶其足，疾甚奔馬，步戰豈可及之。」突合速笑曰：「豈有是耶。」乃令諸軍去馬戰，盡殪之。六年，宗輔駐師鄧州，突合速、馬五、拔离速西取均、房，遂下其城。攻唐、蔡、陳州及潁昌府皆克之。

天眷初，除彰德軍節度使。三年，爲元帥左監軍。皇統八年，改濟南尹。天德間，封定國公，授世襲千户。卒，年七十二。正隆二年，贈應國公。

初，突合速以次室受封，次室子因得襲其猛安。及分財異居，次室子取奴婢千二百口，正室子得八百口。久之，正室子爭襲，連年不決，家貲費且盡，正室子奴婢存者二百口，次室子奴婢存者纔五六十口。世宗聞突合速諸子貧窘，以問近臣，具以爭襲之故爲對，世宗曰：「次室子豈當受封邪。」遂以嫡妻長子襲。

烏延蒲盧渾，曷懶路烏古敵昏山人。父孛古剌，龍虎衛上將軍。蒲盧渾膂力絶人，能挽强射二百七十步。與兄鶻沙虎俱以勇健隸闍母軍，居帳下。攻黄龍府，力戰有功。闍母敗于兔耳山，張覺復整兵來，諸將皆不敢戰。蒲盧渾登山望之，乃紿諸將曰：「敵軍少，急擊可破也。若入城，不可復制。」遂合戰，破之。

郭藥師、蔡靖以燕京降，蒲盧渾率九十騎先伺察城中居民去就。遂將漢兵千，隸完顔蒙适攻真定。進攻贊皇，取之，獲人畜甲仗萬餘。汴城破，日已暮，宋人猶力戰，槍刺中蒲盧渾手，戰益力，遂敗宋軍，賜金五十兩。

睿宗爲右副元帥〔三〕，已定關、陝，議取劍外諸州，遂拔和尚原。元帥府承制以蒲盧渾爲河北西路兵馬都總管。及宋主在揚州，蒲盧渾與蒙适將萬騎襲之，宋主已渡江，破其餘兵〔四〕。後與斜卯阿里俱從宗弼自淮西渡江取江寧。宗弼入杭州，宋主走明州，再走温州，由海道追三百餘里，隳明州而歸，語在阿里傳。

天眷二年，授鎮國上將軍，除安國軍，以疾去官。皇統六年，授世襲謀克，起爲延安尹，賜尚衣一襲，尋致仕。海陵遷中都，起爲歸德尹，就其家授之，賜銀牌、襲衣、玉吐鶻，馳驛之官。蒲盧渾留數十日，已違程，復聽致仕。召赴京師，至薊州，見海陵于獵所。明日，從獵，獲一狐。海陵曰：「卿年老，尚能馳逐擊獸，健捷如此。」賜以御服，封豳國公。除太子少師，進太子太保，改真定尹，入判大宗正事。

頃之伐宋，以本官行右領軍副都督事。師次西采石，海陵欲渡江，蒲盧渾曰：「宋軍船高大，我船庳小，恐不可遽渡。」海陵怒曰：「汝昔從梁王追趙構於海島，皆大舟耶，今乃沮吾兵事。」設不能遽渡江，不過有少損耳。爾年已七十，縱自愛，豈有不死理耶。明日當與奔睹先濟。」既而復止之，乃遣別將先渡江，舟小不可戰，遂失利，兩猛安及兵士二百餘人皆陷没。海陵遇害，軍還。

大定二年，至中都上謁，除東京留守。世宗召問年幾何，對曰：「臣今年七十三矣。」上曰：「卿宿將，久練兵事，年雖老，精神不衰。」因命到官，每旬月一視事。賜衣一襲，進階開府儀同三司，仍封豳國公。是歲，卒。十八年，孫扎虎遷廣威將軍，襲烏古敵昏山世襲猛安，并親管謀克。

赤盞暉字仲明，其先附於遼，居張皇堡，故嘗以張爲氏。後家來州〔五〕。暉體貌雄偉，慷慨有志略。少遊鄉校。遼季以破賊功，授禮賓副使，領來、隰、遷、潤四州屯兵。天輔六年降，仍命領其衆，從闍母定興中府義、錦等州。及破張覺，皆與有功，以粟萬五千石助軍，授洺州刺史。

宗望初伐宋，孟陽之戰，敵之中軍徑薄宗望營，暉與諸將擊敗之，追殺至城下。訖師還，數立戰功。明年，再舉伐宋〔六〕，攻下保州、真定，暉皆與焉。進圍汴，宋人夜出兵二萬焚我攻具，暉以二謀克兵擊走之。凡城中出兵拒戰，暉之所當，無不勝捷。

既克宋還，從攻河間。敵將李成以雄、莫之兵來援，暉與所部迎擊，馬傷而墮，暉輒奮起步鬭，竟敗成兵。是日，凡七戰皆勝，敵人多逼死濠隍間，暉兩臂亦數中流矢。賊將劉先生以兵二萬夜襲營，暉力戰達旦，賊始敗走，皆溺死于水。暉復傅城力戰，如是連月，諸軍四面合攻，遂克之。加桂州管內觀察使，因留撫河間。時居民皆爲軍士所掠，老幼存者亡幾。暉下令軍中聽贖還之。未幾，皆按堵如故。

從睿宗經略山東，既攻下青州，復從闍母攻濰州。暉督其裨校先登，而城中積芻茭乘風縱火發機石，暉率將士衝冒而下，力戰敗之。軍還，復以三十騎破敵于范橋。帥府承制加靜江軍節度使。進攻，城中砲出，幾中暉，拂其甲裳裂之。暉益奮攻，卒破其城。又從攻泗州，克之。還屯汶陽，破賊衆于梁山濼，獲舟千餘。移軍攻濟州，既敗敵兵，因傅城諭以禍福，乃舉城降。暉約束軍士，無秋毫犯，自是曹、單等州皆聞風而下。

從攻壽春、歸德，及渡淮爲先鋒，遇重敵于秀州、蘇州，皆擊敗之，遂至餘杭。通糧餉，治橋道，暉之力爲多，乃還，載資治通鑑版以歸。大軍過江寧，徙其官民北渡，時暑多疾疫，老弱轉死道路，其知府陳邦光者訴于宗弼，怒將殺之，暉曰：「此義士也。」力營救之，竟得免。

富平之戰，暉在右翼，遇濘而敗，睿宗念其前功，杖而釋之。師至熙河，暉別降諸寨將鈐轄及吐蕃酋長等，并民户萬五千餘。蘭州叛，與訛魯補等攻下之，獲河州安撫使白常、熙河路副都總管劉維輔以獻。還攻慶陽，兩敗重敵，殺其將戴巢。師還，遷歸德軍節度使〔七〕。

宋州舊無學，暉爲營建學舍，勸督生徒，肄業者復其身，人勸趨之。屬縣民家奴王夔者，嘗業進士，暉以錢五十萬贖之，使卒其業，夔後至顯官。密州吏龐乙卒於官，其孤貧，不克葬，暉爲營治葬事，且資給其家。

十三年，復從大軍渡淮。還鎮，丁母憂，尋以舊職起復。既廢齊，爲安化軍節度使。天眷三年，復河南，宋人乘間陷海州，帥府以登、萊、沂、密四州委暉經畫，敵無敢窺其境者。爲定海軍節度使，尋改濟南尹，累遷光禄大夫。俄以罪罷，久之，起爲昌武軍節度使。天德二年，遷南京留守，尋改河南路統軍使，授世襲猛安，拜尚書右丞，封河内郡王。歲餘，拜平章政事，封戴王。正隆初，出爲興平軍節度使。正隆降王爵，爲樞密副使，封景國公。未幾，復爲左丞，封濟國公。尋除大興尹，封榮國公。薨，年六十五。大定間謚曰武康。子師直，登進士第。

大臭本名撻不野，其先遼陽人，世仕遼有顯者。太祖伐遼，遼人徵兵遼陽，時臭年二十餘，在選中。遼兵敗，臭脱身走寧江。寧江破，臭越城而逃，爲軍士所獲，太祖問其家世，因收養之。收國二年，爲東京奚民謀克。是時，初破高永昌，東京旁郡邑未盡服屬，使臬伺察反側。有聞必達，太祖以爲忠實，授猛安，兼同知東京留守事。

取中、西兩京，隸闍母軍。遼軍二十萬來戰，吴王使臬以本部守營，臬堅請出戰，不許。或謂臬曰：「戰，危事，獨苦請，何也？」臬曰：「丈夫不得一決勝負，尚何爲。苟臨戰不捷，雖死猶生也。」吴王聞而壯之，乃遣出戰。既合戰，闍母軍少却，遼兵後躡之，臬麾本部兵横擊，殺數百人，由是顯名軍中。

天會三年，宗望伐宋，信德府居燕、汴之中，可駐軍以濟緩急，欲遂攻之，恐不能亟下，議未決。臬獨率本部兵，選善射者射其城樓，别以輕鋭潛升於樓角之間，遂克其城。明年，軍至濬州〔八〕，宋人已燒河橋，宗望下令，「軍中有能先濟者功爲上」。臬捕得十餘舟，使勇悍者徑渡，擊其守者而奪其戍栅，由是大軍俱濟。

八月，再伐宋〔九〕，授萬户，賜金牌。既破汴京，臬爲河間路都統。已克河間，闍母怒其不早降，因縱軍大掠，臬諫止之，已掠者官爲贖還。除河間尹，從攻襲慶府。先一日，臬命軍士預備畚鍤及薪，既傅城，諸將方經營攻具，未鳴鼓，臬軍有素備，遂先登。軍帥以臬未鳴鼓輒戰，不如軍令，請罪臬，朝廷釋弗問，仍例賞之。

宗弼伐江南，濟淮，宋將時康民率兵十七萬來拒，臬率本部從擊，敗之。復以騎二千與當海擊敗淮南賊十萬，殺萬餘人，王善來降。將渡江，臬軍先渡，舟行去岸尚遠，宋列兵江口，臬視其水可涉，則麾兵捨舟趨岸疾擊之，宋兵走，大軍相繼而濟。俄遇杜充兵六萬於江寧之西，臬與鶻盧補擊走之。師還，臬留爲揚州都統，經略淮、海、高郵之間。再爲河間尹，兼總河北東路兵馬。

十一年，入見，太宗賜坐，慰勞甚久，特遷太子太保，賜衣一襲、馬二匹及鞍轡鎧甲，改元帥右都監。齊國廢，臬守汴京。熙宗念臬久勞，降御書寵異之。天眷三年，罷漢、渤海千户謀克，以臬舊臣，獨命依舊世襲千户。是歲，拜元帥右監軍。

宗弼再伐宋，宋人稱臣乞和，遂班師，臬獨留汴，行元帥府事。皇統三年，加開府儀同三司。八年，進左監軍。天德二年，改右副元帥，兼行臺左丞。遷平章行臺省事，進行臺右丞相，右副元帥如故。海陵疑左副元帥撒离喝，以爲行臺左丞相，使臬伺察之，詔軍事不令撒离喝與聞。撒离喝不知海陵意旨，每與臬爭軍事不能得，遂與臬有隙。海陵竟殺撒离喝，召臬入朝，拜尚書右丞相，封神麓郡王。

四年，請老，爲東京留守。貞元三年，拜太傅，領三省事，累封漢國王。十二月，有疾，海陵幸其第問之。是歲，薨，年六十八。海陵親臨哭之，詔有司廢務三日，禁樂三日。其三日當賜三國使館燕，以不賜教坊樂，命左宣徽使敬嗣暉宣諭之。贈太師、晉國王，謚傑忠，遣使護喪歸葬。正隆奪王爵，贈太傅、梁國公。子磐。

磐本名蒲速越，以大臣子累官登州刺史，襲猛安。大定三年，除嵩州刺史，從僕散忠義伐宋有功。五年，召爲符寶郎，遷拱衞直都指揮使。

初，磐以伐宋功，進官一階，磐心少之，頗形于言。上聞之，下吏按問，杖一百五十，改左衞將軍。詔求良弓，磐多自取，及護衞入直者，輒以己意更代。護衞婁室告其事，詔點檢司詰問。磐有妹在宮中爲寶林，磐屬内侍僧兒、員思忠使言于寶林曰：「我無罪，問事者迫我，使自誣服」。寶林訴于上，上怒，杖僧兒一百，磐責隴州防禦使。上戒之曰：「汝在近密，執迷自用，朕以卿父之功，不忍廢棄，姑令補外，其思勉之。」改亳州防禦使，遷武寧軍節度使，坐事除名。起爲韓州刺史，改祁州刺史，復坐事，削四官，解職。

久之，尚書省奏「大磐以年當敍」，上曰：「剛暴之人，屢冒刑章，不可復用。太傅大臭，别無嫡嗣，其世襲猛安謀克，不可易也。」

阿离補，宗室子，系出景祖。屢從征伐，滅遼舉宋皆有功。天會九年，睿宗經略陝西，阿离補爲左翼都統，與右翼都統宗弼，撫定鞏、洮、河、西寧、蘭、廓等州軍，來賓、定遠、和政、甘峪、寧洮、安隴等城寨，及鎮、堡、蕃、漢營部四十餘處，漢官軍民、蕃部酋長甚衆，於是涇原、熙河兩路皆平。詔以兄猛安沙离質親管謀克之餘户，以阿离補爲世襲謀克。

天會十二年，爲元帥右都監。十五年，遷左監軍。天眷三年，從宗弼復河南，遷左副元帥。皇統三年，封譚國公。六年，爲行臺左丞相〔一〇〕，元帥如故。是歲，薨。

大定間，大褒功臣，圖像衍慶宫。歡都死康宗時，不及與馳鶩遼、宋之郊，然而異姓之臣莫先焉。故定衍慶亞次功臣：代國公歡都〔一一〕，金源郡王石土門，徐國公渾黜，鄭國公謾都訶，濮國公石古乃，濟國公蒲查，韓國公斜卯阿里，元帥左監軍拔离速，魯國公蒲察石家奴，銀青光禄大夫蒙适，隨國公活女，特進突合速，齊國公婆盧火，開府儀同三司烏延蒲盧渾，儀同三司阿魯補，鎮國上將軍烏林荅泰欲，太師領三省事勗，太傅大臬，大興尹赤盞暉，金吾衛上將軍耶律馬五，驃騎衛上將軍韓常并阿离補咸著勳焉。子言、方，言别有傳。

方以宗室子累官京兆少尹，遷陝西路統軍都監。方專事財賄，不恤軍旅，詔戒之曰：「卿宗室舊人，乃縱肆敗法，惟利是營，朕甚惡之。自今至於後日，萬一爲之，必罰無赦。」

大定三年，遷元帥右都監，轉元帥左監軍，改順天軍節度使，上曰：「卿本無功，歷顯仕，不能接僚友，往往交惡，在京兆貪鄙彰聞，至無謂也。朕念卿已過中年，必能悛改，慎勿復爾。」除西南路招討使，朝廷以兵部郎中高通爲招討都監，以佐之。詔通曰：「卿到天德，毋以其官長曲從之也。簡閱沿邊士卒，毋用孱弱之人，毋以僕隸代役。女直舊風，凡酒食會聚，以騎射爲樂。今則奕碁雙陸，宜悉禁止，令習騎射。從其居處之便，亦不可召集擾之。」久之，方坐强買部人馬二匹，削一階，解職，降耀州刺史。通亦坐贓除名。方後遷横海軍節度使，入爲同簽大宗正事，簽書樞密院事。

初，阿魯補當授謀克〔二三〕，未封而薨，烏帶受之。烏帶死，兀荅補襲之。兀荅補死，烏也阿補當襲。是時，已降海陵爲庶人，世宗以烏帶在熙宗逆黨中，其子孫不合受封，停封者久之，而阿离補功亦不可廢絶，特詔方襲之云。

贊曰：斜卯阿里、突合速、烏延蒲盧渾、赤盞暉、大臭、阿离補等六人，皆收國以來所謂熊羆之士、不二心之臣也，其功有可録者焉。

校勘記

〔一〕本名撻不野　「撻不野」，原作「塔不也」，爲同音異譯，今與傳文統一。

〔二〕天會六年　「天會」二字原脱。按，本書卷三太宗紀，天會六年「七月乙巳，宋主遣使奉表請和，詔進兵伐之」。今據補。

〔三〕睿宗爲右副元帥　「右副元帥」，原作「右輔元帥」。按，本書卷一九世紀補睿宗紀記睿宗云，「天會五年，宗望薨，帝爲右副元帥」。卷五五百官志一都元帥府條下，「右副元帥一員，正二品」。今據改。

〔四〕「睿宗爲右副元帥已定關陝」至「及宋主在揚州蒲盧渾與蒙适將萬騎襲之宋主已渡江破其餘兵」　此處敘事淆亂。按，本書卷三太宗紀，天會七年五月，「拔离速等襲宋主于揚州」，八年七月以後，以右副元帥宗輔往征陝西。卷一九世紀補睿宗紀同。故「及宋主在揚州，蒲盧渾與蒙适將萬騎襲之，宋主已渡江，破其餘兵」句當在「睿宗爲右副元帥，已定關、陝」之前。

〔五〕後家來州　「來」，原作「萊」，今改。參見本書卷七五校勘記〔三〕。下同。

〔六〕明年再舉伐宋　按，本書卷三太宗紀，金再伐宋在天會四年八月。卷七四宗望傳記孟陽之戰在天會四年二月。此處稱「明年」顯誤。

〔七〕遷歸德軍節度使　按，本書卷二五地理志中，歸德府，「故宋州，宋南京應天府河南郡歸德軍，國初置宣武軍」。此「歸德軍」爲宋舊名。據卷二四地理志上，金之歸德軍在來州。

〔八〕明年軍至濬州　「明年」二字原在下文「由是大軍俱濟」之下。按，本書卷三太宗紀天會四年春正月，「大㚖攻下濬州」。會編卷二六，靖康元年正月「二日戊辰，斡离不陷濬州」。今據移改。

〔九〕八月再伐宋　「八月」，原作「明年」。按，「明年」二字已移上文「軍至濬州」之前。又本書卷三太宗紀，再伐宋在八月，今據補「八月」二字。

〔一〇〕六年爲行臺左丞相　按，本書卷四熙宗紀，皇統六年「三月壬申，以阿离補爲行臺右丞相」，四月「戊午，行臺右丞相阿离補薨」，皆作「右丞相」。然卷五九宗室表「阿魯補係出景祖。行臺左丞相」，卷一三二逆臣烏帶傳「行臺左丞相阿魯補子」，則均作「左丞相」，與此同。

〔一一〕代國公歡都　「代國公」，完顏希尹神道碑作「戴國公」。

〔一二〕阿魯補當授謀克　「阿魯補」，原作「阿魯」。按，本書卷一三二逆臣烏帶傳，「言本名烏帶，行臺左丞相阿魯補子也」。又「大定六年，（中略）以阿魯補謀克授兀荅補」。今據補。

金史卷八十一

列傳第十九

鶻謀琶　迪姑迭　阿徒罕　夾谷謝奴　阿勒根没都魯
黄摑敵古本　蒲察胡盞　夾谷吾里補　王伯龍　高彪
温迪罕蒲里特　伯德特离補〔一〕　耶律懷義　蕭王家奴
田顥〔二〕　趙隇

鶻謀琶，朮吉水斜卯部人也。性忠直寬厚，重節義，勇於戰。父阿鶻土，贈金吾衞上將軍。

穆宗時，鶻謀琶内附，先遣子寧吉從間道送款。遂使活里疃與鶻謀琶合軍攻降諸部，因領其衆。與弟胡麻谷、渾坦、姪阿里等攻下諸城，從撒改破塢塔城，穆宗屢賞之。破高麗戍兵。與石適歡討平諸部。蒲察部雅里孛堇與其兄弟胡八、雙括等欲叛歸遼，鶻謀琶執之，送于康宗，賜賚甚厚。破高麗曷懶甸及下陁魯城有功。天輔六年卒，年七十二。天眷中，贈銀青光禄大夫。

迪姑迭，温迪罕部人。祖扎古廼，父阿胡迭，世爲胡論水部長。迪姑迭年二十餘代領父謀克，攻寧江州，敗遼援兵，獲甲馬財物。攻破奚營，回至韓州，遇敵二千人，擊走之。護步荅岡之役，斡魯古與遼人戰于咸州，兵已却，迪姑迭以本部兵力戰，諸軍復振，遂大破之。天輔七年，從上之役，乙里補孛堇陷敵中，迪姑迭援出之。攻黄龍府，身被數創，授猛安。天輔七年，從上至山西，病卒，年四十七。天眷中，贈光禄大夫。

阿徒罕，温迪罕部人。年十七從撒改、斡帶等討平諸部，皆身先力戰。高麗築九城于曷懶甸，斡塞禦之，阿徒罕爲前鋒。高麗有屯于海島者，阿徒罕率衆三十人夜渡，焚其營柵戰艦，大破之，遂下馳吉城。既而八城皆下，功最。遼兵自寧江州東門出，阿徒罕逆擊，盡殪之，以功授謀克。從攻黄龍府，力戰，身被數十創，竟登其城。後與烏論石準援照散城，阿徒罕請乘不備急擊之，遂夜過益褪水，詰朝，大敗之，斡魯上其功〔三〕，賜幣與馬。

天輔四年五月疾病，賜良馬一匹，詔曰：「汝安則乘之。」年六十五卒。上悼惜之，遣使弔祭，以馬爲贈。阿徒罕爲人孝弟，好施惠，健捷善弋獵，至角觝、擊鞠，咸精其能。

夾谷謝奴，隆州納魯悔河人也。國初，祖阿海率所部來歸，獻器用甲仗。父不剌速，襲本部勃堇，從太祖伐遼，授世襲猛安，親管謀克，爲曷懶路都統。

謝奴，其長子也。長身多髯，善騎射，通女直、契丹大小字及漢字。既冠，隨其父見太祖，命佩金牌，總領左翼護衞。

西京未下，謝奴獲城中生口，乃知城中潛遣人求救於外，都統府得爲之備，却其救兵，西京乃下。自燕京還，過判泥恩納阿，遇敵於隘。謝奴身先士卒，射殺敵中先鋒二人，敵潰走，總管蒲魯虎以甲及馬贈之。後領其父猛安，從攻和尚原，出仙人關，宋兵據險，猛安雛訛只突戰不克，謝奴選麾下五十人戰，克之。與吴玠相拒，烏里雅行陣不整，吴玠乘之，謝奴領兵逆戰，遂大破敵。計前後功，襲其父猛安謀克。

宗弼復取河南、陝西，宋人欲潛兵襲取石閏諸營，謝奴自渭南大禹鎮掩其伏兵，射中其軍帥，宋兵敗走，多獲旗幟兵仗，帥府厚賞之。除華州防禦使。入爲工部侍郎，遷本部尚書。改平涼尹、昭義軍節度使。大定初，卒。

阿勒根没都魯，上京納鄰河人也，後徙咸平路梅黑河。雄偉美鬚髯，勇毅善射。國初伐遼，没都魯在軍中，領謀克猛安，每遇敵，往來馳突，人莫敢當，故所戰皆克。皇統元年，計功擢宣威將軍。明年，授同知通遠軍節度使，改移剌都乣詳穩。授世襲本路寧打渾河謀克。爲滑州刺史，改肇州防禦使、蒲與路節度使，遷驃騎上將軍。累官金吾衛上將軍。是歲，以年老致仕，卒〔四〕。年七十三。

黄摑敵古本，世居星顯水。從破寧江，取咸州，平東京路及諸山寨柵，皆有功。從麻吉破遼將和尚節使兵七千於上京，復破那野軍二萬。再從麻吉遇敵於阿鄰甸，麻吉被創，不能戰，敵古本率兵擊敗之，勦殺殆盡。從攻回鶻城，破其兵九萬，敗木匠直撒兵於山後，俘獲甚衆。敗昭古牙之兵三千，獲其家屬而還。攻平州張覺，吾春被圍於西山，敵古本引兵救之，解其圍，并獲糧五千斛，招降户口甚衆。從平興中，撫安其民人。天會間，大軍伐宋，敵古本從取濬、開德、大名，及取濟南、高唐、棣、密等州。皇統間，以功襲謀克，移屯於壽光縣界爲千户。六年，授世襲千户，棣州防禦使。卒。

蒲察胡盞，案出滸水人。年十八從軍，其父特厮死，襲爲謀克。天輔間，夏以兵三萬出天德路，胡盞從婁室迎戰，以兵三百，敗敵二千。天會三年，大軍攻太原，城中出兵萬餘來戰，胡盞以所領千户軍擊之，復敗敵兵三萬餘於榆次境。六年，從婁室攻京兆，以所部兵屢與宋人接戰，皆先登有功。七年，取邠州，遇宋人二十餘萬，我軍右翼少却，時胡盞爲左翼千户，摧鋒陷陣，敵遂敗去。敗張浚富平復有功。十三年，擊闍師古於臨洮衆三萬餘〔五〕。從攻涇州，從破德順、秦、鞏、臨洮、河、蘭等州，破吴璘兵，胡盞皆有力焉。授德順州刺史，改隴州防禦使，鳳翔尹。卒，年五十五。

夾谷吾里補，暗土渾河人，從天德。父兀屯，討烏春、窩謀罕有功。吾里補隸婁室帳下，攻係遼女直，招降太彎照三等。從婁室救斡魯古于咸州〔六〕，敗遼兵于押魯虎城。遼軍營遼水，吾里補五謀克軍乘夜擊之，遼軍驚潰，殺獲幾盡。

斡魯伐高永昌，吾里補以數騎奮擊于遼水之上，復以四十騎伏于津要，遇其候騎，擊之，獲生口，因盡知永昌虚實。太祖嘉之，賞奴婢八人。永昌駐軍於兔兒㕹，先據津要，軍不得渡。吾里補與撒八射殺其先鋒二人，永昌衆稍却，大軍遂渡遼水。及攻廣寧，軍帥選勇士先登，吾里補與赤盞忽没渾各領所部，突入其陣，大軍繼之，遂拔廣寧。

太祖攻臨潢，吾里補面被重創，奮擊自若，賞以遼宮女二人。遼王杲已取中京〔七〕，吾里補以四十騎覘敵，獲遼喉舌人，因知遼主所在。後從都統斡魯定雲中，從宗翰屯應州，遼軍在近境，吾里補以所部擊敗之。宗望伐宋，宋安撫使蔡靖詣吾里補降。婁室攻陝西，諸郡往往復叛，吾里補攻敗之。敗張浚軍于富平，吾里補先登，睿宗賞以金器名馬。遂以先鋒攻蘭州，下其城。加昭武大將軍，授世襲猛安。累官孛特本部族節度使，以老致仕，封芮國公。

吾里補多智略，膂力過人，雖甚老，勇健不少衰。大定初，劇賊嘯聚，出特鄙闕，吾里補率鄉里年少逆擊之，賊黨遂潰。事聞，賞賚甚厚。大定二十六年卒，一百有五歲。

王伯龍，瀋州雙城人也。遼末，聚黨爲盜。天輔二年，率衆二萬及其輜重來降，授世襲猛安，知銀州，兼知雙州。

四年，太祖攻臨潢〔八〕，伯龍與韓慶和以兵護糧餉，輓夫千五百人皆授甲，慶和已將兵行前，伯龍從糧居後，遇遼兵五千餘邀於路，伯龍率輓夫擊敗之，獲馬五百匹。六年，從攻下中京〔九〕，并克境内諸山寨，爲靜江軍節度留後。天會元年，真授節度使，從宗望討張覺於平州〔一〇〕，伯龍先登馳擊，手殺數十百人，遷右金吾衞將軍。白河之戰，伯龍當其左軍，麾兵疾馳蹂之，宋軍亂，我師乘勝奮擊敗之。宗望伐宋，伯龍爲先鋒，次保州，遇敵五萬，破之，招降新樂軍民十餘萬。大軍圍汴，宋太尉何㮚以軍數萬出酸棗門，伯龍以本部遮擊，多所斬獲。及破汴，伯龍以治攻具有功。進破孔彦舟、酈瓊衆三萬於洺州〔一一〕。

是年，同知保州兵馬安撫司事，將兵數千攻北平，拔之。復取保州、河間。睿宗經略山東，伯龍從攻青州，未下，城中夜出兵襲伯龍營，伯龍不及甲，獨被衣挺刃拒營門，敵不得入，因奮擊殺數十人。已而，軍士皆甲出，殺傷宋兵不可勝計，并獲其一將，斬之。及下青州，第功，伯龍第一。

六年，還攻莫州，降之，加太子少保、莫州安撫使。破李固寨衆十餘萬於濮州。濮城守，城中鎔鐵揮我軍，攻之不能剋。伯龍被重甲，首冠大釜，挺槍先登，殺守陴者二十餘人，大軍相繼而上，遂剋之。進攻徐州，伯龍復先登，充徐、宿、邳三路軍馬都統。敗高托山之衆十五萬餘於清河〔一三〕。進擊韓世忠於邳州，走之，與大軍會於宿遷，追世忠至揚州。還攻泗州。泗州守將以城降。

屯軍嶬陽，破陳宏賊衆四十餘萬。破黄戩於單州。進攻歸德，軍帥遣伯龍立攻具，伯龍從二十餘騎行視地形，城中忽出兵千餘，欲生得伯龍，伯龍縱騎馳之，敵兵亂，墮隍而死者幾二百人。破王善之衆於巢縣，取廬州、和州，伯龍之功多。軍渡采石，擊敗岳飛、劉立、路尚等兵〔一三〕，獲芻糧數百萬計。

還過真、揚，道遇酈瓊、韓世忠軍，復戰敗之。復爲莫州安撫，改知澤州。太行羣賊往往嘯聚，伯龍皆平之。

天眷元年，爲燕京馬軍都指揮使。從元帥府復收河南，權武定軍節度使，兼本路都統。宋兵據許州，伯龍擊走之，招復其人民。是年秋，泰安卒徒張貴驅脅良民，據險作亂，伯龍討平之。

皇統元年，以本部從宗弼南伐，攻破濠州而還。三年，爲武定軍節度使，改延安尹，寧昌軍節度使。天德三年，改河中尹，徙益都尹，封廣平郡王。卒，年六十五。正隆間，例贈特進、定國公。

高彪，本名召和失，辰州渤海人。祖安國，遼興、辰、開三鎮節度使。父六哥，左承制，官至刺史。彪始生，其父用術者言，爲其時日不利於己，欲不舉，其母爲營護。居數歲，竟逐之，彪匿於外家。遼人調兵東京時，六哥已老，當從軍，悵然謂所親曰：「吾兒若在，可勝兵矣。」所親具以實告，因代其父行。戰於出河店，遼兵敗走，彪獨力戰，軍帥見之曰：

「此勇士也。」令生致之。斡魯攻東京，六哥率其鄉人迎降，以爲榆河州千户。久之告老，彪代領其衆。

都統杲攻中京，彪領謀克，從斡魯破遼將合魯燥及韓慶民於高、惠之境。已而駐軍武安，合魯燥以勁兵二萬來襲，從斡魯出戰，與所部皆去馬先登，奮擊敗之。奚人負險拒命，所在屯結，彪屢戰有功。

宗望攻平州，彪徇地西北道，破敵，招降石家山寨。再從宗望伐宋，爲猛安。師次真定，彪率兵士七十人，臨城築甬道，城中夜出兵焚攻具，彪擊走之。大軍圍汴，以五十騎屯於東南水門。宋人再以重兵出戰，彪皆敗之。師還，屯鎮河朔，復破敵於霸州，擒其裨將祝昂。河間夜出兵二萬襲我營壘，彪率三謀克兵擊敗之。

天會五年，授靜江軍節度使、壽州刺史。明年，伐宋，從帥府徇地山東，攻城克敵，數被重賞。七年，師至睢，彪以所部招誘京西人民。次柘城縣〔一四〕，其官吏出降，彪獨與五十餘騎入城。繼而城中三千餘人復叛，彪率其衆力戰敗之，撫安其民而還。

從梁王宗弼襲康王，至杭州。師還，宋將韓世忠以戰艦數百扼於江北。宗弼引而西，將至黃天蕩，敵舟三十餘來逼南岸，其一先至者載兵士二百餘，彪度垂及，以鈎拽之，率勇士數十，躍入敵舟，所殺甚衆，餘皆逼死於水中。

明年，從攻陜西，師至寧州，彪與宗人昂率兵三千取鄜州。始至，有來降者言，「城東北隅守兵將謀爲内應」。彪即夜從家奴二人以登，左右守者覺之，彪與從者皆殊死戰，諸軍繼進，遂克其城。從攻和尚原及仙人關。與阿里監護漕糧并戰艦至亳州，宋人以舟五十艘阻河路，擊敗之，擒其將蕭通。擊漣水賊水寨，進取漣水軍，其官民已遁去，悉招降之。

彪勇健絶人，能日行三百里，身被重鎧，歷險如飛。及臨敵，身先士卒，未嘗反顧，大小數十戰，率以少擊衆，無不勝捷。

齊國既廢，攝滕陽軍以東諸路兵馬都統，撫諭徐、宿、曹、單，滕陽及其屬邑皆按堵如故。爲武寧軍節度使，頗黷貨，嘗坐贓，海陵以其勳舊，杖而釋之。改沂州防禦使〔一五〕，歷安化、安國、武勝軍節度使，遷行臺兵部尚書，改京兆尹，封郜國公。以憂去官，起復爲武定軍節度使，歸德尹。正隆例授金紫光禄大夫。久之致仕，復起爲樞密副使、舒國公，賜名彪。卒年六十七，謚桓壯。彪性機巧，通音律，人無貴賤，皆温顔接之。

温迪罕蒲里特，隆州移离閔河胡勒出寨人也〔一六〕。魁梧美髯，有謀略，以智勇聞。都統杲取中京，蒲里特權猛安，領軍五千，遇契丹賊萬餘，與戰敗之。出衮古里道，敗敵八千餘。至臘門華道，復以伏兵敗敵萬人。太祖定燕，自儒州至居庸關，執其候舌人。有頃，賊三千餘人復寇臘門華道，蒲里特整隊先登，賊識其旗幟，望風而遁，遂奮擊之，親執賊帥。

皇統元年，從梁王宗弼伐宋，留軍唐州。敵衆奄至，蒲里特擊之，大名軍萬四千號二十萬，蒲里特率親管猛安，身先士卒，衝擊，敵少却，乃張左右翼併擊之，敵衆散走。而別遇兵二萬來援，復以兵三千擊走之。時邳州土賊嘯聚，幾二十萬，蒲里特軍三千，分爲數隊急攻之，賊潰去。南京路遇敵軍二萬〔一七〕，蒲里特以軍三千擊敗之。是日，有兵自城中出者，復擊敗之。

皇統二年，遷定遠大將軍，同知鳳翔尹。六年，改京兆尹，轉寧州刺史，改西北路招討都監，遷永定軍節度使。海陵南征，改武衛軍都總管。大定三年，授開遠軍節度使，改泰寧軍。卒。十九年，以功授其子兀帶武功將軍、本猛安奚出痕世襲謀克。

伯德特离補，奚五王族人也，遼御院通進。天會初，與父撻不也歸朝，授世襲謀克，後以京兆尹致仕。

特离補招降松山等州未附軍民，及招降平州、薊州境内，督之耕作。宗望伐宋，特离補爲軍馬猛安，與諸將留，規取保、遂、安三州。攻安肅軍，河間、雄、保等兵十餘萬來救，特离補率所部先戰，大軍繼之，大破其兵，遂拔安肅。特离補攝通判事，降將胡愈陰結衆謀亂，特离補勒兵擒愈及其衆五十餘人。安肅軍改爲州，就除同知州事。改磁州，捕獲太行羣盜。元帥府以磁、相二州屯兵屬之，擒王會、孫小十、苗清等，羣盜遂平。遷濱州刺史，廉入優等。以母憂去官，起復本職，改涿州刺史。

入爲工部郎中，從張浩營繕東京宮室。及田瑴黨事起，朝省爲之一空，特离補攝行六部事，遷大理卿，出爲同知東京留守。天德三年，復爲大理卿，同知南京留守。

丁父憂，起復洺州防禦使。正隆盜起，州縣無兵，不能禦。洺舊有河附于城下，特离補乃引水注濠中以爲固，盜弗能近，州賴以安。遷崇義軍節度使，未幾，告老歸田里，卒。

特离補爲人孝謹，爲政簡靜不積財，常曰：「俸禄已足養廉，衣食之外，何用蓄積。」凡調官，行李止車一乘、婢僕數人而已。

耶律懷義本名孛迭，遼宗室子。年二十四，以戰功累遷同知點檢司事。宗翰已取西京，遼主謀奔于夏，懷義諫止之，不見聽，乃竊取遼主廐馬來降。

太祖自燕還師，留宗翰、斡魯經略西方，懷義領謀克從軍。天會初，帥府以新降諸部大小遠近不一〔一八〕，令懷義易置之，承制以爲西南路招討使。乃擇諸部衝要之地，建城市，通商賈。諸部兵革之餘，人多匱乏，自是衣食歲滋，畜牧蕃息矣。

從宗翰伐宋，降馬邑，破鴈門，屯兵，進攻太原，以所部別降清源縣徐溝鎮，遂與諸將列屯汾州之境。時河東、陝西路兵來救太原，劉光世、折可求柵于文水西山，懷義捕得生口，盡知宋兵屯守要害，乃分兵襲敗之。

明年，再伐宋，從婁室取汾州及其屬邑，遂過平陽，出澤、潞以趨河陽，所至皆降。及大軍圍汴，懷義屯京西，汴城既下，宋兵之出奔者，邀擊盡之。從攻鄭、鄧州及討平鄭州叛者，攻下濮州及雷澤縣，從破大名、東平府、徐、兗等州，皆有功。七年，還鎮。十年，加尚書左僕射，改西北路招討使。

懷義在西陲幾十年，撫御有恩，及去，老幼遮道攀戀，數日不得發。天眷初，爲太原尹，治有能聲。改中京留守。從宗弼過烏納水，還中京，以老乞致仕，不許。改大名尹，命不赴治所，止以俸傔給之。每歲春水扈從，餘聽自便。明年，再請老得謝，給俸傔之半。海陵即位，封漆水郡王，進封莘王。久之，進封蕭王。正隆例封景國公。

其子神都斡爲西北路招討都監，迎侍之官。神都斡從海陵南征，懷義卒于雲中，年八十二。

蕭王家奴，奚人也，居庫党河。爲人魁偉多力，未冠仕遼，爲太子率府率。天輔七年，都統杲定奚地，王家奴率其鄉人來降，命爲千户領之。奚王回离保既死，其親黨金臣阿古者猶保撒葛山，王家奴與突撚往討之，生擒金臣阿古者，降其餘衆。時平、灤多盜，王家奴以所部屢破賊兵，斬馘執俘，數被賞賚。

宗望伐宋，敗郭藥師於白河，亦與有功。至河上，宋兵扼津要，與諸將擊敗之。進圍汴，破其東門兵。明年，再伐宋，宗望軍至中山，諸門分兵出戰，焚我攻具，祁州、河間各以兵來援〔一九〕，皆敗之。

師還，屯鎮河朔。濱州賊葛進聚衆數萬臨淄，孛堇照里以騎兵二千討之，王家奴領謀克先登，力戰大破其衆。

明年，攻滄州，宋兵拒戰，復從照里擊走之。宋將徐文以舟百艘泊海島，即以商船十八進襲，斬首七百級，獲舟二十。

天會八年，除靜江軍節度使，授世襲千户。從梁王宗弼征伐，爲萬户，還爲五院部節度使。天德二年，改烏古迪烈招討都監，卒。

田顥字默之，興中人。遼天慶八年進士，歷官金部員外郎，權歸德節度使。太祖定燕，顥舉四州版圖歸朝，加都官郎中，權節度使事，四遷知真定府事。招降齊博、游貴等賊衆五千餘人。已而，貴復叛去，顥遣齊博僞叛從貴，因令伺間殺之，降其衆，賊壘悉平。三遷行臺左丞、彰德軍節度使。是時，新定力役，顥蠲籍之半而上之，故相之繇賦比他州獨輕。徙同知河北東路都總管，改同簽燕京留守司事，民遮留不得出，易服夜去。改河東南路轉運使，尋改絳陽軍節度使。居三年，以疾請謝事，徑解印歸。數奏不允，移鎮振武軍〔二〇〕。入爲刑部尚書，居三月請老，卒于家。

趙隇字德固，遼陽人。其婦翁以優伶得倖於遼主，隇補閤門祇候，累遷太子左衛率。後居灤州。宗望討張覺，隇踰城出降，授洛苑副使，爲灤州千户。遷洛苑使，檢校工部尚書。

從伐宋，至汴，遷棣州刺史、侍衛步軍都虞候。及再伐宋，攻真定與有功，改商州刺史，檢校尚書右僕射。五年，同知信德府路統押軍兵，兼沿邊安撫司事。明年，權知濟州事。八年，從定河南，授隴州團練使。十年，改知石州。隇久在兵間，不善治民，坐謗議，謫監平州甜水鹽。

齊國廢，河南皆以宿將守之，授㓲宿州防禦使，統本路軍兵。㓲重義，接儒士。嘗以事至汴，有故人子負官錢百萬，㓲以槖金贈之，其子悉爲私費，復代輸之。頃之，有訟徐帥不法者，朝廷使㓲鞫治，㓲委曲營護，坐是廢罷，寓居於燕。

海陵出領行臺省，至燕，㓲往見之，因訴其事。及海陵即位，起爲保大軍節度使。貞元初，改内省使。未幾，爲中都路都轉運使。明年，再徙順義、興平，入爲太子詹事，鎮沁南，以疾卒，年六十六。

後十餘年，㓲子孫、司徒張通古子孫皆不肖淫蕩，破貲産，賣田宅。世宗聞之，詔曰：「自今官民祖先亡没，子孫不得分割居第，止以嫡幼主之，毋致鬻賣。」仍著于令。

校勘記

〔一〕伯德特离補　「特离補」，原作「特里補」，爲同音異譯，今與傳文統一。

〔二〕田顥　原作「田灝」，據本卷傳文改。

〔三〕斡魯上其功　「斡魯」，原作「幹魯」，據南監本、北監本、殿本、局本改。按，本書卷七一本傳亦作「斡魯」。

〔四〕累官金吾衞上將軍是歲以年老致仕卒　「累官金吾衞上將軍」八字原在「卒」字下，據文義乙正。

〔五〕十三年擊關師古於臨洮衆三萬餘　「十三」，局本作「十二」。按，宋史卷二七高宗紀四，紹興四年三月丙子，以「關師古爲熙河蘭廓路安撫制置使」；夏四月，「關師古叛，以洮、岷二州降僞齊」，胡盞擊關師古當在此時。紹興四年是天會十二年，則「十三」當是「十二」之誤。

〔六〕從婁室救斡魯古于咸州　「咸州」，原作「威州」，據局本改。按，本書卷二太祖紀，「斡魯古敗遼軍于咸州西，斬統軍實婁于陣。完顏婁室克咸州」。卷七一斡魯古勃堇傳，「與遼都統實婁戰于咸州西，敗之，斬實婁于陣，與婁室克咸州」。卷七二婁室傳，「進兵咸州，克之」。

〔七〕遼王杲已取中京　「遼王」，原作「遼主」，據殿本、局本改。按，本書卷一九世紀補贊，「遼王杲取中京」。卷五九宗室表，「杲本名斜也。（中略）遼王」。

〔八〕四年太祖攻臨潢　「四年」，原作「三年」。按，本書卷二太祖紀，天輔四年四月「乙未，上自將伐遼」；五月「壬子，至上京，（中略）甲寅，亟命進攻」。遼史卷二八天祚皇帝紀二，「天慶十年（金天輔四年）「五月，金主親攻上京」。今據改。

〔九〕六年從攻下中京　「六年」，原作「四年」。按，本書卷二太祖紀，天輔六年正月「乙亥，取中京」。遼史卷二九天祚皇帝紀三，保大二年（金天輔六年）「春正月乙亥，金克中京，進下澤州」。今據改。

〔一〇〕天會元年真授節度使從宗望討張覺於平州　「天會元年」，原作「五年」。按，本書卷三太宗紀，天會元年十一月「壬子，命宗望問闍母罪，以其兵討張覺。（中略）庚午，宗望及張覺戰于南京東，大敗之」。今據改。

〔二〕進破孔彥舟酈瓊衆三萬於洺州　「洺州」，原作「沼州」，據南監本、北監本、殿本、局本改。

〔三〕敗高托山之衆十五萬餘於清河　「十五萬餘」，原作「十五餘萬」，據局本乙正。

〔四〕擊敗岳飛劉立路尚等兵　「兵」，原作「岳」，據南監本、北監本、殿本、局本改。

〔五〕次柘城縣　「柘城縣」，原作「柘縣」。按，本書卷二五地理志中，南京路睢州有柘城，今據改。

〔六〕改沂州防禦使　「沂州」，原作「忻州」。按，金石萃編卷一五四，沂州府普照寺碑後題銜「奉國上將軍、行沂州防禦使事、兼管内安撫使、統押沂海路萬户兵馬高召和式」。高召和式即高彪。則作「沂州」是，今據改。

〔七〕隆州移离閔河胡勒出寨人也　「移离閔河」，原作「移离閔阿」，據局本改。按，本書卷六七烏春傳附温敦蒲剌傳有「隆州移里閔河」。

〔八〕南京路遇敵軍二萬　按，本書卷二四地理志上，「天輔七年以燕西地與宋，遂以平州爲南京，（中略）天會四年復爲平州」。卷二五地理志中，「南京路，國初曰汴京，貞元元年更號南京」。金史詳校卷八上：「『南』當作『汴』。案：金有兩南京，平州稱南京，天會四年已更名。汴梁稱南京，貞元元年始建號。是時别無此路。再，燕山爲遼之南京，亦安得有此無名兵事。審之究屬汴京，乃史官謬用追書法。」則「南京路」當是「汴京路」之誤。

〔一八〕天會初帥府以新降諸部大小遠近不一　按，本書卷三太宗紀，天會三年「十月甲辰，詔諸將伐宋。以諳班勃極烈杲兼領都元帥」，始設都元帥府。此處記「帥府」事置伐宋之前，當有誤。

〔一九〕祁州河間各以兵來援　「祁州」，原作「祈州」，據局本改。按，本書卷二五地理志中，河北西路有祁州。

〔二〇〕移鎮振武軍　「振武軍」，又見於本書卷九七巨構傳、卷一一一古里甲石倫傳。按，本書卷二六地理志下，河東北路代州有「震武軍節度使」。本書志、表、傳多作「震武軍」。

金史卷八十二

列傳第二十

郭藥師子安國　耶律塗山　烏延胡里改　烏延吾里補
蕭恭　完顏習不主　紇石烈胡剌　耶律恕　郭企忠
烏孫訛論　顏盞門都　僕散渾坦　鄭建充
烏古論三合　移剌温　蕭仲恭子拱　蕭仲宣　高松
海陵諸子
光英　元壽〔一〕　矧思阿補　廣陽

郭藥師，渤海鐵州人也〔二〕。遼國募遼東人爲兵，使報怨于女直，號曰「怨軍」，藥師爲其渠帥。斡魯古攻顯州，敗藥師于城下。遼帝亡保天德，耶律捏里自立，改「怨軍」爲「常勝軍」，擢藥師諸衞上將軍。捏里死，其妻蕭妃稱制，藥師以涿、易二州歸于宋。藥師以宋兵六千人奄至燕京，甄五臣以五千人奪迎春門，皆入城。蕭妃令閉城門與宋兵巷戰。藥師大敗，失馬步走，踰城以免。宋人猶厚賞之。

太祖割燕山六州與宋人，宋使藥師副王安中守燕山。及安中不能庇張覺而殺之，函其首以與宗望，藥師深尤宋人，而無自固之志矣。宗望軍至三河，藥師等拒戰于白河。兵敗，藥師乃降。宗望遂取燕山。

太宗以藥師爲燕京留守，給以金牌，賜姓完顏氏。從宗望伐宋，凡宋事虛實，藥師盡知之。宗望能以懸軍深入，駐兵汴城下，約質納幣，割地全勝以歸者，藥師能測宋人之情，中其肯綮故也。及兩鎮不受約束，命諸將討之，藥師破順安軍營，殺三千餘人。海陵即位，詔賜諸姓者皆復本姓，故藥師子安國仍姓郭氏。

郭安國，藥師子也。累遷奉國上將軍、南京副留守。貞元三年，南京大內火，海陵使右司郎中梁銶、同知安武軍節度事王全按問失火狀。留守馮長寧、都轉運使左瀛各杖一百，除名。安國及留守判官大良順各杖八十，削三官。火起處句當官南京兵馬都指揮使吴濬杖一百五十，除名。失火位押宿兵吏十三人並斬。諭之曰：「朕非以宮闕壯麗也。自即位以來，欲巡省河南，汝等不知防慎，致外方姦細，燒延殆盡。本欲處爾等死罪，特以舊人寬貸之。押宿人兵法當處死，疑此輩容隱姦細，故皆斬也。」

安國性輕躁，本無方略。海陵將伐宋，以安國將家子，擢拜兵部尚書，改刑部尚書。軍興，領武捷軍都總管，與武勝、武平軍爲前鋒。海陵授諸將方略，安國前奏曰：「趙構聞王師至，其勢必逃竄。臣等不以遠近，追之獲而後已，但置之何地？」海陵大喜曰：「卿言是也。得構即置之寺觀，嚴兵守之。」及聞世宗即位，海陵謀北還，更置浙西道兵馬都統制府，以完顔元宜爲都統制〔三〕，安國副之。及海陵遇弑，衆惡安國所爲，與李通輩皆殺之。

贊曰：郭藥師者，遼之餘孽，宋之厲階，金之功臣也。以一臣之身而爲三國之禍福，如是其不侔也。魏公叔痤勸其君殺衛鞅，豈無所見歟。

耶律塗山系出遥輦氏，在遼世爲顯族。塗山仕至金吾衛大將軍、遥里相温。遼帝奔天德，塗山以所部降，宗翰承制授尚書，爲西北路招討使。宗翰伐宋，塗山率本部爲先鋒。

至汾州，遇宋將折家軍，請濟師併力破之。從攻太原、隆德府，從入汴，克洛陽。及從婁室平陝右。天會七年，授太子少保。十年，遷尚書左僕射。致仕，卒，年九十一。正隆例贈特進、鄀國公。

烏延胡里改，曷懶路星顯水人也。後授愛也窟謀克，因家焉。

從闍母圍平州，有功。及伐宋，圍汴，五謀克與宋兵萬人遇于城南，胡里改先馳擊敗之，元帥府遂賞良馬一匹。天會五年〔四〕，攻宗城縣，敵棄城走恩州，胡里改追殺千餘人，獲車四百兩。帥府賞牛三十頭、馬一匹。七年，討泰山羣盜，平之，毁其營柵。兖州羣寇三千餘保據山險，胡里改復破之。賞牛二十二頭、馬四匹。八年，攻廬州，至柘皋鎮，胡里改領甲士三十爲前鋒，執宋所遣持書與劉四廂錡者七人。復以先鋒軍攻和州，比至含山縣五里，獲甲士二人，乃知宋三將將兵且至，胡里改伏其軍，遂獲姚觀察。帥府賞馬二匹。九年，定陝右，胡里改以所部遇敵千人，敗之，生擒甲士一人，盡得敵之虚實。又從蒲魯渾徇地熙秦，敗敵兵二千於秦州，賞馬一匹。宋人屯襄陽府，監軍按補遣胡里改領四猛安往攻之。宋兵三千已渡江，方營壁壘，乘其未就，突戰破之。梁王宗弼復河南，將攻陳州，遣胡里改以甲士三十捕偵候人。至蔡州西，遇兵八十餘，戰敗之，獲南頓縣令。及攻陳州，夜將四更，忽聞敵開門潰走，胡里改亟領二謀克軍追及之，而猛安突葛速亦領軍繼至，大敗之。

皇統二年，遷定遠大將軍。八年，授臨洮少尹，兼熙秦路兵馬副都總管。九年，改同知京兆尹，兼本路兵馬都總管。天德，改同知平陽尹，兼河東南路兵馬都總管。貞元三年，改同知曷懶路總管。大定四年，授胡里改節度使。七年，改歸德軍節度使〔五〕。十年，移鎮顯德。卒官，年六十九。十九年，詔授其子五十六武功將軍，世襲本路婆朵火河謀克。

烏延吾里補，曷懶路禪嶺人也。從大名路。天會中，從其父達吉補隸元帥右監軍麾下。撻懶以事赴闕，以達吉補自隨。吾里補領其父謀克，從大軍攻滄州。方夷濠隍，城中兵來拒，吾里補以本部擊却之。王師下青州，力戰有功，獲馬百匹以獻，降獲賊黨甚衆。

青州戍將覿吉補以萊州兵衆，請濟於帥府。吾里補將十二謀克兵往救之。遂降其四營，拔其一營，得户四千。又敗賊兵五萬于恩州，攻破其營，降户五萬，獲牛畜萬餘。將至臨清縣，遇敵兵三千，又敗之，俘獲甚衆，生擒賊首以獻。帥府嘉其功，以奴婢百、牛三十賞之。時覿吉補敗于恩州之境，吾里補復以兵四千往救之，破敵萬餘。

宋兵十萬在單父間，總管宗室移剌屋選步卒一萬、騎兵四千往討之。吾里補領其親管謀克以從，遇敵先登，力戰有功。大軍經略密州，吾里補將兵二千爲前鋒，遇敵萬人于高密，遂敗其衆，追至城下，殺戮殆盡，獲馬牛三千餘。吾里補與孛太欲敗賊王義軍十餘萬于州南。是夜，賊兵數千來襲營，吾里補以兵橫擊走之。後從大軍攻楚、揚、通、泰等州。

天眷二年，襲其父世襲猛安，授寧遠大將軍。皇統七年，益以親管謀克。天德三年，除同知歸德尹。正隆初，爲唐古部族節度使。大定二年，爲保大軍節度使。是歲改鎮通遠。是時，宋軍十萬餘入河、隴〔六〕，據險要，攻郡邑。元帥左都監合喜奏益兵。詔益兵七千，遣吾里補與彰化軍節度使宗室璋等七人偕往，以備任使。進階龍虎衞上將軍。卒于軍中。

蕭恭字敬之，乃烈奚王之後也。父翊，天輔間歸朝，從攻興中，遂以爲興中尹。師還，以恭爲質子。宗望伐宋，翊當領建、興、成、川、懿五州兵爲萬户，軍帥以恭材勇，使代其父行，時年二十三。至中山，宋兵出戰，恭先以所部擊敗之。經山東，及渡淮，襲康王，皆在軍中。

師還，帥府承制授德州防禦使，奚人之屯濱、棣間者，皆隸焉。改棣州防禦使。皇統間，改同知横海軍節度使。丁父憂，起復爲太原少尹，用廉，遷同知中京留守事。累遷兵部侍郎，授世襲謀克。坐問禁中起居狀，決杖，奪一官。貞元二年，爲同知大興尹。歲餘，遷兵部尚書，爲宋國生日使。以母憂去官，起復爲侍衛親軍馬步軍都指揮使。正隆四年，遷光禄大夫〔七〕，復爲兵部尚書。

是歲，經畫夏國邊界，還過臨潼，失所佩金牌。至太原，憂恚成疾。時已具其事驛聞於朝，海陵復命給之，仍遣諭恭曰：「汝失信牌，亦猶不謹。朕方俟汝，欲有委使，乃稱疾耶？必以去日身佩信牌，歸則無以爲辭，欲朕先知耳。」使至，恭已疾篤，稽顙受命，俄頃而卒。海陵方遣使與其子護衛九哥馳視，乃戒府官使善護之，至保州，已聞訃矣，海陵深悼惜之。命九哥護喪以還，所過州府設奠。喪至都，命百官致祭。親臨奠，賻贈甚厚，并賜厩馬一。謂九哥曰：「爾父銜命，卒於道途，甚可悼惜。朕乘此馬十年，今賜汝父，可常控至柩前。既葬，汝則乘之。」

完顏習不主，年十六，從伐宋，攻下懷仁縣，功居最。從睿宗經略陝西，以兵七百人入丹州諸山，遇盜三千，擊敗之。又破賊四千，生擒其將帥。出隴州，以兵四百敗敵數千。宋兵七千來取鞏州，復擊走之。又以五千兵敗吴玠之衆三萬。白塔口遇敵五千，復敗之。別降定遠等寨。皇統二年，授同知臨洮尹，以憂去官。未期，以舊職起復，改孟州防禦使，遷臨洮尹。復以罪罷。正隆三年，起爲京兆尹，改河南尹。卒，年五十八。

紇石烈胡刺，晦發川唵敦河人，徙西北路。識契丹字，爲帥府小吏。梁王宗弼復陝西，久不通問。睿宗在燕京，遣胡刺往候之。是時，宗弼自鳳翔攻和尚原，使胡刺視彼中地形，修道築城。天會十二年，往濱州密訪南邊事體〔八〕，及觀劉豫治齊狀，盡得其虛實。睿宗甚嘉之。

皇統初，從宗弼渡淮，及下廬、和二州，大破張浚、韓世忠等軍。遣胡刺馳奏，賞以金盂、重綵五端、絹五匹。七年，授同知景州軍州事，以廉，加忠武校尉。天德初，以監察御史分司行臺，歷同知濟州防禦使事，入爲監察御史。秩滿再任。大定二年，遷刑部員外郎，與御史大夫白彦敬往西北部族市馬。累轉泗州防禦使，三遷蒲與路節度使，移寧昌軍，卒。

耶律恕字忠厚，本名耨里，遼横帳秦王之族也。爲人謹愿有志，喜讀書，通契丹大小字。與耶律高八來歸。婁室問高八曰：「與爾同來者，誰可任用治軍旅事？」高八對曰：「耨里可。」

婁室與宗翰伐宋，恕隸前鋒，取和尚原，攻仙人關，特爲睿宗所知，再除太原、真定少尹。撒離喝辟署陝西參謀，委以軍務，遷行臺兵部侍郎，再遷尚書左司郎中。

海陵爲平章政事，謂恕曰：「君亦有黨乎？」恕正色曰：「窮則獨善其身，達則兼善天下。不以其道得之，非恕之志也。何朋黨之有。」海陵徐曰：「前言戲之耳。」久之，爲沁南軍節度使，遷行臺工部尚書。行臺罷，改安國軍節度使，爲參知政事。以疾求解，爲興中尹，入爲太子少保。正隆元年，致仕。封廣平郡王。薨，年六十九。二年，例贈銀青光禄大夫。

郭企忠字元弼，唐汾陽王子儀之後。郭氏自子儀至承勳，皆節鎮北方。唐季，承勳入于遼，子孫繼爲天德軍節度使，至昌金降爲副使。

企忠幼孤，事母孝謹。年十三，居母喪，哀毁如成人。服除，襲父官，加左散騎常侍。天輔中，大軍至雲中，遣耶律坦招撫諸部。企忠來降。軍帥命同勾當天德軍節度使事，徙所部居于韓州。及見太祖，問知其家世，禮遇優厚，以白鷹賜之。

天會三年，伐宋，領西南諸部番、漢軍兵，爲猛安，從破鴈門，屯兵，加桂州管内觀察留後，鎮代州。明年，賊楊麻胡等聚衆數千于五臺，企忠與同知州事迪里討平之。遷知汾州事。

是時，汾州初下，居民多爲軍士掠去，城邑蕭然。企忠詣帥府力請，願聽其親舊贖還。帥府從之。未幾，完實如故。石州賊閻先生衆數萬至城下，僚屬慮有内變，請爲備。企忠曰：「吾於汾人有德，保無他。」乃率吏民城守。會援至，合擊，破之。

六年，改靜江軍節度留後，遷天德軍節度使、汴京步軍都指揮使，累遷金吾衛上將軍。秩滿，權沁州刺史。到官歲餘，卒，年六十八。

烏孫訛論，善騎射，襲父撒改謀克，從蒙刮攻東京及廣寧，擊北京山賊，皆有功。蕭霸哲來攻恩州，訛論以六十騎偵之。逮夜，遇敵數百騎，掩擊之，生獲三人，知霸哲衆九萬且至，故蒙刮得以爲備，遂破霸哲。

宗望伐宋，已至汴，訛論破尉氏、中牟援兵，取其城。久之，以兵百五十人破敵一千於滄州西。明年，再伐宋。蒙刮戍開州，訛論以騎四百守河，復敗千餘人，斬首七百餘。宗弼渡淮，阿里先具舟于江上，聞王善兵扼其前。宗弼使訛論濟師敗王善于和州北。李成以兵七萬據烏江，訛論帥二千人直前敗之。宗弼遂渡江至江寧。

天會十五年，沂州竇防禦叛〔九〕。訛論敗之，獲竇防禦。録前後功，授猛安，加昭武大將軍。宗弼再取河南，訛論以五十騎敗楊家賊五百於徐州東。以功受賞，不可勝計。

天德二年，除唐州刺史，移淄州，遷石壘部族節度使。行至北京，病卒。

顔盞門都，隆州帕里干山人也。身長，美鬚髯。天會間，從其兄羊艾在軍中。方取汴京，其兄戰殁，遂擐甲代其兄充軍。睿宗定陝右，以門都爲蒲輦，隸監軍杲親管萬户，攻饒風關。至坊州，杲欲與總管蒲魯虎會於鳳翔，遣門都領六十騎先往期會。及還，備得地形險阨，賞銀五十兩。其後梁王宗弼駐軍山東，遣人詣陝西，特召門都至。令齎廢齊及安撫百姓詔書，往諭監軍宗室杲。門都既還，宗弼賞以良馬銀絹。事畢，復遣從杲。

天眷初，叛將定國軍節度使李世輔僞邀杲至私署，以獻甲爲名，遂以兵劫執而去。門都突出，以告押軍猛安完顔撻懶，同率兵追及，首出與戰，杲由此得脱，以功遷明威將軍。復從杲招復陝西，進至鳳翔。齊國初廢，諸路多反覆不一。杲授門都牌劄，令往撫定。門都所至，多張甲兵，從者安之，違者討之，帖然無復叛者，杲甚嘉之。

皇統初，遷廣威將軍。四年，授同知通遠軍節度使事，改知保安軍事。天德三年，爲丹州刺史兼知軍事。正隆初，爲寧州刺史。

大定初，宋將吴璘等以軍數十萬人據秦、隴，元帥府承制以門都爲勇烈軍都總管，領軍討之。宋人保據德順。都監合喜遣武威軍副都總管夾谷查剌，會宗室璋，議征討之策。璋與門都曰：「須都監親至，敵必退矣。」合喜領軍四萬來赴，遂復德順州。明年，秦、隴平，以功遷金吾衛上將軍，授通遠軍節度使。

五年，改慶陽尹，兼本路兵馬都總管，卒于官。十九年，録功，以子六哥世襲本路曷懶兀主猛安敵骨論窟申謀克，授武功將軍。

門都性忠厚謹愨，安置營壁，尤能慎密。有敵忽來，雖矢石至前，泰然自若，迺號令士卒如平時，由是人益安附，而功易成焉。

僕散渾坦，蒲與路挾懣人也。身長七尺，勇健有力，善騎射。年十六，從其父胡没速征伐。初授脩武校尉，爲宗弼扎也。天眷二年，與宋岳飛相拒。渾坦領六十騎，深入覘伺，至鄢陵，敗宋護糧餉軍七百餘人，多所俘獲。皇統九年，除慈州刺史，再遷利涉軍節度使，授世襲濟州和术海鸞猛安涉里斡設謀克。貞元初，以憂去官。起復舊職，歷泰寧、永定軍，改咸平尹。

海陵殺渾坦弟樞密使忽土，召渾坦至南京。既見，沈思久之，謂之曰：「汝有功舊，不因忽土得官，以此致罪，甚可矜憫。」遂釋之。改興平軍節度使。世宗即位，以爲廣寧尹。窩斡反，爲行軍都統〔一〇〕，與曷懶路總管徒單克寧俱在左翼，敗窩斡於長濼。改臨潢尹。賊平，賜金帛。改曷懶路兵馬都總管。徙顯德軍、慶陽尹。致仕。大定十二年，上思舊功，起爲利涉軍節度使，復以金紫光禄大夫致仕。卒，年七十二。

云。

渾坦歷一十七官，未嘗爲佐貳。性沈厚有識，雖未嘗學問，明於聽斷，所至有治聲云。

鄭建充字仲實，其先京兆人，占籍鄜州。仕宋，累官知延安府事。天會七年來降，仍知延安府，屯兵三千。宋劉光烈兵八萬來攻建充，相距四十餘日。攻益急，建充遣人會斜喝軍，夾擊破之，俘其裨將賀貴。遷節制司統制軍馬。改京兆府路兵馬都監。敗宋曲端於彭原。高昌宗據延安，爲宋守，建充擊之，盡復城邑。復知延安軍府事。

齊國建，累遷博州團練使，知寧州。齊國廢，朝廷以地賜宋，爲宋環慶路經略安撫副使，仍知寧州。天眷復取陝西，仍以爲經略安撫使，知慶陽〔一〕。從破甘谷城，改平涼尹。

是時營建南京宮室，大發河東、陝西材木，浮河而下，經砥柱之險，筏工多沉溺，有司不敢以聞，乃誣以逃亡，錮其家。建充白其事，請至砥柱解筏，順流散下，令善游者下流接出之，而錮者得釋。正隆軍興，括筋角造軍器，百姓往往椎牛取之，或生拔取其角，牛有泣下者。建充白其事於朝。

建充性剛暴，常畜猘犬十數，奴僕有罪既笞，已復嗾犬嚙之，骨肉都盡。雖謙遜下士，於敵已上一無所屈。省部文移有不應法度，輒置之坐下，或即毁裂，由是在位者銜之。軍胥李换竊用公帑，自度不得免，乃誣建充藏甲欲反，更再鞫，皆無狀。方奏上，攝事者素與建充有隙，恐其得釋，使吏持文書紿建充曰：「朝省有命，柰何？」建充曰：「惟汝所爲。」是夜，死于獄中。長子愬亦死焉。

烏古論三合，曷懶路愛也窟河人，後徙真定。睿宗爲右副元帥，聞三合勇略，選充扎也。後從宗弼征伐，補麯院都監。未幾，從伐宋。與宋兵遇於潁州，三合先登破之。皇統元年，領漢軍千户，帥府再以軍四千隸焉。除同知鄭州防禦使事，再遷太子少詹事。大定六年，改洺州防禦使。上曰：「卿昔事睿宗，積勞苦。逮事朕，輔佐太子，宣力多矣。今典名郡，所以勞卿也。」遷永定軍節度使，歷臨潢、鳳翔尹，陜西路統軍使，東平尹。節制州郡，躬行儉約，政先寬簡，邊庭久寧，人民獲安。召爲簽書樞密院事。卒。

十八年，世宗追録三合舊勞，授其子大興河北西路愛也窟河世襲猛安阿里門河謀克，階武功將軍。

移剌温本名阿撒，遼横帳人，工契丹小字。睿宗爲左副元帥伐宋，温從大臭渡江，辟江寧府都巡檢。江寧、太平初下，宋遣諜人扇構百姓，應者數萬人。温擒其諜者，遂不敢竊發。宗弼嘉之，賜銀千兩、重綵百端、絹二百匹。宗弼每出征伐，未嘗不在行間。除同知河北西路轉運使事。會宗弼巡邊，温從軍，不之官。

宗弼入朝，熙宗宴羣臣，宗弼欲有奏請，已被酒失次，温掖而出宫。明日，熙宗謂宗弼曰：「阿撒事叔甚謹，不可去左右。」由是宗弼益親信之。嘗謂女壻紇石烈志寧曰：「汝可效阿撒之爲人也，可以幾古人矣。」未幾，除同知中京路都轉運使事，累遷左諫議大夫兼修起居注。正隆伐宋，以本官爲濟州路行軍萬户，從至揚州。軍還，除同知宣徽院事。世宗御饌不適口，召温嘗之。奏曰：「味非不美也，蓋南北邊事未息，聖慮有所在耳。」上意遂釋。

歷永定、震武、崇義節度使，移臨海軍。州治近水，秋雨，水潦暴至城下，城頗決，百姓惶駭，不知所爲。温躬督役夫繕完之，雖臨不測，無所避。僚屬或止温，温曰：「爲政疵癘，水泛溢爲災，守臣之罪。當以此身爲百姓謝，雖死不恨。」移鎮武定，歲旱且蝗，温割指，以血瀝酒中，禱而酹之。既而雨霑足，有羣鴉啄蝗且盡，由是歲熟，人以爲至誠之感云。以老致仕，卒。

贊曰：軍旅之事，鋒鏑在前，不計其死。耳屬金鼓，目屬旌旗，心屬號令，此行列之任也。自收國用兵，至于大定和宋以前，用命之士，雖細必録，所以明功也。

蕭仲恭本名术里者〔一三〕。祖撻不也，仕遼爲樞密使，守司徒，封蘭陵郡王。父特末，爲中書令，守司空，尚主。仲恭性恭謹，動有禮節，能被甲超橐駞。遼故事，宗戚子弟别爲一班，號「孩兒班」，仲恭嘗爲班使，歷宫使、本班詳穩。

遼帝西奔天德，仲恭爲護衛太保，兼領軍事。至霍里底泊，大軍奄至，倉卒走。仲恭母馬乏，不能進，謂仲恭兄弟曰：「汝等盡節國家，無以我爲也。」仲恭母，遼道宗季女也。遼主傷之，命弟仲宣留侍其母。仲恭從而西。時大雪，寒甚，遼主乏食，仲恭進衣并進乾糒。遼主困，仲恭伏冰雪中，遼主藉之以憩。凡六日，乃至天德，始得食。後與遼主俱獲，太宗以仲恭忠於其主，特加禮待。

天會四年，仲恭使宋。且還，宋人意仲恭、耶律余睹皆有亡國之慼，而余睹爲監軍〔一三〕，有兵權，可誘而用之，乃以蠟丸書令仲恭致之余睹，使爲内應。仲恭素忠信，無反覆志，但恐宋人留不遣，遂陽許。還見宗望，即以蠟丸書獻之。宗望察仲恭無他，薄罰之。於是再舉伐宋，執二帝以歸。累遷右宣徽使，改都點檢。

宗磐與宗幹爭辯於熙宗前，宗磐拔刀向宗幹，仲恭呵之乃止。既而宗磐以反罪誅，仲恭衞禁有備，以功加銀青光禄大夫，遷尚書右丞。

皇統初，封蘭陵郡王，授世襲猛安，進拜平章政事，同監修國史，封濟王。詔葬遼豫王於廣寧，仲恭請往會葬，熙宗義而許之。改行臺左丞相。居無何，入爲尚書右丞相，拜太傅，領三省事，封曹王。天德二年，封越國王，除燕京留守。海陵親爲書，以玉山子賜之。是歲，薨，年六十一。謚貞簡。正隆例降王爵，改儀同三司、鄭國公。子拱。

拱本名迪輦阿不，初爲蘭子山猛安。海陵爲宰相，徼取人譽，薦大臣子以爲達官，遂以拱爲禮部侍郎。

耶律彌勒，拱妻女弟也，海陵將納爲妃，使拱自汴取之。還過燕，是時仲恭爲燕京留守，見彌勒身形不類處子，竊憂之，曰：「上多猜嫌，拱其及禍矣。」拱去不數日，仲恭卒。

拱至上京，聞訃，以本官起復，佩信牌，往燕京治葬事。未行，彌勒入宮，果如仲恭所相度，即遣出宮。夜半召拱至禁中，詰問無狀。海陵終疑之，乃罷拱禮部侍郎，奪其信牌。拱待命，踰年不報，歸蘭子山治猛安事。

是時，蕭恭、張九坐語禁中事得罪，拱至蘭子山，與客會語及之。有阿納與拱有隙，乃誣拱言張九無罪被誅，語涉怨謗。海陵遣使鞫之，戒使者曰：「此子狂妄，宜有此語，不然彼中安得知此事。」使者不復問拱，但榜掠其左驗，使如告語證之，拱遂見殺。

仲宣本名野里補，仲恭母弟。聰敏好學，沉厚少言。五歲，遥授郡刺史，累加太子少師，爲本班詳穩。從天祚西，爲護衛太保左右班詳穩。至石輦鐸，遼主留仲宣侍母，遂與其母皆見獲。太宗嘉之，且謂仲宣能知遼國故事，命權宣徽使，從睿宗伐康王。師還，家居者久之。

皇統二年，特授鎮國上將軍，歷順義、永定、昭義、武寧四鎮節度使。爲政平易，小吏不敢爲姦。賄賂禁絶，奴婢入郡人莫識其面。朔、潞百姓皆爲立祠刻石頌之。正隆二年，卒，年六十四〔一四〕。

高松本名檀朶，澄州析木人。年十九，從軍爲蒲輦，有力善戰。宗弼聞其名，召置左右，從破汴京及和尚原，累官咸平總管府判官。世宗即位，充管押東京路渤海萬户。兵部尚書可喜謀反，前同知延安尹李老僧曰：「我與萬户高松謀之，必從我矣。」衆曰：「若得此軍，舉事易矣。」老僧往見松，説松曰：「君有功舊人，至今不得大官，何也？」松曰：「我一縣令也，每念聖恩，累世不能報，尚敢有望乎。」老僧遂不敢言。可喜、阿瑣知事不可成〔一五〕，遂上變，共捕斡論赴有司。松從征窩斡，以功遷咸平少尹，四遷崇義軍節度使。卒，年七十四。

贊曰：忠信行己，豈不大哉。蕭仲恭盡心故主，而富貴福澤嚮之，與宗室舊臣等矣。仲恭廷叱宗磐而朝廷尊，高松誼遏李老僧而社稷安，皆有古烈丈夫之風焉。

海陵后徒單氏生太子光英，元妃大氏生崇王元壽，柔妃唐括氏生宿王矧思阿補，才人南氏生滕王廣陽。

光英本名阿魯補，徒單后所生。是時燕京轉運使趙襲慶多男，故又名曰趙六。養于同判大宗正方之家，故崇德大夫沈璋妻張氏嘗爲光英保母，於是贈璋銀青光禄大夫，賜宗正方錢千萬。

天德四年二月，立光英爲皇太子。是月，安置太祖畫像于武德殿，盡召國初嘗從太祖破寧江州有功者，得百七十六人，並加宣武將軍，賜酒帛。其中有忽里罕者，解其衣進光英曰：「臣今年百歲矣，有子十人。願太子壽考多男子與小臣等。」海陵使光英受其衣，海陵即以所服并佩刀賜忽里罕，答其厚意。後以「英」字與「鷹隼」字聲相近，改「鷹坊」爲「馴鷙坊」。國號有「英國」又有「應國」，遂改「英國」爲「壽國」，「應國」爲「杞國」。宋亦改「光州」爲「蔣州」，「光山縣」爲「期思縣」，「光化軍」爲「通化軍」云。

太醫院保全郎李中、保和大夫薛遵義俱以醫藥侍光英，李中超换宣武將軍、太子左衛副率，薛遵義丁憂，起復宣武將軍、太子右衛副率。光英襁褓時，養于宗正方家，其後養于永寧宫及徒單斜也家。貞元元年，詔朝官，京官五品以下奉引自通天門入，居于東宫。

正隆元年三月二十七日，光英生日，宴百官于神龍殿，賜京師大酺一日。四年八月，光英射鴉，獲之。海陵大喜，命薦原廟，賜光英馬一匹，黄金三斤，班賜從者有差。正隆六年，海陵行幸南京，次安肅州。光英獲二兔，遣使薦于山陵。居數日，復獲麞兔，從官皆稱賀。賜光英名馬弓矢，復遣使薦于山陵。六月，海陵至南京，羣臣迎謁，海陵與徒單后、光英共載而入。

海陵嘗言：「俟太子年十八，以天下付之。朕當日遊宴於宮掖苑囿中以自娛樂。」光英頗警悟，海陵謂侍臣曰：「上智不學而能，中性未有不由學而成者。太子宜擇碩德宿學之士，使輔導之，庶知古今，防過失。詩文小技，何必作耶。至於騎射之事，亦不可不習，恐其懦柔也。」及將親征，后與光英挽衣號慟，海陵亦泣下曰：「吾行歸矣。」

後誦孝經。一日，忽謂人曰：「經言三千之罪，莫大於不孝，何爲不孝？」對者曰：「今民家子博弈飲酒，不養父母，皆不孝也。」光英默然良久，曰：「此豈足爲不孝耶。」蓋指言海陵弒母事。

及伐宋，光英居守，以阤滿訛里也爲太子少師兼河南路統軍使，以衞護之。完顔元宜軍變，海陵遇害，都督府移文訛里也，殺光英于汴京，死時年十二。後與海陵俱葬於大房山諸王墓次。

訛里也，咸平路窟吐忽河人，襲其父忽土猛安。除邳州刺史，三遷昌武軍節度使、歸德尹、南京留守、河南路統軍使、太子少師。大定二年，遷元帥右都監。宋人陷陳、蔡，詵里也師久無功，已而兵敗于宋，解職。俄起爲京兆尹。世宗謂之曰：「卿爲河南統軍，門多私謁，百姓惡之。其後經略陳、蔡，不惟無功，且復致敗。以汝舊勞，故復用汝。京兆地近南邊，宜善理之。」大定三年，卒。

元壽，天德元年封崇王〔一六〕。三年，薨。

矧思阿補，正隆元年四月生。小底東勝家保養之，賜東勝錢千萬，仍爲起第。五月己酉，彌月，封其母唐括氏爲柔妃，賜京師貧者五千人錢，人錢二百。二年，矧思阿補生日，海陵與永壽太后及皇后、太子光英幸東勝家。三年正月五日，矧思阿補薨。海陵殺太醫副使謝友正、醫者安宗義及其乳母，杖東勝一百，除名。明日，追封矧思阿補爲宿王，葬大房山。

諫議大夫楊伯雄入直禁中，因與同直者相語，伯雄曰：「宿王之死，蓋養于宮外，供護雖謹，不若父母膝下。豈國家風俗素尚如此。」或以此言告海陵。海陵大怒，謂伯雄曰：「爾臣子也，君父所爲，豈得言風俗。宮禁中事，豈爾當言。朕或體中不佳，間不視朝，秖是少得人幾拜耳。而庶事皆奏決便殿，縱有死刑不即論決，蓋使囚者得緩其死。至於除授宣勑雖復稽緩，有何利害。朕每當閒暇，頗閱教坊聲樂，聊以自娱。書云：『内作色荒，外作禽荒，酣酒嗜音，峻宇雕墻，有一於此，未或不亡。』此戒人君不恤國事溺於此者耳。如我雖使聲樂喧動天地，宰相敢有濫與人官而吏敢有受賕者乎。外間敢有竊議者乎。爾諫官也，有可言之事，當公言之。言而不從，朕之非也。而乃私議，可乎？」伯雄對曰：「陛下至德明聖，固無竊議者。愚臣失言，罪當萬死，惟陛下哀憐。」海陵曰：「本欲殺汝，今秖杖汝二百。」既決杖至四十，使近臣傳詔諭伯雄曰：「以爾藩邸有舊，今特釋之。」

滕王廣陽，母南氏，本大臭家婢，隨元妃大氏入宫，海陵幸之，及有娠，即命爲殿直。正隆二年九月二十六日，生廣陽。十月滿月，海陵分施在京貧民，凡用錢千貫。三年二月，封南氏爲才人。七月，封廣陽爲滕王。九月，薨。

贊曰：海陵伐宋，光英居守，使阤滿訛里也以宫師兼統軍之任，計至悉也，豈料死其手乎。荀首有言，「不以人子，吾子其可得耶。」海陵睨人之子不翅魚肉，而獨己子之謀安，不可得矣。

校勘記

〔一〕元壽　二字原脱，據南監本、北監本、殿本及本卷傳文補。

〔二〕渤海鐵州人也　「鐵州」，據下文「遼國募遼東人爲兵」，應爲遼代鐵州，非渤海國之鐵州，此處當作「鐵州渤海人也」。

〔三〕以完顏元宜爲都統制　「制」字原脱。按，本書卷五海陵紀，正隆六年十一月，「以勸農使完顏元宜爲浙西道兵馬都統制」。卷一三二逆臣完顏元宜傳，「海陵增置浙西道都統制，使元宜領之」。今據補。

〔四〕天會五年　「天會」二字原脱。按，本書卷三太宗紀，天會五年四月，「宗翰、宗望以宋二帝歸」。卷七七撻懶傳，「宋二帝已降，大軍北還，撻懶爲元帥左監軍，徇地山東，取密州。（中略）阿里刮取宗城」。知攻宗城在天會五年，今據補。

〔五〕改歸德軍節度使　「歸德軍」，原作「歸順軍」。按，金無「歸順軍」。本書卷二四地理志上，北京路，「瑞州，下，歸德軍節度使」。今據改。

〔六〕宋軍十萬餘入河隴　「河」，原作「阿」，據局本改。按，本書卷八七徒單合喜傳，大定二年，「宋吴璘侵古鎮，分據散關、和尚原、神叉口、玉女潭、大蟲嶺、石壁寨、寶雞縣，兵十餘萬，陷河州、鎮戎軍」。宋史卷三六六吴璘傳，紹興三十二年，吴璘遣姚仲攻德順，「璘按行諸屯，預治黄河戰地」。大散關、寶雞縣等皆古隴地，又治黄河戰地，則知「阿」爲「河」之誤。

〔七〕正隆四年遷光禄大夫　「正隆」二字原脱。按，上文言貞元二年事，而貞元僅歷三年，則此「四年」必屬「正隆」。本書卷五海陵紀，正隆三年三月「辛巳，以兵部尚書蕭恭等爲賀宋生日使」；「正隆四年「三月丙辰朔，遣兵部尚書蕭恭經畫夏國邊界」。卷六〇交聘表上亦載正隆三年蕭恭出使宋朝事。皆與此相合。今據補。

〔八〕天會十二年往濱州密訪南邊事體　「天會」二字原脱。下文言皇統之事，金皇統前紀年過十二年者，只有天會，此處記載當是天會十二年之事。今據補。

〔九〕天會十五年沂州賨防禦叛　「天會」二字原脱。按，本書卷七二拔离速傳，天會十五年，「宗弼再定河南」，與下文「宗弼再取河南」一致。又，天德前之年號，惟天會有十五年。知此「十五年」爲天會十五年。今據補。

〔一〇〕爲行軍都統　「都統」，本書卷八六尼厖古鈔兀傳作「副統」。

〔一一〕知慶陽　「慶陽」，原作「慶州」。按，本書卷二四地理志上，慶州隸屬北京路，與此不合。卷二六地理志下，慶原路，舊作陝西西路，下有慶陽府。今據改。

〔一二〕蕭仲恭本名朮里者　「朮里者」，遼史卷三〇天祚皇帝紀四作「朮者」。

〔一三〕而余睹爲監軍　「監軍」，本書卷三太宗紀天會三年十月作「元帥右都監」。

〔一四〕卒年六十四　「年」字原脱，據北監本、殿本、局本補。

〔一五〕可喜布輝阿瑣知事不可成　按，本書卷六五始祖以下諸子斡者傳附孫璋傳記此事云，「璋等九人會于可喜家，説萬户高松，不從。璋知事不成，乃與可喜共執斡論詣有司陳」。卷六九太祖諸子宗强傳附可喜傳載，「璋曰：『今不得高松軍，事不可成矣。』可喜、璋、布輝乃擒斡論、惟忠、斡里朵、沃窟剌，詣有司自首」。二處均有璋而無阿瑣。卷六九太祖諸子宗强傳附阿瑣傳亦不載此事。疑「阿瑣」當作「璋」。

〔一六〕天德元年封崇王　本書卷五海陵紀記其事在天德二年二月。

金史卷八十三

列傳第二十一

張通古　張浩　張汝霖　張玄素　張汝弼　耶律安禮
納合椿年　祁宰

張通古字樂之，易州易縣人。讀書過目不忘，該綜經史，善屬文。遼天慶二年進士第，補樞密院令史。丁父憂，起復，懇辭不獲，因遯去，屏居興平。太祖定燕京，割以與宋。宋人欲收人望，召通古。通古辭謝，隱居易州太寧山下。

宗望復燕京，侍中劉彥宗與通古素善，知其才，召爲樞密院主奏，改兵刑房承旨。天會四年，初建尚書省，除工部侍郎，兼六部事。高慶裔設磨勘法，仕宦者多奪官，通古亦免去。遼王宗幹素知通古名，惜其才，遣人諭之使自理。通古不肯，曰：「多士皆去，而己何心獨求用哉。」宗幹爲論理之。除中京副留守，爲詔諭江南使，宋主欲南面，使通古北面。通古曰：「大國之卿當小國之君。天子以河南、陝西賜之宋，宋約奉表稱臣，使者不可以北面。若欲貶損使者，使者不敢傳詔。」遂索馬欲北歸。宋主遽命設東西位，使者東面，宋主西面，受詔拜起皆如儀。使還，聞宋已置戍河南，謂送伴韓肖胄曰：「天子裂壤地益南國，南國當思圖報大恩。今輒置守戍，自取嫌疑，若興師問罪，將何以爲辭？江左且不可保，況齊乎？」肖胄惶恐曰：「敬聞命矣。」即馳白宋主。宋主遽命罷戍。通古至上京，具以白宗幹，且曰：「及其部置未定，當議收復。」宗幹喜曰：「是吾志也。」即除參知行臺尚書省事。

未幾，詔宗弼復取河南，通古請先行至汴諭之。比至汴，宋人已去矣。或謂通古曰：「宋人先退，詐也，今聞將自許、宿來襲我。」通古曰：「南人宣言來者，正所以走耳。」廼使人覘之，宋人果潰去。宗弼撫髀笑曰：「誰謂書生不能曉兵事哉。」

河南卒孫進詐稱「皇弟按察大王」，謀作亂。是時海陵爲相，內懷覬覦，欲先除熙宗弟胙王常勝，因孫進稱皇弟大王，遂指名爲胙王以誣構之。熙宗自太子濟安薨後，繼嗣未定，深以爲念。裴滿后多專制，不得肆意後宮，頗鬱鬱，因縱酒，往往迷惑妄怒，手刃殺人。及海陵中傷胙王，熙宗以爲信然不疑，遣護衛特思就汴京鞫治。行臺知熙宗意在胙王，導引孫進連屬之。通古執其咎，極力辯止。及孫進引服，蓋假託名稱，將以惑衆，規取財物耳，實無其人也。特思奏狀，海陵譖之曰：「特思且將徼福於胙王。」熙宗益以海陵爲信，遂殺胙王，并特思殺之。行臺諸人乃責通古曰：「爲君所誤，今坐死矣。」通古曰：「以正獲罪死，賢於生。」海陵既殺胙王，不復緣害他人，由是坐止特思，行臺不坐。

天德初，遷行臺左丞，進拜平章政事，封譚王，改封鄆王。以疾求解機務，不許。拜司徒，封瀋王。海陵御下嚴厲，收威柄，親王大臣未嘗少假以顔色，惟見通古，必以禮貌。

會磁州僧法寶欲去，張浩、張暉欲留之不可得，朝官又有欲留之者。海陵聞其事，詔三品以上官上殿，責之曰：「聞卿等每到寺，僧法寶正坐，卿等皆坐其側，朕甚不取。佛者本一小國王子，能輕舍富貴，自苦修行，由是成佛，今人崇敬。以希福利，皆妄也。況僧者，往往不第秀才，市井游食，生計不足，乃去爲僧，較其貴賤，未可與簿尉抗禮。閭閻老婦，迫於死期，多歸信之。卿等位爲宰輔，乃復效此，失大臣體。張司徒老成舊人，三教該通，足爲儀表，何不師之。」召法寶謂之曰：「汝既爲僧，去住在己，何乃使人知之？」法寶戰懼，不知所爲。海陵曰：「汝爲長老，當有定力，今乃畏死耶？」遂於朝堂杖之二百，張浩、張暉杖二十。

正隆元年，以司徒致仕，進封曹王。是年，薨，年六十九。

通古天資樂易，不爲表襮，雖居宰相，自奉如寒素焉。子沉，天德三年，賜楊建中牓及第。

張浩字浩然，遼陽渤海人。本姓高，東明王之後。曾祖霸，仕遼而爲張氏。天輔中，遼東平，浩以策干太祖，太祖以浩爲承應御前文字。天會八年，賜進士及第，授祕書郎。太宗將幸東京，浩提點繕修大内，超遷衞尉卿，權簽宣徽院事，管勾御前文字，初定朝儀。求養親，去職。起爲趙州刺史。官制行，以中大夫爲大理卿。天眷二年，詳定内外儀式，歷户、工、禮三部侍郎，遷禮部尚書。田瑴黨事起，臺省一空，以浩行六部事。簿書叢委，決遣無留，人服其才。以疾求外補，除彰德軍節度使，遷燕京路都轉運使。俄改平陽尹。平陽多盜，臨汾男子夜掠人婦，浩捕得，榜殺之，盜遂衰息。近郊有淫祠，郡人頗事之。廟祝、田主爭香火之利，累年不決。浩撤其祠屋，投其像水中。强宗黠吏屏迹，莫敢犯者。郡中大治。乃繕葺堯帝祠，作擊壤遺風亭。

海陵召爲户部尚書，拜參知政事。天德二年，丁母憂。起復參知政事，進拜尚書右丞。天德三年，廣燕京城，營建宮室。浩與燕京留守劉筈、大名尹盧彦倫監護工作，命浩就擬差除。既而暑月，工役多疾疫。詔發燕京五百里内醫者，使治療，官給藥物，全活多者與官，其次給賞，下者轉運司舉察以聞。

貞元元年，海陵定都燕京，改燕京爲中都，改析津府爲大興府。浩進拜平章政事，賜金帶玉帶各一，賜宴于魚藻池。浩請凡四方之民欲居中都者，給復十年，以實京城，從之。拜尚書右丞相兼侍中〔一〕，封潞王，賜其子汝霖進士及第。未幾，改封蜀王，進拜左丞相。

正隆二年，改封魯國公。表乞致仕。海陵曰：「人君不明，諫不行，言不聽，則宰相求去。宰相老病不能任事則求去。卿於二者何居？」浩對曰：「臣羸病不堪任事，宰相非養病之地也，是以求去。」不許。

海陵欲伐宋，將幸汴，而汴京大内失火〔二〕，於是使浩與敬嗣暉營建南京宫室。浩從容奏曰：「往歲營治中都，天下樂然趨之。今民力未復，而重勞之，恐不似前時之易成也。」不聽。浩朝辭，海陵問用兵利害。浩不敢正諫，乃婉詞以對，欲以微止海陵用兵，奏曰：「臣觀天意欲絶趙氏久矣。」海陵愕然曰：「何以知之？」對曰：「趙構無子，樹立疎屬，其勢必生變，可不煩用兵而服之。」海陵雖喜其言，而不能從也。浩至汴，海陵時時使宦者梁珫來視工役，凡一殿之成，費累鉅萬。珫指曰：「某處不如法式。」輒撤之。浩不能抗而與之均禮。汴宫成，海陵自燕來遷居之。浩拜太傅、尚書令，進封秦國公。

海陵至汴，累月不視朝，日治兵南伐，部署諸將。浩欲奏事，不得見。會海陵遣周福兒至浩家，浩附奏曰：「諸將皆新進少年，恐誤國事。宜求舊人練習兵者，以爲千戶謀克。」而海陵部署已定，惡聞其言，乃杖之。海陵自將發汴京，皇后、太子居守。浩留治尚書省事。

世宗即位于遼陽，揚州軍變，海陵遇害。都督府使殺太子光英于南京。浩遣戶部員外郎完顏謀衍上賀表。明年二月，浩朝京師，入見。世宗謂曰：「朕思天位惟艱，夙夜愓懼，不遑寧處。卿國之元老，當勠力贊治，宜令後世稱揚德政，毋失委注之意也。」俄拜太師、尚書令，封南陽郡王。世宗曰：「卿在正隆時爲首相，不能匡救，惡得無罪。營建兩宮，殫竭民力，汝亦嘗諫，故天下不以咎汝，惟怨正隆。而卿在省十餘年，練達政務，故復用卿爲相，當自勉，毋負朕意。」浩頓首謝。居數日，世宗謂浩曰：「卿爲尚書令，凡人材有可用者，當舉用之。」浩舉紇石烈志寧等，其後皆爲名臣。

浩有疾，在告者久之。遣左司郎中高衎及浩姪汝弼宣諭。浩力疾入對，即詔入朝毋拜，許設座殿陛之東，若有咨謀，然後進對。或體中不佳，不必日至省中，大政可就第裁決。浩雖受詔，然每以退爲請。三年夏，復申前請。乃除判東京留守。疾不能赴任，因請致仕。

初，近侍有欲罷科舉者，上曰：「吾見太師議之。」浩入見，上曰：「自古帝王有不用文學者乎？」浩對曰：「有。」曰：「誰歟？」浩曰：「秦始皇。」上顧左右曰：「豈可使我爲始皇乎。」事遂寢。

是歲，薨。上輟朝一日。詔左宣徽使趙興祥率百官致奠，賻銀千兩、重綵五十端、絹五百匹。謚曰文康。明昌五年，配享世宗廟廷。泰和元年，圖像衍慶宫。子汝爲、汝霖、汝能、汝方、汝猷。

汝霖字仲澤，少聰慧好學，浩嘗稱之曰：「吾家千里駒也。」貞元二年，賜吕忠翰牓下進士第，特授左補闕，擢大興縣令，再遷禮部員外郎、翰林待制。大定八年，除刑部郎中，召見於香閣，諭之曰：「卿以待制除郎中，勿以爲降。朕以刑部闕漢官，故以授卿。且卿入仕未久，姑試其能耳。如職事修舉，當有陞擢。爾父太師以户部尚書升諸相位，由崇德大夫躐遷金紫，卿所自見也。當既厥心，無忝乃父。」明年，授太子左諭德兼禮部郎中。

先是，知登聞檢院王震改禮部郎中，世宗諭宰臣曰：「此除未允人望，禮官當選有學術士，如張汝霖者可也。」於是，命汝霖兼之而除震别職。擢刑部侍郎。以憂解，起復爲太子詹事，遷太子少師兼御史中丞。世宗召謂曰：「卿嘗言，監察御史所察州縣官多因沽買以得名譽，良吏奉法不爲表襮，必無所稱。朕意亦然。卿今爲臺官，可革其弊。」尋改中都路都轉運使、太子少師兼禮部尚書，俄轉吏部，爲御史大夫。

時將陵主簿高德温大收税户米，逮御史獄。汝霖具二法上。世宗責之曰：「朕以卿爲公正，故登用之。德温有人在宫掖，故朕頗詳其事。朕肯以宫掖之私撓法耶？不謂卿等顧徇如是。」汝霖跪謝。久之，上顧左諫議大夫楊伯仁曰：「臺官不正如此。」伯仁奏曰：「罪疑惟輕，故具二法上請，在陛下裁斷耳。且人材難得，與其材智而邪，不若用愚而正者。」上作色曰：「卿輩皆愚而不正者也。」未幾，復坐失出大興推官高公美罪，謫授棣州防禦使。頃之，復爲太子少師兼禮部尚書。拜參知政事，太子少師如故。是日，汝霖兄汝弼亦進拜尚書左丞〔三〕，時人榮之。

後因朝奏日論事上前，世宗謂曰：「朕觀唐史，見太宗行事初甚厲精，晚年與羣臣議多飾辭，朕不如是也。」又曰：「唐太宗，明天子也，晚年亦有過舉。朕雖不能比迹聖帝明王，然常思始終如一。今雖年高，敬慎之心無時或怠。」汝霖對曰：「古人有言，『靡不有初，鮮克有終』，有始有卒者其惟聖人乎。魏徵所言守成難者，正謂此也。」上以爲然。二十五年，章宗以原王判大興府事，上命汝霖但涓視事日且加輔導。尋坐擅支東宫諸皇孫食料，奪官一階。久之，遷尚書右丞。

是時，世宗在位久，熟悉天下事，思得賢材與圖致治，而大臣皆依違苟且，無所薦達。一日，世宗召宰臣謂曰：「卿等職居輔相，曾無薦舉何也？且卿等老矣，殊無可以自代者乎？惟朕嘗言某人可用，然後從而言之。卿等既無所言，必待朕知而後進用，將復有幾？」因顧汝霖曰：「若右丞者，亦因右丞相言而知也。」汝霖對曰：「臣等苟有所知，豈敢不薦，但無人耳。」上曰：「春秋諸國分裂，土地褊小，皆稱有賢。今天下之大，豈無人才，但卿等不舉而已。今朕自勉，庶幾致治。他日子孫誰與共治乎？」汝霖等皆有慙色。二十八年，進拜平章政事，兼修國史，封芮國公。世宗不豫，與太尉徒單克寧、右丞相襄同受顧命。章宗即位，加銀青榮祿大夫，進封莘。

先是，右丞相襄言：「熙宗聖節蓋七月七日，爲係景宣忌辰，更用正月受外國賀〔四〕。今天壽節在七月，雨水淫暴，外方人使赴闕，有礙行李，乞移他月爲便。」汝霖言：「帝王之道當示信於天下。昔宋主構生日，亦係五月。是時，都在會寧，上國遣使賜禮，不聞有霖潦礙阻之說。今與宋構好日久，遽以暑雨爲辭，示以不實。萬一雨水踰常，愆期到闕，猶愈更用別日。」參知政事劉瑋、御史大夫唐括貢、中丞李晏、刑部尚書兼右諫議大夫完顏守貞〔五〕、修起居注完顏烏者、同知登聞檢院事孫鐸亦皆言其不可。帝初從之，既而竟用襄議。時帝在諒陰，初出獵，諫院聯章言心喪中未宜。其後冬獵，汝霖諫之。詔答曰：「卿能每事如此，朕復何憂。然時異事殊，難同古昔，如能斟酌得中，斯爲當矣。」

一日，帝謂宰臣曰：「今之用人，太拘資歷，如此何能得人？」汝霖奏曰：「不拘資格，所以待非常之材。」帝曰：「崔祐甫爲相，未踰年薦八百人，豈皆非常材耶。」時有司言民間收藏制文，恐因而滋訟，乞禁之。汝霖謂：「王者之法，譬猶江、河，欲使易避而難犯。本朝法制，坦然明白，今已著爲不刊之典，天下之人無不聞誦。若令私家收之，則人皆曉然不敢爲非，亦助治之一端也。不禁爲便。」詔從之。

明昌元年三月，表乞致仕，不許。十二月，卒。時帝獵饒陽，訃聞，勅百官送葬，賻禮加厚，謚曰文襄。

汝霖通敏習事，凡進言必揣上微意，及朋附多人爲說，故言不忤而似忠也。初，章宗新即位，有司言改造殿庭諸陳設物，日用繡工一千二百人，二年畢事。帝以多費，意輟造。汝霖曰：「此非上服用，未爲過侈。將來外國朝會，殿宇壯觀，亦國體也。」其後奢用浸廣，蓋汝霖有以導之云。

張玄素字子真，與浩同曾祖。祖祐，父匡，仕遼至節度使。玄素初以廕得官。高永昌據遼陽，玄素在其中。斡魯軍至，乃開門出降，特授世襲銅州猛安。天會間，歷西上閤門使、客省使、東宮計司。天眷元年，以靜江軍節度使知涿州，察廉最，進官一階。皇子魏王道濟遥領中京，以玄素爲魏王府同提點，尋改鎮西軍節度使，遷東京路都轉運使，改興平軍節度使。正隆末年，天下盜起，玄素發民夫增築城郭，同僚諫止之，不聽。未幾，寇掠鄰郡，皆無備，而興平獨安。

世宗即位，玄素來見于東京。玄素在東京，希海陵旨，言世宗嘗取在官黄糧，及摭其數事。至是來見，世宗一切不問。玄素與李石力言宜早幸燕京，上深然之。遷户部尚書，出鎮定武，遂致仕。年八十四，卒。

玄素厚而剛毅，人畏憚之。往往以片紙署字其上治瘧疾，輒愈，人皆異之。

汝弼字仲佐，父玄徵，彰信軍節度使，玄素之兄也。汝弼初以父蔭補官。正隆二年，中進士第，調瀋州樂郊縣主簿。玄徵妻高氏與世宗母貞懿皇后有屬，世宗納玄徵女爲次室，是爲元妃。張氏生趙王允中。世宗即位于遼陽，汝弼與叔玄素俱往歸之，擢應奉翰林文字。

世宗御翠巒閣，召左司郎中高衎及汝弼問曰：「近日除授，外議何如？宜以實奏，毋少隱也。有不可用者當改之。」衎、汝弼皆無以對。自皇統以來，內藏諸物費用無度，吏胥緣爲姦，多亡失。汝弼與宮籍直長高公穆、入殿小底王添兒閱實之，以類爲籍，作四庫以貯之。於是，內藏庫使王可道等皆杖一百，汝弼等各進階。頃之，兼修起居注，轉右司員外郎。母憂去官。起復吏部郎中，累遷吏部尚書，拜參知政事。

詔徙女直猛安謀克于中都，給以近郊官地，皆塉薄。其腴田皆豪民久佃，遂專爲己有。上出獵，猛安謀克人前訴所給地不可種藝，詔拘官田在民久佃者與之。因命汝弼議其事。請「條約立限，令百姓自陳。過限，許人首告，實者與賞」。上可其奏。仍遣同知中都轉運使張九思拘籍之。

上問：「高麗、夏皆稱臣。使者至高麗，與王抗禮。夏王立受，使者拜，何也？」左丞襄對曰：「故遼與夏爲甥舅，夏王以公主故，受使者拜。本朝與夏約和，用遼故禮，所以然耳。」汝弼曰：「誓書稱一遵遼國舊儀，今行之已四十年，不可改也。」上曰：「卿等言是也。」上聞尚書省除授小官多不稱職，召汝弼至香閣謂之曰：「他宰相年老，卿等宜盡心。」汝弼對曰：「材薄不足以副聖意耳。」進拜尚書右丞。於是，户部糴官倉粟，汝弼請使暖湯院得糴之。上讓曰：「汝欲積陰德邪？何區區如此。」

左丞相徒單克寧得解政務，爲樞密使。是日，汝弼亦懷表乞致仕。上使人止之曰：

「卿年未老，未可退也。」進左丞，與族弟參知政事汝霖同日拜，族里以爲榮。有年未六十而乞致仕者，上不許。汝弼曰：「聖旨嘗許六十致仕。」上責之曰：「朕嘗許至六十者致仕，不許未六十者。且朕言六十致仕，是則可行，否則當言。卿等不言，皆此類也。」久之，坐擅增諸皇孫食料，與丞相守道、右丞粘割斡特剌、參政張汝霖各削官一階。上曰：「准法當解職，但示薄責耳。」汝弼在病告，上謂宰相曰：「汝弼久居執政，練習制度，頗能斟酌人材，而用心不正。」乃罷爲廣寧尹，賜通犀帶。

汝弼爲相，不能正諫。上所欲爲，則順而導之，所不欲爲，則微言以觀其意。上責之，則婉辭以引過，終不忤之也。而上亦知之。且黷貨，以計取諸家名園甲第珍玩奇好，士論薄之。二十七年，薨。

汝弼既與永中甥舅，陰相爲黨。章宗即位，汝弼妻高氏每以邪言怵永中覬非望，畫永中母像侍奉祈祝，使術者推筭永中。有司鞫治，高氏伏誅。事連汝弼，上以事覺在汝弼死後，得免削奪。

耶律安禮本名納合，系出遥輦氏。幼孤，事母以孝聞。遼季，間關避難，未嘗一日怠溫清。入朝，當路者重其行義，使主帥府文字，授左班殿直。天眷初，從元帥於山西。母喪，不克歸葬，主帥憐之，賻禮甚厚。安禮冒大暑，挽柩行千餘里，哀毀骨立，行路嗟嘆。服除，由行臺吏、禮部主事累遷工部侍郎，改左司郎中。

天德間，罷行臺尚書省，入爲工部侍郎，累遷本部尚書。明年冬，爲宋國歲元使。被詔鞫治韓王亨獄于廣寧〔六〕。亨無反狀，安禮還奏。海陵怒，疑安禮梁王宗弼故吏，乃責安禮曰：「孛迭有三罪。其論阿里出虎有誓券不當死，既引伏。其謂不足進馬，及密遣刺客二者，安得無之？汝等來奏，欲測我喜怒以爲輕重耳。」乃遣安禮再往，與李老僧同鞫之。老僧由是殺亨于獄。海陵猶謂安禮輒殺亨以絶滅事迹，親戚得以不坐。安禮之不附上刻下乃如此。

改吏部尚書，護大房山諸陵工作。拜樞密副使，封譚國公，遷尚書右丞，進封郕國公，轉左丞。議降累朝功臣封爵，密諫伐江南，忤海陵意，罷爲南京留守，封溫國公。安禮長於吏事，廉謹自將，從帥府再伐宋，寶貨人口一無所取。貴爲執政，奴婢止數人，皆有契券，時議賢之。薨，年五十六。

納合椿年本名烏野。初置女直字，立學官於西京，椿年與諸部兒童俱入學，最號警悟。久之，選諸學生送京師，俾上京教授耶魯教之，椿年在選中。補尚書省令史，累官殿中侍御史，改監察御史。

海陵爲相，薦爲右司員外郎，編定新制。海陵篡立，以爲諫議大夫。椿年有酒失，海陵使之戒酒，遂終身不復飲。改祕書監，修起居注，授世襲猛安，爲翰林學士兼御史中丞。貞元初，起上京諸猛安於中都、山東等路安置，以勞賜玉帶閑廐馬。奉遷山陵，還爲都點檢。賜今名，拜參知政事〔七〕。海陵謂椿年曰：「如卿吏材甚難得，復有如卿者乎？」椿年薦大理丞紇石烈婁室。海陵以婁室爲右司員外郎〔八〕。未旬日，海陵謂椿年曰：「吾試用婁室，果如卿言。惟賢知賢，信矣。」婁室後賜名良弼，有宰相才，世宗時，至左丞相，號賢相焉。

正隆二年，椿年薨。海陵親臨哭之，追封特進、譚國公，謚忠辯，賻銀二千兩、綵百端、絹千匹、錢千萬。以長子參謀合爲定遠大將軍，襲猛安，次子合荅爲忠武校尉。及歸葬，再賜錢百萬，仍給道路費。

椿年有宰相才，好推輓士類，然頗營產業，爲子孫慮。冒占西南路官田八百餘頃。大定中，括撿田土，百姓陳言官豪占據官地，貧民不得耕種。温都思忠子長壽〔九〕、椿年子猛安參謀合等三十餘家凡冒占三千餘頃。詔諸家除牛頭税地各再給十頃，其餘盡賦貧民種佃。世頗以此譏椿年云。

祁宰字彦輔，江淮人。宋季，以醫術補官。王師破汴得之，後隸太醫。累遷中奉大夫、太醫使。數被賞賚，常感激欲自效。

海陵將伐宋，宰欲諫，不得見。會元妃有疾，召宰診視。既入見，即上疏諫，其略言：「國朝之初，祖宗以有道伐無道，曾不十年，蕩遼戡宋。當此之時，上有武元、文烈英武之君，下有宗翰、宗雄謀勇之臣，然猶不能混一區宇，舉江淮、巴蜀之地，以遺宋人。况今謀臣猛將，異於曩時。且宋人無罪，師出無名。加以大起傜役，營中都，建南京，繕治甲兵，調發軍旅，賦役煩重，民人怨嗟，此人事之不修也。間者晝星見於牛斗，熒惑伏於翼軫。巳歲自刑，害氣在揚州，太白未出，進兵者敗，此天時不順也。舟師水涸，舳艫不繼，而江湖島渚之間，騎士馳射，不可驅逐，此地利不便也。」言甚激切，海陵怒，命戮於市，籍其家産，天下哀之。㚖戩，宰壻也，海陵疑奏疏戩爲之。辭曰：「實不知也。」海陵猶杖戩。召禁中諸司局官至咸德門，諭以殺宰事。

明年，世宗即位於遼東。四年，詔贈資政大夫，復其田宅。章宗即位，詔訪其子忠勇校尉、平定州酒監公史，擢尚藥局都監。泰和初，詔定功臣謚，尚書省掾李秉鈞上言：「事有宜緩而急，若輕而重者，名教是也。伏見故贈資政大夫祁宰以忠言被誅〔一〇〕，慕義之士，盡傷厥心。世宗即位，贈之以官，陛下録用其子，甚大惠也。雖武王封比干之墓，孔子譽夷、齊之仁，何以異此。而有司拘文，以職非三品不在議謚之例，臣竊疑之。若職至三品方得請謚，當時居高官、食厚禄者，不爲無人，皆畏罪淟涊，曾不敢申一喙，畫一策，以爲社稷計。卒使立名死節之士，顧出於醫卜之流，亦可以少愧矣。臣以謂非常之人，當以非常之禮待之。乞詔有司特賜謚以旌其忠，斯亦助名教之一端也。」制曰：「可。」下太常，謚曰忠毅。

贊曰：异哉，海陵之爲君也，舞智御下而不卹焉。君子仕於朝，動必以禮，然後免於恥。張通古、耶律安禮位不及張浩，進退始終，其賢遠矣。浩無事不爲，無役不從，爲相最久，用之厚，遇之薄，豈亦自取之邪。海陵伐宋，浩、安禮位皆大臣，一以婉辭，一以密諫，賢於不諫而已。祁宰一醫流，獨能極諫，其後皆如所言。海陵戕之，足以成其百世之名耳。納合椿年援引善類，有君子風。其死適在宋兵未舉之前，然觀其好營産殖，亦未必忘身徇國之士也。祁宰卓乎不可及也夫。

校勘記

〔一〕拜尚書右丞相兼侍中　按，本書卷五海陵紀，貞元二年「二月甲申朔，以平章政事張浩爲尚書右丞相兼中書令」。

〔二〕而汴京大内失火　按，本書卷二五地理志中，「南京路，國初曰汴京，貞元元年更號南京」。卷八二郭藥師傳附子郭安國傳，「貞元三年，南京大内火」。則此處「汴京」應作「南京」。

〔三〕汝霖兄汝弼亦進拜尚書左丞　按，本卷張汝弼傳，「與族弟參知政事汝霖同日拜」。疑此處「兄」上脱「族」字。

〔四〕爲係景宣忌辰更用正月受外國賀　「景宣」，原作「景祖」；「正月」，原作「五月」。按，本書卷四熙宗紀，天會十四年正月「乙酉，萬壽節，齊、高麗、夏遣使來賀。上本七月七日生，以同皇考忌日，改用正月十七日」。熙宗父即景宣皇帝宗峻。今據改。

〔五〕刑部尚書兼右諫議大夫完顔守貞　「完顔守貞」，原作「完顔守道」。按，本書卷八八完顔守道傳，金世宗大定二十六年，守道「懇求致仕，優詔許之，（中略）明昌四年卒」，顯然不合。又本書卷七三守貞傳，「章宗即位，召爲刑部尚書，兼右諫議大夫」。今據改。

〔六〕被詔鞫治韓王亨獄于廣寧　「鞫治」，原作「治鞫」，據元刻本乙正。

〔七〕「貞元初起上京諸猛安於中都山東等路安置」至「拜參知政事」　「貞元」，原作「正隆」。按，本書卷四四兵志兵制，「貞元遷都，遂徙上京路太祖、遼王宗幹、秦王宗翰之猛安，併爲合扎猛安，及右諫議烏里補猛安，太師勗、宗正宗敏之族，處之中都。斡論、和尚、胡剌三國公，太保昂，詹事烏里野，輔國勃魯骨，定遠許烈，故杲國公勃迭八猛安處之山東」。卷五海陵紀，貞元三年九月，「以殿前都點檢納合椿年爲參知政事」。今據改。

〔八〕海陵以婁室爲右司員外郎　按，本書卷八八紇石烈良弼傳，「天德初，累官吏部郎中，改右司郎中，借秘書少監爲宋主歲元使。是時，納合椿年爲參知政事，薦良弼才出己右，用是爲刑部尚書，賜今名」。與此處所敍婁室官名皆異。

〔九〕温都思忠子長壽　本書卷四七食貨志二田制作「故太師耨盌温敦思忠孫長壽」。

〔一〇〕伏見故贈資政大夫祁宰以忠言被誅　「祁宰」，原作「祈宰」，據殿本、局本改。

金史卷八十四

列傳第二十二

杲本名撒离喝（一） 耨盌温敦思忠子乙迭 温敦兀帶 奔睹

高楨 白彦敬 張景仁

杲本名撒离喝，安帝六代孫，泰州婆盧火之族，胡魯補山之子。雄偉有才略，太祖愛之，常在軍中。及婆盧火爲泰州都統，宗族皆隨遷泰州。撒离喝嘗爲世祖養子，獨得不遷，仍居安出虎水。

宗翰、宗望已再克汴，執宋二主北還。宗望分遣諸將定河北。左都監闍母攻下河間。雄州李成棄城走，撒离喝邀擊，大破之，雄州遂降。睿宗經略山東，留撒离喝于河上，而真定境内有賊衆，自稱元帥秦王。撒离喝擊破其衆，執而戮之。從平陝西，撒离喝徇地自渭以西，降德順軍，又降涇原路鎮戎軍，進平熙河，降甘泉等三堡，遂取保川城。明年，同奔覩討平河外，降寧洮、安隴二寨，并降下河及樂州。至西寧，盡降其都護官屬，於是木波族長等皆迎降。攻慶陽，敗其拒者，遂降其城。慕洧以環州來降，得城寨十三，步騎一萬。於是，宗弼軍敗于和尚原，上褒美撒离喝而戒勵宗弼。

睿宗已定陝西，留兵屯衝要，使撒离喝總之。居無何，請收劍外十三州。與宋王彥之軍七千人遇于沙會濼，敗之，遂克金州。連破吴玠諸軍于饒峯關，遂取真符縣，取洋州入興元府。敗吴玠兵于固鎮，擒其兩將。撒葛朹等破宋兵，盡下諸砦及仙人關。天會十四年，爲元帥右監軍。

天眷三年〔二〕，宗弼復取河南。撒离喝自河中出陝西。既至鳳翔，擊走宋軍。是時，宋軍在京兆西者甚衆。諸將以暑雨，欲駐軍。且聞宋兵九萬會于涇州，都元帥遣河南步卒來會軍。撒离喝留諸將屯環慶，獨以輕騎取涇州。六月，敗宋兵于涇州。宋兵走渭州，拔离速追擊，大敗之。未幾，爲右副元帥。皇統三年，封應國公，錫賚甚厚。熙宗出獵，賜具裝馬二，命射于圍中。加開府儀同三司。將還軍，命宰臣餞之。

海陵升蒲州爲河中府，撒离喝爲河中尹，左副元帥如故。自陝西入朝，因從容言曰：「唐建成不道，太宗以義除之，即位之後，力行善政，後世稱賢。陛下以前主失德，大義廢絶，力行善政，則如唐太宗矣。」海陵聞其言，色變，撒离喝亦悔其言。既而進封國王，從行官吏皆官賞之。海陵念撒离喝久握兵在外，頗得士心，忌之，以爲行臺左丞相兼左副元帥。又恐不奉命，陽尊以殊禮，使係屬籍，以玉帶璽書賜之。撒离喝至汴，詔諭行臺右丞相、右副元帥撻不野無使撒离喝預軍事。撒离喝不知，每事輒爭之。撻不野詭曰：「太師梁王以陜西事屬公，以河南事屬撻不野，今未嘗別奉詔命。陜西之事，撻不野固不敢干涉。」撻不野久在河南，將帥畏而附之。撒离喝始至勢孤，爭之不得，白於朝。大臣知上旨，報曰：「如梁王教。」及詔使至汴，諭旨於撻不野。使還，撻不野獨有附奏，撒离喝不得與聞，人皆知海陵使撻不野圖之矣。

會海陵欲除遼王斜也子孫及平章政事宗義等，元帥府令史遥設希海陵旨，誣撒离喝父子謀反，并平章宗義、尚書謀里野等。遥設學撒离喝手署及印文，詐爲契丹小字家書與其子宗安，從左都監奔覩上變。封題作已經開拆者，書紙隱約有白字，作曾經水浸，致字畫分明者，稱御史大夫宗安於宫門外遺下此書，遥設拾得之。其書略曰：「撻不野自來於我不好，凡事常有隄防，應是知得上意。移剌補丞相於我不好，若遲緩分豪，猜疑必落他手也。」又曰：「阿渾每見此書，約定月日，教埽胡令史却寫白字書來。」有司鞫問，宗安不服曰：「使真有此書，我剖肌肉藏之，猶恐漏泄，安得於朝門下遺之？」有司掠笞楚毒，宗安神色不變。乃寘掃胡爐炭上，掃胡不能堪，自誣服。宗安謂掃胡曰：「爾苦矣。」宗義被掠笞，不能當，亦自誣服，曰：「我輩知不免矣，不早決，徒自苦。」宗安曰：「今雖無以自明，九泉之下當有寃對，吾終不能引屈。」竟不服而死。使斯魯渾殺撒离喝于汴，族其家，而無寫書及傳書者主名。

有折哥者，能契丹小字，舊嘗從撒离喝。特末者，陝西舊將，嘗以左副元帥事馳驛赴闕。兩人者皆族誅。撒离喝親屬坐是死者二十餘人。魯王斡者孫耶魯候撒离喝于汴〔三〕，斯魯渾執之，耶魯曰：「願付有司，若法當同坐，雖死不恨。」斯魯渾亦殺之。其家訟于朝，海陵不問，但賜錢二百萬。

奔覩遷元帥左監軍，加開府儀同三司。遥設爲同知博州事，賜錢三百萬，謂之曰：「爾無自比老人。老人親告朕，爾以告有司，設有撒离喝黨人在其間，敗吾事矣。」老人指蕭玉也。蕭玉名老人，故云然。遥設在博州數歲，後與蕭裕謀反，伏誅。

大定初，詔復撒离喝官爵。三年，追封金源郡王，謚莊襄，以郡王品秩官爲營葬。十七年，配享太宗廟庭。

耨盌温敦思忠本名乙剌補，阿補斯水人。太祖伐遼，是時未有文字，凡軍事當中覆而應密者，諸將皆口授思忠，思忠面奏受詔，還軍傳致詔辭，雖往復數千言，無少誤。

及遼人議和，思忠與烏林荅贊謀往來專對其間，號閙剌。閙剌者，漢語云行人也。自收國元年正月，遼人遣僧家奴來，使者三往反，議不決。使者賽剌至遼，遼人殺之。遼主自將，至駞門，大敗，歸，復遣使議和。太祖使胡突衮往，書曰：「若不從此，胡突衮但使人送至界上，或如賽剌殺之，惟所欲者。」

天輔三年六月，遼大册使太傅習泥烈以册璽至上京一舍，先取册文副録閲視，文不稱兄，不稱大金，稱東懷國。太祖不受，使宗翰、宗雄、宗幹、希尹商定册文義指，楊朴潤色，胡十荅、阿撒、高慶裔譯契丹字，使贊謀與習泥烈偕行。贊謀至遼，見遼人再撰册文，復不盡如本國旨意，欲見遼主自陳，閽者止之。贊謀不顧，直入。閽者相與搏撠，折其信牌。遼人懼，遽遣贊謀歸。太祖再遣贊謀如遼。遼人前後十三遣使，和議終不可成。太祖自將，遂克臨潢。

其後伐宋，思忠從宗翰軍，封劉豫爲齊帝，思忠爲傳宣使，俄授謀克。從宗弼克和尚原。還爲同知西京留守事。天眷初，改蒲州防禦使。元帥府在陝西者，其官屬往往豪壓貧民爲奴，起遣工匠千人東來，至河上，思忠留止其人以聞，詔皆還之。爲行臺尚書左丞。

是時，贊謨爲行臺參知政事，思忠黷貨無厭，贊謨鄙之，兩人由是交惡。海陵殺左丞相秉德于行臺。贊謨妻，秉德乳母也。思忠因構贊謨〔四〕，殺之。是歲，思忠入爲尚書右丞。俄進平章政事，封鄗國公。進拜左丞相兼侍中，封沂國公。

天德三年，致仕〔五〕。貞元二年十月，海陵率三品以上官幸思忠第，使以家禮見，謂思忠曰：「卿神氣康實，習先朝舊事，舍卿無能知者，當爲朕起，共治國政。」對曰：「君之命，臣敢不敬從，但恨老病疎謬，無以塞責耳。」遂命思忠乘馬從入宮，拜太傅，領三省事，封齊國王。尋拜太師兼勸農使。已而罷中書門下省，不置領三省事。置尚書令，位丞相上。思忠爲尚書令，特置散從八人，聽隨至宮，省奏賜坐。海陵欲定封爵制度，風思忠建白之。封王者皆降封，異姓或封公或一品、二品階。惟封思忠廣平郡王，賜以玉帶。思忠言百官不當封妻，海陵從之。惟封思忠次室爲郡夫人。而思忠亦自謂太祖舊臣，頗自任，雖海陵遂非拒諫，而思忠盡言無所避。

海陵將伐宋，問諸大臣，皆不敢對。思忠曰：「不可。」海陵不悅，謂思忠曰：「汝勿論可否，但云何時克之。」思忠曰：「以十年爲期。」海陵曰：「何久也？朞月耳。」思忠曰：「太祖伐遼，猶且數年。今百姓愁怨，師出無名。江、淮間暑熱湫濕，不堪久居，未能以歲月期也。」海陵怒，顧視左右，若欲取兵刃者。思忠無所畏恐，復曰：「老臣歷事四朝，位至公相，苟有補於國家，死亦何憾。」有頃，海陵曰：「自古帝王混一天下，然後可爲正統。爾耄夫固不知此，汝子乙迭讀書，可往問之。」思忠曰：「臣昔見太祖取天下，此時豈有文字耶？臣年垂七十，更事多矣，彼乳臭子，安足問哉。」

海陵既不用思忠言，運四方甲仗于中都，思忠曰：「州郡無兵，何以備盜賊。」海陵盡籍丁壯爲兵，思忠曰：「山後契丹諸部恐未可盡起。」皆不聽。其後，州郡盜起，守令不能制。契丹撒八、窩斡果反〔六〕，期年乃克之。

當是時，海陵伐宋，祁宰諫而死，張浩進言被杖，思忠見疎，孔彥舟畫策先取兩淮，他無及者。正隆六年，思忠薨，年七十三。海陵深悼惜之，親臨奠，賻贈加等，賜金螭頭車，使者監護，給道路費。

大定十二年，詔復烏林荅贊謨官爵，贈特進。上謂宰臣曰：「贊謨忠實剛毅，雖古人無以過。與思忠有隙，遂勸海陵殺之。今思忠子孫皆不肖，亦陰報也。」初，思忠已構殺贊謨，遂納其妻曹氏，盡取其家財產。章宗即位，贊謨女五十九乞改葬。詔賜葬地于懷州，并以思忠元取家貲付之。

謙本名乙迭，累官御史中丞。世宗謂之曰：「省部官受請託，有以室家傳達者。官刑不肅，士風頹弊如此，其糾正之。」

初，世宗至中都，多放宮人還家，有稱心等數人在放遣之例，所司失於檢照，不得出宮，心常怏怏。大定二年閏二月癸巳夜，遂於十六位放火，延燒太和、神龍殿〔七〕。上命近臣迹火之所發。十六位宮人袁六娘等六人告，實稱心等爲之。稱心等伏誅，賞賜袁六娘六人，放出宮爲良。謙意宮殿被火，將復興工役，勞民傷財，乃上表乞權紓修建。上使張汝弼詔謙曰：「朕思正隆比年徭役，百姓瘡痍未復，邊事未息，豈遽有營繕也。卿可悉之。」

久之，襲父思忠濟州猛安。利涉軍節度副使烏林荅鈔兀追捕逃軍，至猛安中，謙畏其擾，乃醵民財買銀賂鈔兀。事覺，鈔兀抵罪，謙坐奪猛安。遇赦，求敍。上曰：「乙迭無自與贓，使復其所。」

耨盌温敦兀帶，太師思忠姪也。天會間，充女直字學生，學問通達，觀書史，工爲詩。選爲尚書省令史，除右司都事，轉行臺右司郎中，入爲左司員外郎。累官同知大興尹，京師盜賊止息，事無留滯。再遷刑部尚書，改定海軍節度使。除兵部尚書，改吏部。正隆伐宋，爲武定軍都總管。世宗即位，遣使召之，授咸平尹，爲北邊行軍都統。改會寧尹，都統如故。

是時，初定窩斡，人心未安，兀帶爲治寬簡，多備禦，謹斥候，邊郡以寧。改北京留守。以廉察舉「兀帶所在有能名，無私過」，由是入拜參知政事。世宗諭之曰：「凡在卿上者，行事或不當理，咨禀不從，卿以所見奏聞。下位有可用之才，當推薦之。」

久之屬疾，上命左宣徽使敬嗣暉往視，遣醫治療。薨，年四十七。上聞悼惜之，賻銀千兩、重綵四十端、絹四百匹，勑有司致祭。久之，上謂侍臣曰：「故參知政事兀帶、刑部尚書彦忠、滄州節度使兀不喝、侍郎敵斡、郎中骨赧皆爲人忠直，後進中少有能及之者。朕樂得忠直之人，有如兀帶輩者乎，卿等爲朕舉之。」其見思如此。

昂本名奔睹，景祖弟孛黑之孫，斜斡之子。幼時侍太祖。太祖令數人兩兩角力。時昂年十五，太祖顧曰：「汝能此乎？」對曰：「有命，敢不勉。」遂連仆六人。太祖喜曰：「汝，吾宗弟也，自今勿遠左右。」居數日，賜金牌，令佩以侍。

年十七，太祖伐遼，謂之曰：「汝可擐甲從軍矣。」昂遂佩所賜金牌從軍。太祖平燕，策功，賜甲第一區。天輔六年，宗翰駐北安州，聞遼主延禧在鴛鴦濼，遣耨盌温敦思忠請於國論勃極烈杲，願以所部軍追之。杲不能決，乃遣昂與思忠詣宗翰議，其事遂定。天會二年，南京叛，軍帥闍母遣昂、劉彥宗分兵討之。

宗望伐宋，承制以爲河南諸路兵馬都統，稱「金牌郎君」。及攻汴州，宗弼與昂以兵三千爲前鋒。比暮，昂先以兵千人馳至其北門。時軍中遣使入城，宋人不納。昂諭之以事，遂得入。宗望至汴，令闍母、撻懶等屯于城之東北隅。慮宋主遁去，遣昂等率輕騎環城巡邏。昂所領止八謀克，遇敵萬人，與戰，敗之，其步軍溺死於汴者過半。七年，大軍渡江，敗宋兵於江上。帥府遣昂等以兵追宋主。宋主入會稽，若爲堅守計，有兵數千列陣於郭東竹葦間。諸將欲擊之。昂曰：「此詐也。不若急攻城，不然將由他門逸去。」諸將猶豫未決，而宋主果於他門以單舟入海，不獲而還。

宗輔定陝西，宗弼經略熙秦，遣昂與撒离喝領兵八千攻取河西郡縣。昂等遂取寧洮、安隴二寨。進至河州，其通判率士民迎降。攻樂州，其都護及河州安撫使郭寧偕降。復進取三寨，至西寧州，都護許居簡以城降，吐蕃酋長之孫趙鈐轄率其所部木波首領五人來降。昂別領軍四千往積石軍，降其軍及所部五寨官吏。追吐蕃鈐轄等十二人至廓州，招之不下，攻取之。

天眷元年，授鎮國上將軍，除東平尹。明年夏，宋將岳飛以兵十萬，號稱百萬，來攻東平。東平有兵五千，倉卒出禦之。時桑柘方茂，昂使多張旗幟於林間，以爲疑兵，自以精兵陣于前。飛不敢動，相持數日而退。昂勒兵襲之，至清口，飛衆泛舟逆水而去。時霖雨晝夜不止，昂乃附水屯營。夜將半，忽促衆北行。諸將諫曰：「軍士遠涉泥淖，饑憊未食，恐難遽行。」昂怒不應，鳴鼓督之，下令曰：「鼓聲絶而敢後者斬。」遂棄營去，幾二十里而止。是夜，宋人來劫營，無所得而去。諸將入賀，且問其故。昂曰：「沿流而下者，走也。泝流而上者，誘我必追也。今大雨泥淖，彼舟行安，我陸行勞。士卒饑乏，弓矢敗弱，我軍居其下流，勢不便利，其襲我必矣。」衆皆稱善。岳飛以兵十萬圍邳州甚急，城中兵才千餘，守將懼，遣人求救。昂曰：「爲我語守將，我嘗至下邳，城中西南隅有塹深丈餘，可速實之。」守將如其教，填之。岳飛果自此穴地以入〔八〕，知有備，遂止。昂舉兵以爲聲援，飛乃退。

在東平七年，改益都尹，遷東北路招討使，改崇義軍節度使，遷會寧牧。天德初，改安武軍節度使，遷元帥右都監，轉左監軍，授上京路移里閔斡魯渾河世襲猛安。海陵曰：「汝有大功，一猛安不足酬也。」益以四謀克。昂受親管謀克，餘三謀克讓其族兄弟。拜樞密副使，轉太子少保，進樞密使、尚書左丞相。昂怒族弟妻，去衣杖其脊，海陵聞之，杖昂五十。久之，拜太尉，封瀋國公。進太保，判大宗正事，封楚國公，累進封莒、衛、齊，兼樞密使，太保如故。

海陵南伐，分諸路軍爲三十二總管，分隸左右領軍大都督府，遂以昂爲左領軍大都督。海陵築臺于江上，召昂及右領軍副大都督蒲盧渾謂之曰：「舟楫已具，可以濟矣。」蒲盧渾曰：「舟小不可濟。」海陵怒，詔昂與蒲盧渾明日先濟。昂懼，欲亡去。抵暮，海陵遣人止之曰：「前言一時之怒耳。」既而至揚州，軍變，海陵死。

世宗即位遼陽，昂使人殺皇太子光英于南京，遣其子寢殿小底宗浩與其壻牌印祗候回海等奉表賀登寶位。大軍北還，昂恐宋人躡其後〔九〕，即以罷兵移書于宋。二年，入見世宗，深慰勞之。進封漢國公，拜都元帥，太保如故。置元帥府於山東，經略邊事。未幾，奉遷睿宗皇帝梓宮於山陵，以昂爲勑葬使。事畢，還山東。

三年，召至京師，以疾薨，年六十四。上爲輟朝，親臨奠，賻銀千兩、重綵五十端、絹五百匹。

昂在海陵時，縱飲沉酣，輒數日不醒。海陵聞之，常面戒不令飲。得閒輒飲如故。大定初，還自揚州，妻子爲置酒私第，未數行，輒卧不飲。其妻大氏，海陵庶人從母姊也，怪而問之。昂曰：「吾本非嗜酒者，但向時不以酒自晦，則汝弟殺我久矣。今遇遭明時，正當自愛，是以不飲。」聞者稱之。睦於兄弟，尤善施予，其親族有貧困者，必厚給之。至於茵帳、衣衾、器皿、僕馬之屬，常預設於家。即命駕相就，爲具，歡樂終日，盡以遺之，即日使富足。人或以子孫計爲言，答曰：「人各有命，但使其能自立爾，何至爲子孫奴耶？」君子以爲達。

贊曰：撒离喝、温敦思忠、奔睹皆有功舊臣，當天會、皇統之際，戰勝攻取，可謂壯哉。烏及海陵之世，崎嶇嫌忌，撒离喝既自以言致疑，猶與大臭辨爭軍事，何見幾之不早也。烏林荅贊謨廉直自奮，思忠擠之於死，自謂固結海陵，堅若金石，豈意執議不合而遽棄耶。始之不以道，未有能終者也。且思忠之最可罪者，構害贊謨，又納其室而敓其訾，此何異於殺越人于貨者乎。陰報不在其身，在其子孫，亦已晚矣。正隆之末，奔睹位三公，居上將，内不肯與謀，外不肯與戰，逼側趑趄，苟免自全，大臣之道，固若是乎。

高楨〔一〇〕，遼陽渤海人。五世祖牟翰仕遼，官至太師，楨少好學，嘗業進士。斡魯討高永昌，已下瀋州，永昌懼，僞送款以緩師，是時，楨母在瀋州，遂來降，告以永昌降款非誠，斡魯乃進攻。既破永昌，遂以楨同知東京留守事，授猛安。天會六年，遷尚書左僕射，判廣寧尹，加太子太傅。在鎮八年，政令清肅，吏畏而人安之。十五年，加太子太師，提點河北西路錢帛事。天眷初，同簽會寧牧。及熙宗幸燕，兼同知留守，封戴國公，改同知燕京留守。魏王道濟出守中京，以楨爲同判，俄改行臺平章政事，爲西京留守，封任國公。

是時，奚、霫軍民皆南徙，謀克別术者因之嘯聚爲盜。海陵患之，即以楨爲中京留守，命乘驛之官，責以平賊之期。賊平，封河内郡王。海陵至中京，楨警夜嚴肅。有近侍馮僧家奴、李街喜等皆得幸海陵，嘗夜飲干禁，楨杖之瀕死，由是權貴皆震慴。遷太子太保，行御史大夫，封莒王。策拜司空，進封代王，太子太保、行御史大夫如故。

楨久在臺，彈劾無所避，每進對，必以區別流品，進善退惡爲言。當路者忌之，薦張忠輔、馬諷爲中丞。二人皆險詖深刻，欲令以事中楨。正隆例封冀國公。楨因固辭曰：「臣爲衆小所嫉，恐不能免，尚可受封爵耶？」海陵知其忠直，慰而遣之。及疾革，書空獨語曰：「某事未決，某事未奏，死有餘恨。」薨，年六十九。海陵悼惜之，遣使致奠，賻贈加等。

楨性方嚴，家居無聲伎之奉。雖甚暑，未嘗解衣緩帶。對妻孥危坐終日，不一談笑，其簡默如此。

白彦敬本名遥設，部羅火部族人。初名彦恭，避顯宗諱〔一二〕，改焉。祖屋僕根。父阿斯，仕遼爲率府率。

彦敬善騎射，起家爲吏，補元帥府令史。伐宋，爲錢帛司都管勾。立三省，選爲尚書省令史，除都元帥府知事。招諭諸部，授以金牌，行數千里，有功，超遷兵部郎中。熙宗罷統軍司改招討司，遣彦敬分僚屬收牌印，諭諸部隸招討司。還爲本部侍郎，遷大理卿，出爲通州防禦使，改刑部侍郎。怨家告誣開府慎思與西北路部族謀叛，彦敬鞫得其實，海陵嘉之。遷簽書樞密院事，以便宜措置邊防。

正隆六年，調諸路兵伐宋，及調民馬，使彦敬主會寧、蒲與、胡里改三路事。改吏部尚書，充南征萬户，遷樞密副使。契丹撒八反，樞密使僕散忽土等以無功坐誅，以彦敬爲北面行營都統，與副統紇石烈志寧以便宜往，賜御服皮襖。行至北京，聞南征諸軍逃歸者皆奔東京，欲推戴世宗。彦敬與志寧謀，陰結會寧尹完顏蒲速賚、利涉軍節度使獨吉義以圖之。

世宗已即位，使石抹移迭、移剌曷補等九人招彦敬、志寧。彦敬拒之，使移迭跪。移迭不屈，皆殺之。及完顏謀衍將兵攻北京，彦敬使偏將率兵拒於建州之境，而獨吉義先歸世宗，蒲速賚稱疾不至。世宗密遣人乘夜揭牓於北京市，購以官賞。彦敬、志寧恐爲人圖己，遂降。以爲曷速館節度使。不數月，召爲御史大夫。

窩斡僭帝號。諸軍馬瘦弱，遣彦敬往西北路招討司市馬，得六千餘匹。窩斡敗，西走山後。完顏思敬以新馬三千備追襲。彦敬屯于夏國兩界間。窩斡平，召還爲兵部尚書，出爲鳳翔尹，改太原尹，兼河北東路兵馬總管〔三〕，尋改河中尹。大定九年，卒于官。

張景仁字壽甫，遼西人。累官翰林待制。貞元二年，與翟永固俱試禮部進士，以「尊祖配天」爲賦題，忤海陵旨，語在永固傳。

大定二年，僕散忠義伐宋，景仁掌其文辭。宋人議和，朝廷已改奉表爲國書，稱臣爲姪，但不肯世稱姪國。往復凡七書，然後定，其書皆景仁爲之。世宗稱其能，嘗曰：「今之文章如張景仁與宋人往復書，指事達意辨而裁，真能文之士也。」五年，罷兵，入爲翰林直學士。七年，遷侍講。八年，爲詳讀官。宋國書中有「寶鄰」字，景仁奏「鄰」字太涉平易。上問累年國書有「鄰」字否，命一一校勘。六年書中亦有之，上責問六年詳讀官劉仲淵，右丞石琚亦請罪曰：「臣嘗預六年詳讀。」上曰：「此有司之過，安得一一責宰臣邪？」詔有司就諭宋臣王淪，使歸告其主，後日國書不得復爾。仲淵時爲禮部侍郎，降石州刺史，景仁遷翰林學士兼同修國史。

久之，上召景仁讀陳言文字。上問：「事款幾何？」景仁率易，少周密，對曰：「二十餘事。」復曰：「其中如某事某事十事可行，餘皆無謂也。」明日，上召景仁責之曰：「卿昨言可行者，朕觀之，中復有不可行者。卿謂無謂者，中亦有可行者。朕未嘗使卿分别可否，卿輒專可否，何也？自今戒之。」十年，兼太常卿，學士、同修國史如故。轉承旨，兼修國史。改河南尹。二十一年，召爲御史大夫，仍兼承旨、修國史。

世宗謂景仁曰：「卿博學老儒，求如古之御史大夫，然後行之，斯爲稱矣。不能如古之人，衆人不獨誚卿，亦謂朕不能知人。卿醉中頗輕脱失言，當以酒爲戒。」初，朝臣言景仁有文藝而頗率易，不可任臺察。景仁被詔，就臺中治監察罪，輒以便服視決罰。上聞之，責景仁曰：「朕初用卿爲大夫，或言卿不可居此官，今果不用故事，率易如此。卿自愼，不然黜罰及矣！」景仁頓首謝。

未幾，詔葬元妃李氏于海王莊。平章政事烏古論元忠提控葬事，都水監丞高杲壽治道路不如式，元忠不奏，決之四十。景仁劾奏元忠輒斷六品官，無人臣禮。上曰：「卿劾奏甚當。」使左宣徽使蒲察鼎壽傳詔戒勑元忠曰：「監丞六品，有罪聞奏，今乃一切趨辦，擅決六品官，法當如是耶？御史在尊朝廷，汝當自咎，勿復再！」元忠尚豫國公主，怙寵自任，倨慢朝士。景仁劾之，朝廷肅然。是歲，薨。

贊曰：高楨以舊勞爲御史大夫，剛明自任，繩治無所避，幾不免於怨憎之荼毒。直己而行，自古難之。白彥敬不受大定之詔而世宗賢之。嚮使久在此位，其深謀讜論，必有竦動人者。張景仁儒者之勇，廷論元忠，正矣。

校勘記

〔一〕撒离喝　原作「撒里喝」，係同音異譯，今據南監本、北監本、殿本、局本改，與傳文統一。

〔二〕天眷三年　「三年」，原作「二年」，據局本改。按，本書卷四熙宗紀，天眷三年五月，「詔元帥府復取河南、陝西地。（中略）命都元帥宗弼以兵自黎陽趨汴，右監軍撒离合出河中趍陝西。是月，河南平」。

〔三〕魯王斡者孫耶魯侯撒离喝于汴　「魯王」，原作「潞王」，據局本改。按，本書卷五九宗室表，世祖子「斡者魯王」。卷六五始祖以下諸子斡者傳，「斡者，天會十五年大封宗室，追封魯王」。

〔四〕思忠因構贊謨　「贊謨」，原作「謨」，據局本及上文改。

〔五〕天德三年致仕　本書卷五海陵紀記其事在貞元元年十一月。

〔六〕契丹撒八窩斡果反　「窩斡」，原作「斡窩」。按，本書卷六世宗紀上，大定二年正月，「遣右副元帥完顏謀衍率師討蕭窩斡」；卷一三三叛臣移剌窩斡傳記爲「窩斡」。今據乙正。

〔七〕「大定二年閏二月癸巳夜」至「延燒太和神龍殿」　「癸巳」、「神龍殿」，本書卷六世宗紀上作「辛卯」、「厚德殿」。

〔八〕岳飛果自此穴地以入　「穴」，原作「宂」，據北監本、殿本、局本改。

〔九〕昂恐宋人躡其後　「其」，原作「兵」，據北監本、殿本、局本改。

〔一〇〕高楨　本書卷五海陵紀、卷一三二逆臣完顏元宜傳同，卷四五刑志、卷七一斡魯傳、卷七六袞傳、卷九〇馬諷傳、卷一二一忠義傳一胡沙補傳、卷一二五文藝傳上胡礪傳均作「高禎」，卷三太宗紀作「高貞」。按，洪适盤洲文集卷七四行狀一先君述，紹興十二年宋參知政事王次翁出使燕京，洪皓以金人陰謀告使者，爲留守易王所獲，「副留守渤海人高吉祥素嘉先君忠，委曲護出之」。據本傳傳文「及熙宗幸燕，兼同知留守，封戴國公，改同知燕京留守」，知「高吉祥」即傳主其人，疑當作「高禎」。本書「高楨」、「高禎」、「高貞」互見，不另出校。

〔一一〕初名彥恭避顯宗諱　「顯宗」，原作「睿宗」。按，本書卷一九世紀補睿宗紀，睿宗，「諱宗堯，初諱宗輔」，與「彥恭」無關；顯宗，「諱允恭」，知作「顯宗」是。今據改。

〔三〕改太原尹兼河北東路兵馬總管　按，本書卷五七百官志三，「諸總管府謂府尹兼領者，都總管一員，正三品，掌統諸城隍兵馬甲仗，總判府事」。又據卷二六地理志下，太原府是河東北路首府。則此處「河北東路」當作「河東北路」，「兵馬總管」當作「兵馬都總管」。

金史卷八十五

列傳第二十三

世宗諸子

永中　永蹈　永功子璹　永德　永成　永升

世宗昭德皇后生顯宗、趙王孰輦、越王斜魯。元妃張氏生鄗王允中、越王允功。元妃李氏生鄭王允蹈、衛紹王允濟、潞王允德。昭儀梁氏生豫王允成。才人石抹氏生夔王允升。孰輦、斜魯皆早卒。

鎬王永中本名實魯剌〔一〕，又名萬僧。大定元年，封許王。五年，判大興尹。七年，進封越王。十一年，進封趙王。十三年，拜樞密使。十九年，子石古乃加光禄大夫。是歲，改葬明德皇后于坤厚陵，永中母元妃張氏陪葬。十一月庚申，自磐寧宫發引。永中以元妃柩先發，使執黄繖者前導。俄頃，皇后柩出磐寧宫，顯宗徒跣。少府監張僅言呼執黄繖者，不應。既葬，僅言欲奏其事，顯宗解之曰：「是何足校哉，或繖人誤耳。」僅言乃止。

二十一年，改判大宗正事。永中不悦，顯宗勸之曰：「宗正之職，自親及疎，自近及遠，此親賢之任也。且皇子之貴，豈以官職閑劇爲計邪？」永中乃喜。二十四年，世宗幸上京，顯宗居守，并留永中。顯宗先遣章宗、宣宗奉表問起居于上京，既而遣永中子光禄大夫石古乃奉表。世宗喜謂豫國公主曰：「皇太子孝德天成，先遣二子，繼遣此子，兄弟之際相友愛如此也。」

二十五年六月，世宗在天平山好水川清暑，顯宗薨于中都，詔曹王永功視章宗，召永中赴行在。是歲，與章宗及永功等並加開府儀同三司。二十六年，復爲樞密使。是歲，世宗賜諸孫名。石古乃曰瑜，神土門曰璋，阿思懣曰玘，阿离合懣曰瑑。二十七年，玘年十五以上，加奉國上將軍。章宗即位，起復判西京留守，進封漢王，與諸弟各賜金五百兩、銀五千兩、錢二千貫、重幣三百端、絹二千匹。再賜永中脩公廨錢三百萬，特加石古乃銀青榮禄大夫，阿离合懣奉國上將軍。

明昌二年正月辛酉，孝懿皇后崩。判真定府事吴王永成、判定武軍節度使隋王永升奔喪後期，各罰俸一月，杖其長史五十。永中適有寒疾，不能至。上怒，頗意諸王有輕慢心，遣使責永中曰：「已近公除，亦不須來。」二月丙戌，禫祭，永中始至，入臨。辛卯，始克行燒飯禮。壬辰，永中及諸王朝辭，賜遺留物，禮遇雖在，而嫌忌自此始矣。

四月，進封并王。三年，判平陽府事，進封鎬王。初置王傅、府尉官，名爲官屬，實檢制之也。府尉希望風旨，過爲苛細。永中自以世宗長子，且老矣，動有掣制，情思不堪，殊鬱鬱，乃表乞閑居。詔不許。四年，鄭王永蹈以謀逆誅。增置諸王司馬一員，檢察門户出入，毬獵游宴皆有制限，家人出入皆有禁防。河東提刑判官把里海坐私謁永中，杖一百，解職。前近侍局副使裴滿可孫嘗受永中請託，爲石古乃求除官，可孫已改同知西京留守，猶坐免。

故尚書右丞張汝弼，永中母舅也。汝弼妻高陀斡自大定間畫永中母像，奉之甚謹，挾左道爲永中求福，希覬非望。明昌五年，高陀斡坐詛祝誅。上疑事在永中，未有以發也。會鎬王傅尉奏永中第四子阿離合懣因防禁嚴密，語涉不道。詔同簽大睦親府事稟、御史中丞孫即康鞫問〔二〕，并求得第二子神徒門所撰詞曲有不遜語。家奴德哥首永中嘗與侍妾瑞雪言：「我得天下，子爲大王，以爾爲妃。」詔遣官覆按狀同。再遣禮部尚書張暐、兵部侍郎烏古論慶裔覆之。上謂宰臣曰：「鎬王秖以語言得罪，與永蹈罪異。」參知政事馬琪曰：「永中與永蹈罪狀雖異，人臣無將，則一也。」上曰：「大王何故輒出此言？」左丞相清臣曰：「素有妄想之心也。」詔以永中罪狀宣示百官雜議，五品以下附奏，四品以上入對便殿。皆曰：「請論如律。」惟宮籍監丞盧利用乞貸其死。詔賜永中死，神徒門、阿离合懣等皆棄市。勑有司用國公禮收葬永中，平陽府監護，官給葬具，妻子威州安置。泰和七年，詔復永中王爵，賜謚曰厲。勑石古乃於威州擇地，以禮改葬〔三〕，歲時祭奠。貞祐二年，詔徙永中妻、子石古乃等鄭州安置。

貞祐三年，太康縣人劉全嘗爲盜，亡入衞真界，詭稱愛王。所謂愛王，指石古乃。石古乃實未嘗有王封，小人妄以此目之。劉全欲爲亂，因假託以惑衆，誘王氏女爲妻，且言其子方聚兵河北。東平人李寧居嵩山，有妖術。全同縣人時温稱寧可論大事，乃使范元書僞號召之。寧至，推爲國師，議僭立。事覺，全、温、寧皆伏誅。

貞祐四年，潼關破，徙永中子孫于南京。興定二年，亳州譙縣人孫學究私造妖言云：「愛王終當奮發，今匿跡民間，自號劉二。」衞真百姓王深等皆信以爲誠然。有劉二者出而當之，遣歐榮輩結構逆黨，市兵仗，大署旌旗，謀僭立。事覺，誅死者五十二人，緣坐者六十餘人。永中子孫禁錮，自明昌至于正大末，幾四十年。天興初，詔弛禁錮。未幾，南京亦不守云。

鄭王永蹈本名銀术可，初名石狗兒。大定十一年，封滕王，未期月進封徐王。二十五年，加開府儀同三司。二十六年，爲大興尹。章宗即位，判彰德軍節度使，進封衞王。明昌二年，徙封鄭王。三年，改判定武軍。

初，崔温、郭諫、馬太初與永蹈家奴畢慶壽私説讖記災祥，畢慶壽以告永蹈：「郭諫頗能相人。」永蹈乃召郭諫相己及妻子。諫説永蹈曰：「大王相貌非常，王妃及二子皆大貴。」又曰：「大王，元妃長子，不與諸王比也。」永蹈召崔温、馬太初論讖記天象。崔温曰：「丑年有兵災，屬兔命者來年春當收兵得位。」郭諫曰：「昨見赤氣犯紫微，白虹貫月，皆注丑後寅前兵戈僭亂事。」永蹈深信其説，乃陰結内侍鄭雨兒伺上起居，以崔温爲謀主，郭諫、馬太初往來游説。河南統軍使僕散揆尚永蹈妹韓國公主，永蹈謀取河南軍以爲助，與妹澤國公主長樂謀，使駙馬都尉蒲剌覩致書于揆，且先請婚，以觀其意。揆拒不許結婚，使者不敢復言不軌事。永蹈家奴董壽諫永蹈，不聽。董壽以語同輩奴千家奴，上變。是時，永蹈在京師，詔平章政事完顏守貞、參知政事胥持國、户部尚書楊伯通、知大興府事尼厖古鑑鞫問，連引甚衆，久不能決。上怒，召守貞等問狀。右丞相夾谷清臣奏曰：「事貴速絶，以安人心。」於是，賜永蹈及妃卞玉，二子按春、阿辛，公主長樂自盡。蒲剌覩、崔温、郭諫、馬太初等皆伏誅。僕散揆雖不聞問，猶坐除名。董壽免死，隸監籍。千家奴賞錢二千貫，特遷五官雜班敍使。自是諸王制限防禁密矣。

泰和七年，詔復王封，備禮改葬，賜謚曰剌，以衛王永濟子按辰爲永蹈後，奉其祭祀。

越王永功本名宋葛，又名廣孫，貞元二年生。沉默寡言笑，勇健絶人，涉書史，好法書名畫。大定四年，封鄭王。七年，進封隋王。十一年，進封曹王。十五年，除刑部尚書。上曰：「侍郎張汝霖，汝外舅行也，可學爲政。」十七年，授活活土世襲猛安〔四〕。十八年，改大興尹。

世宗幸金蓮川，始出中都，親軍二蒼頭縱馬食民田，詔永功：「蒼頭各杖一百。彈壓百户二人失覺察，勒停。」上次望京淀，永功奏曰：「親軍人止一蒼頭，兩彈壓服勤，爲日久矣。臣昧死違詔，量決蒼頭，使彈壓待罪，可使償其田直，惟陛下憐察。」上皆從之。

老嫗與男婦憩道傍，婦與所私相從亡去，或告嫗曰：「向見年少婦人自水邊小徑去矣。」嫗告伍長蹤跡之。有男子私殺牛，手持血刃，望見伍長，意其捕己，即走避之。嫗與伍長疑是殺其婦也，捕送縣，不勝楚毒，遂誣服。問尸安在？詭曰：「棄之水中矣。」求之水中，果獲一尸，已半腐。縣吏以爲是男子真殺若婦矣，即具獄上。永功疑之曰：「婦死幾何日，而尸遽半腐哉。」頃之，嫗得其婦於所私者。永功曰：「是男子偶以殺人就獄，其拷掠足以稱殺牛之科矣。」遂釋之而去。武清黄氏、望雲王氏豪猾不逞，永功發其罪，畿内肅然。

二十三年，判東京留守。是月，改河間尹。閲月，改北京留守。居無何，上謂宰臣曰：「朕聞永功到北京爲政無良，雖朕子，萬一敗露，法可廢乎。朕已戒勑永功，卿等可諭其長史，俾匡正之。」到北京凡七月，改東京留守。世宗幸上京，過東京，永功從。明年，上還至天平山好水川，皇太子薨。詔永功護喪事，尋拜御史大夫。章宗封原王，加開府儀同三司。趙王永中及永功兄弟皆加開府儀同三司。明年，判大宗正事。

應州僧與永功有舊，將訴事于彰國軍節度使移刺胡刺，求永功手書與胡刺爲地。胡刺得書，奏之。上謂宰臣曰：「永功以書囑事胡刺，此雖細微，不可不懲也。凡人小過不治，遂至大咎。有犯必懲，庶幾能改，是亦教也。」皆曰：「陛下用法無私，臣下敢不敬畏。」於是永功解職。未幾，復判大宗正事。

章宗即位，除判平陽府事，進封冀王。永功之官，隨引醫人沈思存過制限，當解職。上曰：「朕知此事，當痛斷監奴及治府掾長史管轄府事者罪，仍著于令。」家奴王唐犯罪至徒，永功曲庇之。平陽治中高德裔失覺察，笞四十。於是永功改判濟南府。詔永功曰：「所坐雖細事，法令不得不如此。今已釋矣，後毋復然。濟南先帝舊治，風土甚好，可悉此意也。」改授山東西路把魯古世襲猛安。二年，判廣寧府事，進封魯王。明年，判彰德府事。承安元年，進封鄆王。明年，判太原府事。泰和七年，改西京留守。八年，復判平陽府事。大安元年，進封譙王，判中山府事。明年，進封越王。

宣宗即位，免常參。明年，從遷汴京。久之，詔永功每月朔一朝。興定四年，詔永功無朝。五年，有疾，賜御藥。疾革，賜尚醫診視，一日五遣使候問。是歲，薨。上哭之慟，謚曰忠簡。

子福孫、壽孫、粘沒曷〔五〕。大定二十六年，詔賜福孫名璐，壽孫名璹，粘沒曷名琳。是年，璐加奉國上將軍。章宗即位，加銀青榮祿大夫，封蕭國公。初爲興陵崇妃養子，常居京師，奉朝請。泰和五年，卒。章宗輟朝，百官進名奉慰。

璹本名壽孫，世宗賜名，字仲實〔六〕，一字子瑜。資質簡重，博學有俊才，喜爲詩，工真草書。大定二十七年，加奉國上將軍。明昌初，加銀青榮祿大夫。衛紹王時，加開府儀同三司。貞祐中，封胙國公。正大初，進封密國公。

璹奉朝請四十年，日以講誦吟詠爲事，時時潛與士大夫唱酬，然不敢明白往來。永功薨後，稍得出游，與文士趙秉文、楊雲翼、雷淵、元好問、李汾、王飛伯輩交善。初，宣宗南遷，諸王宗室顛沛奔走，璹乃盡載其家法書名畫，一帙不遺。居汴中，家人口多，俸入少，客至，貧不能具酒肴，蔬飯共食，焚香煮茗，盡出藏書，談大定、明昌以來故事，終日不聽客去，樂而不厭也。

天興初，璹已卧疾，論及時事，嘆曰：「兵勢如此，不能支，止可以降。全完顔氏一族歸吾國中，使女直不滅則善矣，餘復何望。」是時，曹王出質，璹見哀宗於隆德殿。上問：「叔父欲何言？」璹奏曰：「聞訛可欲出議和。訛可年幼，不苦諳練，恐不能辦大事。臣請副之，或代其行。」上慰之曰：「南渡後，國家比承平時有何奉養，然叔父亦未嘗沾溉。無事則置之冷地，無所顧藉，緩急則置于不測，叔父盡忠固可，天下其謂朕何？叔父休矣。」於是君臣相顧泣下。未幾，以疾薨，年六十一。

平生詩文甚多。自删其詩，存三百首，樂府一百首，號如菴小藁。第五子守禧，字慶之，風神秀徹，璹特鍾愛，嘗曰：「平日所蓄書畫將以付斯子。」及汴城降，守禧病卒，年未三十。

潞王永德本名訛出。大定二十五年，與章宗及諸兄俱加開府儀同三司。二十七年，封薛王〔七〕。明年，除祕書監。二十九年，進判祕書監，進封瀋王。明昌元年，授山東東路把魯古必刺猛安。三年，進封豳王〔八〕。五年，遷勸農使。承安二年，進封潞王。承安三年，再任勸農使。泰和元年，有司劾永德元日進酒後期，有詔勿問。衛紹王時，累遷太子太師。宣宗即位，改同判大睦親府事。興定五年，遷判大睦親府事。子斡論，賜名琰。

豫王永成本名鶴野，又曰婁室。母昭儀梁氏。永成風姿奇偉，博學，善屬文。世宗尤愛重之。大定七年，始封瀋王，以太學博士王彥潛爲府文學，永成師事之。十一年，進封豳。十五年，就外第。十六年，判祕書監。明年，授世襲山東東路把魯古猛安，判大睦親府事。既而改中都路胡土靄哥蠻猛安。二十年，改授翰林學士承旨。二十三年，判定武軍節度使事，尋改判廣寧府。二十五年，世宗幸上京，命留守中都，判吏部尚書，進開府儀同三司，爲御史大夫。

章宗即位，起復，進封吴，判真定府事。明昌元年，改山東西路益買必剌猛安。明年，進封兖。坐率軍民圍獵，解職，奉表謝罪。上賜手詔曰：「卿親實肺腑，夙著忠純，侍顯考於春宫，曲盡友于之愛，洎沖人之繼統，愈明忠赤之心，艱難之中，多所裨益。朕心簡在，毫楮莫窮，用是起之苫塊之中，授以維城之任。自典藩服，歲月荐更，蕞爾趙邦，知驥足之難展，眇哉鎮府，固牛刀之莫施。方思驛召以赴朝，何意遽罹於國憲。偶因時獵，頗擾部民，法所不寬，憲臺聞上。朕尚含容累月，未忍即行，雖欲遂於私恩，竟莫違於公議，解卿前職，即乃世封。噫，祖宗立法，非一人之敢私；骨肉至親，豈千里而能間。以此退閑之小誡，欲成終始之洪恩。經云『在上不驕，高而不危』。是以知節慎者脩身之本，驕矜者敗德之源。朕每自勵，今以戒卿。昔東平樂善，能成不朽之名，梁孝奢淫，卒致憂疑之悔。前人所行，可爲龜鑑。卿兼資文武，多藝多才，履道而行，何施不可。如能德業日新，無慮牽復之晚。朕素不工詞翰，臨文草草，直寫所懷，冀不以辭害意也。」未幾，授沁南軍節度使。三年，改判咸平府事，未赴，移判太原府事。上以永成誕日，親爲詩以賜，有「美譽自應輝玉牒，忠誠不待啓金縢」之語，當世榮之。

七年，改判平陽府事。承安改元，以覃恩進封豫。明年冬，進馬八十疋，以資守禦之備。上賜詔獎諭曰：「卿夙有雋望，時惟茂親，通達古今，砥礪忠義。方分憂於外服，來輸駿於上閑，欲助邊防，以增武備。惟盡心於體國，乃因物以見誠。載念懇勤，良深嘉獎。」五年，再任。俄召還，以疾不能入見。上親幸其第臨視。泰和四年，薨。訃聞，上爲之震悼，賻贈甚厚，謚曰忠獻。

永成自幼喜讀書，晚年所學益醇，每暇日引文士相與切磋，接之以禮，未嘗見驕色。自號曰「樂善居士」，有文集行于世云。

夔王允升，改名永升，本名斜不出，一名鶴壽。大定十一年，封徐王，進封虞王。二十六年，加開府儀同三司。明年，判吏部尚書，授山東西路按必出虎必刺猛安〔九〕。章宗即位，加恩宗室，徙封隋王，除定武軍節度使。明昌二年，改封曹王。久之，改封宛王。衞紹王即位，徙今封。貞祐元年九月，宣宗以允升年高，素羸疾，詔宮中聽扶杖。尋薨。既殯，燒飯，上親臨奠。

贊曰：世宗保全宗室，無所不至，雖矯海陵之失，亦由天資仁厚而然也。其子永中、永蹈皆死章宗之手，其理蓋有不可詰者。章宗無後，則厥報不爽矣。

校勘記

〔一〕鎬王永中本名實魯剌　「鎬王」，上文作「鄗王」。世宗諸子名皆排「允」字。按，本書卷一三衞紹王紀，「章宗時避顯宗諱，詔改『允』爲『永』」。

〔二〕御史中丞孫即康鞫問　「問」，原作「門」，據南監本、北監本、殿本、局本、永樂大典卷六七六六「王」字韻下宗室封王三十「鎬王」條改。

〔三〕「泰和七年」至「以禮改葬」　此處繫年有誤。按，本書卷一二章宗紀四，泰和四年七月「甲申，改葬鎬王永中于威州」。

〔四〕十七年授活活土世襲猛安　按，本書卷六世宗紀上，大定十一年十二月，「趙王永中、曹王永功俱授猛安」。

〔五〕子福孫壽孫粘没曷　按，遺山先生文集卷三六如庵詩文敍稱「密國公諱璹，字子瑜，越王長子」，璹即壽孫，則「壽孫」當在「福孫」之上。

〔六〕世宗賜名字仲實　「仲實」，歸潛志卷一作「仲寶」。

〔七〕二十七年封薛王　本書卷七世宗紀中繫其事在大定十七年九月辛丑。

〔八〕三年進封豳王　本書卷九章宗紀一繫其事在明昌二年四月甲午。

〔九〕授山東西路按必出虎必剌猛安　按，本書卷八九移剌慥傳，大定「十九年，以按出虎等八猛安，自河南徙置大名、東平之境」。作「按出虎」，無「必」字。疑此處「必」字涉下「必剌」字衍。

金史卷八十六

列傳第二十四

李石 子獻可　完顏福壽　獨吉義　烏延蒲离黑〔一〕
烏延蒲轄奴　烏延查剌　李師雄　尼厖古鈔兀
孛朮魯定方　夾谷胡剌　蒲察斡論　夾谷查剌

李石字子堅，遼陽人，貞懿皇后弟也。先世仕遼，爲宰相。高祖仙壽，嘗脱遼主之舅於難，遼帝賜仙壽遼陽及湯池地千頃，佗物稱是，常以李舅目之。父雛訛只，桂州觀察使，高永昌據東京，率衆攻之，不勝而死。

石敦厚寡言，而器識過人。天會二年，授世襲謀克，爲行軍猛安。睿宗爲右副元帥，引置軍中，屬之宗弼。八年，除禮賓副使，轉洛苑副使。天眷元年，置行臺省於汴〔二〕，石爲汴京都巡檢使，歷大名少尹、汴京馬軍副都指揮使，累官景州刺史。海陵營建燕京宮室，石護役皇城端門。海陵遷都燕京，石隨例入見。海陵指石曰：「此非葛王之舅乎？」葛王，謂世宗也。未幾，除興中少尹。

石知海陵忌宗室，頗歎前日之言，秩滿，託疾還鄉里。世宗留守東京，禦契丹括里，石留東京巡察城中。海陵使副留守高存福伺察世宗動靜，知軍李蒲速越知存福謀，以告世宗，石因勸世宗先除存福，然後舉事，世宗從之。大定元年，以定策功爲户部尚書。無何，拜參知政事。

阿瑣殺同知中都留守蒲察沙离只，遣使奉表東京，而羣臣多勸世宗幸上京者。石奏曰：「正隆遠在江、淮，寇盜蠭起，萬姓引領東向，宜因此時直赴中都，據腹心以號令天下，萬世之業也。惟陛下無牽於衆惑。」上意遂決，即日啓行。世宗納石女後宮，生鄭王永蹈、衞紹王永濟，是爲元妃李氏。

三年，户部尚書梁銶上言：「大定以前，官吏士卒俸粟支帖真僞相雜，請一切停罷。」石買革去舊貼，下倉支粟，倉司不敢違，以新粟與之。上聞其事，以問梁球。梁球對不以實〔三〕。上命尚書左丞翟永固鞫之。梁銶削官四階，降知火山軍，石罷爲御史大夫。久之，封道國公。

六年，上幸西京，石與少詹事烏古論三合守衛中都宫闕。詔曰：「京師巡禦不可不嚴。近都猛安内選士二千人巡警，仍給口粲芻粟。」謂宰臣曰：「府庫錢幣非徒聚貨也，若軍士貧弱，百姓困乏，所費雖多，豈可已哉。」故事，凡行幸，留守中都官每十日表問起居。上以使傳頻煩，命二十日一進表。七年，拜司徒，兼太子太師，御史大夫如故。賜第一區。

安化軍節度使徒單子温，平章政事合喜之姪也，贓濫不法，石即劾奏之。方石奏事，宰相下殿立，俟良久。既退，宰相或問石奏事何久，石正色曰：「正爲天下姦污未盡誅耳。」聞者悚然。一日，上謂石曰：「御史分别庶官邪、正。卿等惟劾有罪，而未嘗舉善也，宜令監察分路刺舉善惡以聞。」

石司憲既久，年寖高。御史臺奏，事有在制前斷定，乞依新條改斷者。上曰：「若在制前行者，豈可改也。」上御香閤，召中丞移刺道謂之曰：「李石耄矣，汝等宜盡心。向所奏事甚不當，豈涉於私乎？」他日，又謂石曰：「卿近累奏皆常事。臣下善惡邪正，無語及之。卿年老矣，不能久居此，若能舉一二善事，亦不負此職也。」十年，進拜太尉、尚書令〔四〕。詔曰：「太后兄弟惟卿一人，故命領尚書事。軍國大事，涉於利害，議其可否，細事不煩卿也。」進封平原郡王。

平章政事完顏守道奏事，石神色不懌。世宗察之，謂石曰：「守道所奏，既非私事，卿當共議可否。在上位者所見有不可，順而從之，在下位者所見雖當，則遽不從乎？豈可以與己相違而蓄怒哉。如此則下位者誰敢復言？」石對曰：「不敢。」上曰：「朕欲於京府節鎮運司長佐三員内任文臣一員，尚未得人。」石奏曰：「資考未至，不敢擬。」上曰：「近觀節度轉運副使中才能者有之。海陵時，省令史不用進士，故少尹節度轉運副使中乏人。大定以來，用進士，亦頗有人矣，節度轉運副使中有廉能者具以名聞，朕將用之。」朝官不歷外任，無以見其才，外官不歷隨朝，無以進其才，中外更試，庶可得人。」他日，上復問曰：「外任五品職事多闕，何也？」石對曰：「資考少有及者。」上曰：「苟有賢能，當不次用之。」對不稱旨，上表乞骸骨，以太保致仕，進封廣平郡王〔五〕。十六年，薨。上輟朝臨弔，哭之慟，賻錢萬貫，官給葬事。少府監張僅言監護，親王、宰相以下郊送，謚襄簡。

石以勳戚，久處腹心之寄，内廷獻替，外罕得聞。觀其劾奏徒單子溫退答宰臣之問，氣岸宜有不能堪者。時論得失半之，亦豈以是耶。舊史載其少貧，貞懿后周之，不受，曰：「國家方急用人，正宜自勉，何患乎貧。」后感泣曰：「汝苟能此，吾復何憂。」及中年，以冒粟見斥，衆譏貪鄙，如出二人。史又稱其未貴，人有慢之者，及爲相，其人以事見石，惶恐。石曰：「吾豈念舊惡者。」待之彌厚。能爲長者言如是，又與他日氣岸迴殊。

山東、河南軍民交惡，爭田不絶。有司謂兵爲國根本，姑宜假借。石持不可，曰：「兵民一也，孰輕孰重。國家所恃以立者紀綱耳，紀綱不明，故下敢輕冒。惟當明其疆理，示以法禁，使之無爭，是爲長久之術。」趣有司按問〔六〕，自是軍民之爭遂息。北京民曹貴謀反，大理議廷中，謂貴等陰謀久不能發，在法「詞理不能動衆，威力不足率人」，罪止論斬。石是之。又議從坐，久不能決。石曰：「罪疑惟輕。」入，詳奏其狀，上從之，緣坐皆免死。北鄙歲警，朝廷欲發民穿深塹以禦之。石與丞相紇石烈良弼皆曰：「不可。古築長城備北，徒耗民力，無益於事。北俗無定居，出没不常，惟當以德柔之。若徒深塹，必當置戍，而塞北多風沙，曾未期年，塹已平矣。不可疲中國有用之力，爲此無益。」議遂寢。是皆足稱云。

世宗在位幾三十年，尚書令凡四人：張浩以舊官，完顏守道以功，徒單克寧以顧命，石以定策，他無及者。明昌五年，配享世宗廟廷。子獻可、逵可。

獻可字仲和，大定十年，中進士第。世宗喜曰：「太后家有子孫舉進士，甚盛事也。」累官户部員外郎，坐事降清水令，召爲大興少尹，遷户部侍郎，累遷山東提刑使。卒。衛紹王即位，以元舅贈特進，追封道國公。子道安，擢符寶郎。

完顏福壽，曷速館人也。父合住，國初來歸，授猛安。天眷二年，福壽襲父合住職，授定遠大將軍，累加金吾衛上將軍。海陵省併猛安謀克，遂停封。

正隆末，海陵伐宋，福壽領婁室、臺荅藹二猛安由山東道進至泰安。既受甲，福壽乃誘將校北還，而高忠建、盧萬家奴等亦各率衆萬餘俱歸東京，欲共立世宗。至遼口，世宗遣徒單思忠、府吏張謀魯瓦等來迎，察其去就。思忠等以數騎馳入軍中，見福壽等問曰：「將軍何爲至此？」福壽等向南指海陵而言曰：「此人失道，不能保天下。國公乃太祖皇帝親孫，我輩欲推戴爲主，以此來耳。」諸軍皆東向拜，呼萬歲。爲書以授思忠。於是督諸軍渡遼水，徑至東京城下，即諭軍士擐甲入衛宮城，殺高存福等。明日，與諸將及東京吏民從婆速路兵馬都總管完顏謀衍勸進。世宗即位，以福壽爲元帥右監軍，賜以銀幣御馬。

初，謀衍之至也，大會諸軍，以福壽之軍居左，高忠建軍居右。忠建曰：「何以我軍爲右軍？」謀衍曰：「樹置在我，爾曷敢言！」福壽曰：「始建大事，左右軍高下何足爭也。」遂讓忠建爲左軍。世宗聞而賢之。未幾，從完顏謀衍討白彥敬、紇石烈志寧于北京。是冬，上聞臨潢尹兼元帥左都監吾扎忽等與窩斡戰不利，命福壽將兵進討。已敗賊，俘獲生口萬計。世宗以紇石烈志寧代之，召還，授興平軍節度使，復其世襲猛安，尋領濟州路諸軍事。大定三年，卒。

獨吉義本名鶻魯補，曷速館人也。徙居遼陽之阿米吉山。祖回海，父祕剌。收國二年，曷速館來附，祕剌領户三百，遂爲謀克。祕剌長子照屋，次子忽史與義同母。祕剌死，忽史欲承謀克。義曰：「長兄雖異母，不可奪也。」忽史乃以謀克歸照屋，人咸義之。

義以質子至上京。善女直、契丹字，爲管勾御前文字。天會十五年，擢右監門衛大將軍，除寧化州刺史。察廉，遷迭剌部族節度使，復州防禦使，改卓魯部族節度使、河南路統軍都監，爲武勝軍節度使。邊郡妄稱寇至，統軍司徙居民於汴，義獨不聽，日與官屬擊毬游宴。統軍司使人責之，義曰：「太師梁王南伐淮南，死者未葬，亡者未復，彼豈敢先發？此城中有榷場，若自動，彼將謂我無人。」既而果無事，統軍謝之，請以沿邊唐州等處諸軍猛安皆隸于義。

貞元元年，改唐古部族節度使，爲彰化軍，改利涉軍節度使。是時，海陵伐宋，諸軍往往逃歸，而世宗在東京得衆心。都統白彥敬自北京使人陰結義，欲與共圖世宗。頃之，世宗即位，義即日來歸，具陳所以與彥敬密謀者。世宗嘉其不欺，以爲參知政事。

上謂義曰：「正隆率諸道兵伐宋，若反旆北指，則計將安出？」義曰：「正隆多行無道，殺其嫡母，阻兵虐衆，必將自斃。陛下太祖之孫，即位此其時也。」上曰：「卿何以知之？」義曰：「陛下此舉若太早，則正隆未渡淮，太遲則窩斡必太熾。今正隆已渡淮，窩斡未至太盛，將士在南，家屬皆在此，惟早幸中都爲便。」上嘉納之。次榛子嶺，世宗聞海陵死于軍中，謂義曰：「信如卿所料。」大定二年，罷爲益都尹，兼本路兵馬都總管，賜金五十兩、銀五百兩。三年，以疾致仕。四年，薨于家，年七十一。

子和尚，大定初，除應奉翰林文字，佩金牌。陀滿訛里也子撒曷輦充護衛，司吏王得兒加保義校尉，皆佩銀牌。持詔書宣諭中都以南州郡，及往南京諭太傅張浩。中道聞海陵遇害，南京及都督府皆奉表賀，乃止。和尚爲奉使，擅廢置州縣官，輒行殺戮，詔尚書省鞫治之。十九年，詔以義孫引壽爲斜魯苔阿世襲謀克。義性辯給，善談論，服玩不尚奢侈，食不兼味云。

贊曰：章宗嘗問羣臣：「世宗初起東京，大臣爲誰？」完顏守貞對曰：「止有李石一人。」章宗歎曰：「苟如此，信有天命也。」完顏謀衍部署諸軍，高忠建爭長，完顏福壽讓忠建而己下之，其功多矣。當是時，獨吉義最先至，諸將尚未肯附。由是言之，果天也，非人力也。

烏延蒲离黑，速頻路哲特猛安人，改屬合懶路。祖思列，預平烏春、窩謀罕之亂，及伐遼、宋，皆有功，追授猛安，贈銀青光禄大夫。父國也襲猛安。

蒲离黑從太祖伐遼，勇聞軍中。天眷三年，襲猛安，授寧遠大將軍，累官武寧軍節度使，遷京兆尹。海陵伐宋，行武威軍都總管。軍還，爲順義軍節度使。徒單合喜定秦、隴，蒲离黑統完顏習尼列、顏盞門都兵救德順州，改延安、平涼尹。致仕，封任國公。大定十九年卒。

烏延蒲轄奴，速頻路星顯河人也，後改隸曷懶路。父忽撒渾，天輔初，追授猛安，親管謀克。蒲轄奴身長有力，多智略，襲其父猛安謀克，階寧遠大將軍。天德二年，授陳州防禦使。貞元元年，改昌武軍節度使，以善綏撫，再任。海陵南征，改歸德尹，爲神策軍都總管。當屯濟州，比至山東，盜已據其城，蒲轄奴領十餘騎往覘之，忽爲其衆所圍，乃與軍士皆下馬，立而射之，殺百餘人。賊衆敗走，迤邐襲之，至暮而還。明日，攻破其城，號令士卒，毋害居民，郡中獲安。民感其惠，爲立祠以祭。

大定二年，爲慶陽尹。元帥左都監徒單合喜奏宋軍十萬餘據險阻，剽掠郡邑，請益師。詔益兵七千，與舊兵合爲二萬。遣蒲轄奴與延安尹高景山等分領其軍以往。卒于軍，年六十一。子查剌。

烏延查剌，銀青光禄大夫蒲轄奴子也。力兼數人，勇果無敵。正隆六年伐宋，諸猛安謀克兵皆行，州縣無備。契丹括里陷韓州，圍信州，遠近震駭。查剌道出咸平，遂率本部亟還信州，與戰敗之。已而，賊復整兵環攻，且登其城，查剌下巨木壓之，殺賊甚衆，括里乃解去。查剌左右手持兩大鐵簡，簡重數十斤，人號爲「鐵簡萬户」。追及括里于韓州東八里許，賊方就平野爲陣，查剌身率鋭士，以鐵簡左右揮擊之，無不僵仆。賊不能成列，乃易馬督軍復擊之，賊衆大敗，遂走，東京、咸平、隆州民復怗然。

世宗即位，查剌謁見，充護衞，爲驍騎副都指揮使，領萬户。擊窩斡，戰于花道。大軍未集，查剌在左翼，領六百騎與賊戰，殺賊三千餘人。宗亨、蒲察世傑七謀克戰不利，世傑走查剌軍，賊合圍攻之。查剌圜拒而戰，宗敍軍來援〔七〕，賊乃引去。西過裊嶺，追及於陷泉。賊先犯右翼，查剌迎擊之，賊退走。窩斡募人刺之。僞護衞阿不沙身長有力，奮大刀自後斫查剌，查剌回顧，以箭背擊阿不沙，折其右臂。與紇石烈志寧軍合擊，賊遂大敗。窩斡平，以爲宿直將軍，賜銀三百兩、重綵二十端。丁父憂，以本官起復，襲其父猛安，除蔡州防禦使，改宿州，遷昌武軍節度使，徙鎮邠州。爲賀宋歲元使，射淮上柳樹，矢入其樹飲羽。宋人素聞其名，甚異之。改鳳翔尹，入爲右副點檢，出爲興中尹，改婆速路總管。高麗憚其威名，凡以事至婆速路者，望見而跪之。二十五年〔八〕，爲興平軍節度使，卒官。

查剌貞慤寡言，平居極和易，及臨戰奮勇，見者無不辟易，雖重圍萬衆，出入若無人之境云。

李師雄字伯威，鴈門人也。有材力，喜談兵，慕古之英雄，故名師雄。宋宣和中以騎射登科，累官大名、清平尉。王師至大名，師雄與府僚出降，攝本路兵馬都監。齊國建，以爲大總管府先鋒都統制，知淄州。齊廢，爲汴京馬軍都虞候，歷知寧海軍、曹州刺史。皇統二年，爲武勝軍節度使。正隆末，爲河州防禦使。宋將吴璘軍攻秦、隴，會師雄以事就逮臨洮，宋兵至城下，州人乘城拒守，謀欲出降，師雄止之。宋將權儀鞭馬方上浮橋，師雄射之，墜于橋下，遂擒權儀，宋師退。後從元帥左監軍徒單合喜以兵攻河州，有功。未幾，以疾歸汴，卒。

尼厖古鈔兀，曷速館人。初爲大臭扎也，補元帥府通事。宋將韓世忠率軍數萬圍邳州，鈔兀將輕騎數百與偵人數輩間道往救之，敗敵兵六千。翌日，宋兵復圍下邳，鈔兀復敗之。宋人攻濟州，奪戰艦略盡。是時，鈔兀往宿州，分蒲魯虎軍，還至大河，與敵遇，力戰敗之，盡復戰艦。王師復河南，宋別將由胡陵夜襲孛堇布輝營〔九〕，士卒盡没。鈔兀從東平總管併力戰，却之。元帥府賞以銀幣。鈔兀勇敢，善伺敵虚實，以此屢捷。帥府承制加忠顯校尉，爲蕃部禿里，賜錢萬貫、幣帛三百匹、衣一襲、馬二匹。將之官，河間尹大臭白于元帥，請留鈔兀以給邊事，許之。復賜錢萬貫、銀二百五十兩、重綵三百端、馬三匹。

録功，授慶陽少尹。

海陵將伐宋，而契丹反，召入諭之曰：「汝久在邊陲，屢立戰功。昨遣樞密使僕散忽土、留守石抹懷忠等討契丹，師久無功，已寘諸法。今命汝與都統白彦敬、副統紇石烈志寧進討。」因賜具裝厩馬四疋。鈔兀與彦敬等至北京，未能進。會世宗即位遼陽，鈔兀迎謁，遷輔國上將軍，與都統吾札忽、副統渾坦討窩斡〔一〇〕。鈔兀行至窊歷，與窩斡遇，左軍小却，鈔兀挺槍馳入其陣，手殺二十餘人，賊乃退。元帥僕散忠義自花道追之，鈔兀以前鋒追及于陷泉，遂大敗之。事平，遷西北路招討使，改東北路。

鈔兀與完顔思敬有隙，思敬爲北京留守〔一一〕，奉詔至招討司，鈔兀不出餞。世宗聞之，遣使切責之曰：「卿本大臬扎也，起身細微。受國厚恩，累歷重任，乃以私憾，不餞詔使。當内省自訟，後勿復爾。朕不能再三曲恕汝也。」既而思敬爲平章政事，東北路招討使鈔兀以私取諸部進馬〔一二〕，事覺被逮，將走京師。鈔兀爲人尚氣，次海濱縣，慨然曰：「吾豈能爲思敬辱哉。」遂縊而死。十九年〔一三〕，詔以鈔兀舊功，授其子和尚世襲布輝猛安徒胡眼謀克。

孛术魯定方本名阿海，内吉河人也。材勇絶倫。海陵素聞其名。天德初，召授武義將軍，充護衞。數月，轉十人長，遷宿直將軍，賜予甚厚。尋爲殿前右衞將軍，又三月，擢殿前右副點檢，世襲猛安，改左副點檢。出爲河南尹，改彰德軍節度使。

海陵南伐，定方爲神勇軍都總管。大定二年，宋人陷汝州，河南統軍使宗尹遣定方將兵四千往取之〔一四〕。汝州東南及北面皆山林險阻，不可以騎軍戰。是時，宋兵由鵶路出没，定方至襄城，得敵虚實，遂牒諭汝州屬縣曰：「我率許州戍兵十二萬徑取汝州，爾等可備糧草二十萬，使人揚言欲據要路絶宋兵往來。」既而定方引兵趍鵶路，宋人聞之，果棄城遁去。定方至魯山境，知宋兵已去，遂遣輕騎二百追至布裩叉，擊敗之，遂復汝州。授鳳翔尹。

宋人阻邊，以本職行河南道軍馬副統，率步騎六萬，將由壽州進軍，次亳州。宋李世輔陷宿州，定方從左副元帥志寧戰於城下。時天大暑，定方督戰，馳突敵陣中，出入數四，渴甚，因出陣下馬取水，爲人所害，年四十四。上聞而閔之，詔有司致祭，賻銀五百兩、重綵二十端，贈金紫光禄大夫。

夾谷胡刺〔一五〕，上京宋葛屯猛安人。初在左副元帥撻懶帳下，有戰功，授武德將軍，襲其父謀克。正隆末，山東盜起，胡刺爲行軍猛安討賊，遇賊千五百人於徐州南，敗之。山東路統軍司選諸軍八百人作十謀克，胡刺將之，與驍騎軍皆隸點檢司。行至淮南，海陵遣以騎兵三百二十往揚州，敗宋兵千五百人於宣化鎮。僕散忠義伐宋，胡刺領萬户由泗州進戰，遇敵於宿州，殁于陣，贈鎮國上將軍。

蒲察斡論，上京益速河人，徙臨潢。祖忽土華，父馬孫，俱贈金紫光禄大夫。斡論剛毅有技能。天輔初，以功臣子充護衛，遷左衛將軍、定武軍節度使，召爲右副都點檢。天德初，授世襲臨潢府路曷呂斜魯猛安，改東平尹，賜錢千萬，累除河南尹。海陵伐宋，以本官爲右領軍都監。大定二年，仍爲河南尹，兼河南路都統軍使。宋以萬人據壽安縣，嵩州刺史石抹突刺〔一六〕、押軍萬户徒單賽補以騎兵三百巡邏，遇于縣東，請師於斡論。斡論使猛安完顔鶻沙虎率七百人助之。宋兵多，突刺使士卒下馬，跪而射之。宋兵不能當，走入縣城。突刺進逼之，宋人棄城去，追及于鐵索口，復大敗之，遂復壽安。改北京留守、大定尹，卒官。

夾谷查剌，隆州失撒古河人也。祖不剌速，國初授世襲曷懶兀主猛安、曷懶路總管〔一七〕。父謝奴，官至工部尚書。

查剌狀貌魁偉，善女直、契丹書。天德初，以功臣子充護衛。二年，授武義將軍。未幾，擢符寶郎，凡再考，出爲灤州刺史，改知平定軍事。海陵南征，爲武威軍副都總管。軍還，大定二年，授景州刺史，遷同知京兆尹。

時彰化軍節度使宗室璋等與宋將吴璘相拒於德順州，元帥左都監徒單合喜遣查剌與諸將議破敵策。璋等議曰：「我兵雖屢勝，而敵兵不退者，知我軍少故也。須都監親至，方可破敵。」於是合喜領兵四萬至，遂下德順州。入爲殿前右衛將軍，襲父猛安，改左衛將軍，遷右副點檢。有疾，丞相良弼視之，謂所親曰：「此人國器也。他人有疾，吾未嘗往焉。」九年，出爲東北路招討使兼德昌軍節度使，仍賜金帶。到官，治有勤績，邊境以安。其斷獄公平，道不拾遺。遷臨潢尹兼本路兵馬都總管，蕃部畏服。改西北路招討使。上遣使宣諭曰：「今諸部初附，命汝撫綏，當使治聲達於朕聽。」大定十二年卒。

查剌性忠實，内明敏，每論大事，超越倫輩。太師勗嘗曰：「查剌不學而知，方之古人，如此者鮮矣。」

贊曰：陷泉之捷，震雹煒煒。符離之克，我勢攸赫。隴、坻搖㩃〔一八〕，淮、過鈎䤥成矣。故列敍諸將之功焉。

校勘記

〔一〕烏延蒲离黑　「蒲离黑」，原作「蒲里黑」，係同音異譯，今據北監本、殿本改，與傳文統一。

〔二〕天眷元年置行臺省於汴　按，本書卷四熙宗紀，天會十五年十一月丙午，「置行臺尚書省于汴」。

〔三〕以問梁球梁球對不以實　「梁球」，上下文作「梁銶」。本書二名互見，未知孰是。

〔四〕十年進拜太尉尚書令　「十年」，原作「九年」，據局本改。按，本書卷六世宗紀上，大定十年正月「甲戌，以司徒、御史大夫李石爲太尉、尚書令」。

〔五〕以太保致仕進封廣平郡王　本書卷六四后妃傳下世宗元妃李氏傳稱李石爲「南陽郡王」。

〔六〕趣有司按問　「按」，原作「拯」，據局本改。

〔七〕宗敍軍來援　「宗敍」，原作「宗亨」。按，本書卷一三三叛臣移剌窩斡傳，「賊渡河，以兵四萬餘先犯左翼軍，（中略）宗亨、世傑七謀克指畫失宜，陣亂敗于賊。（中略）宗敍以右翼軍來救，賊乃去」。卷七一宗敍傳、卷八七僕散忠義傳記載略同。今據改。

〔八〕二十五年　按，上當有「大定」二字。

〔九〕宋別將由胡陵夜襲孛堇布輝營　「由」，原作「田」，據永樂大典卷一〇八八九「尼厖古鈔兀」條改。

〔一〇〕副統渾坦討窩斡　「坦」字原脱。按，本書卷六世宗紀上，大定元年十一月「癸未，遣權元帥左都監吾札忽、右都監神土懣、廣寧尹僕散渾坦討契丹諸部」。又卷七一吾扎忽傳，大定初，「與廣寧尹僕散渾坦俱從元帥右都監神土懣解臨潢之圍」。今據補。「副統」，本書卷八二僕散渾坦傳記此事作「行軍都統」。

〔一一〕思敬爲北京留守　「北京」，原作「東京」。按，本書卷六世宗紀上，大定三年五月「乙卯，以北京留守完顏思敬復爲右副元帥」；七年十二月「甲辰，以北京留守完顏思敬爲平章政事」。卷七〇思敬傳，大定「三年四月，召還京師，以爲北京留守」。今據改。

〔一二〕東北路招討使鈔兀以私取諸部進馬　「東」字原脱，據上文補。

〔一三〕十九年　按，上當有「大定」二字。

〔一四〕河南統軍使宗尹遣定方將兵四千往取之　按，本書卷七三宗尹傳，汝州之役宗尹時任「河南路副都統」。

〔一五〕夾谷胡剌　「夾谷」，原作「夾古」，爲同音異譯，今與本卷卷目統一。按，本書卷五五百官志一白號之姓所列亦作「夾谷」。又，下文「夾谷查剌」、「夾谷」亦原作「夾古」，今並統一。

〔一六〕嵩州刺史石抹突剌　「石抹突剌」，本書卷六世宗紀上大定二年二月丙辰作「石抹朮突剌」。

〔一七〕曷懶路總管　本書卷八一夾谷謝奴傳作「曷懶路都統」。

〔一八〕隴坻搉㩧　「搉㩧」，原作「爆搉」，局本作「㩧搉」。按，文選張衡西京賦云「流鏑搉㩧」，今據改。

金史卷八十七

列傳第二十五

紇石烈志寧　僕散忠義　徒單合喜

紇石烈志寧本名撒曷輦，上京胡塔安人。自五代祖太尉韓赤以來，與國家世爲甥舅。父撒八，海陵時賜名懷忠，爲泰州路顔河世襲謀克，轉猛安，嘗爲東平尹、開遠軍節度使。志寧沉毅有大略，娶梁王宗弼女永安縣主，宗弼於諸壻中，最愛之。皇統間，爲護衛。海陵以爲右宣徽使，出爲汾陽軍節度使，入爲兵部尚書，改左宣徽使、都點檢，遷樞密副使，開封尹。

契丹撒八反，樞密使僕散忽土、北京留守蕭賾、西京留守蕭懷忠皆以征討無功，坐誅。於是，志寧爲北面副統〔一〕，與都統白彦敬，以北京、臨潢、泰州三路軍討之。志寧至北京，而海陵伐宋已渡淮。彦敬、志寧聞世宗有異志，乃陰結會寧尹完顏蒲速賚、利涉軍節度使獨吉義，將攻之。而世宗已即位，使石抹移迭、移剌曷補來招，彦敬、志寧殺其使者九人。世宗使完顏謀衍來伐，衆不肯戰，乃與彦敬俱降。世宗問曰：「正隆暴虐，人望既絶，朕以太祖之孫即大位。汝殺我使者，又不能爲正隆死節，恐爲人所圖，然後來降。朕今殺汝等，將何辭？」彦敬未有以對，志寧前奏曰：「臣等受正隆厚恩，所以不降，罪當萬死。」上曰：「汝輩初心亦可謂忠於所事，自今事朕，宜勉忠節。」

世宗使扎八招窩斡，扎八乃勸之，遂稱帝。世宗使右副元帥完顏謀衍征之，志寧以臨海節度使，都統右翼軍。窩斡敗于長濼，西走，志寧追及于霿𩄼河。賊已先渡，依岸爲陣，毁橋岸以爲阻。志寧與賊夾河，爲疑兵，與萬户夾谷清臣、徒單海羅於下流涉渡。已渡，前有支港岸斗絶，其中泥濘，乃束柳填藉，士卒畢濟。行數里，得平地，將士方食，賊奄至。賊據南岡，三馳下志寧陣。陣堅，力戰，流矢中左臂，戰自若。賊據上風縱火，乘煙勢馳擊。志寧步軍繼至，轉戰十餘合，火益熾，風煙突人不可當。會雨作，風煙乃熄，遂奮擊，大破之。於是，元帥謀衍、右監軍福壽不急擊賊，久無功，右丞僕散忠義請自討賊，而志寧擊賊有功，上以忠義代謀衍，志寧代福壽，封定國公，使蒲察通至軍中宣諭之。賊略懿州界，陷靈山、同昌、惠和三縣〔二〕，睥睨北京。會土河水漲，賊不得渡，乃西趨三韓縣。志寧方追躡之，元帥忠義與賊遇于花道，軍頗失利，賊見志寧踵其後，不敢乘勝，遂西走。是時，大軍馬瘦弱，不堪追襲，諸將欲止軍勿追。志寧獲賊候人，知賊自選精鋭，與老小輜重分道，期山後會集，可擊其輜重。忠義以爲然，遂過移馬嶺，進及裊嶺西陷泉。賊見左翼據南岡爲陣，不敢犯。右翼萬户烏延查剌擊賊少却，志寧與夾谷清臣等擊之，賊衆大敗，涉水走。窩斡母徐輦舉營由落括岡西去，志寧追及之，盡獲其輜重，俘五萬餘人，雜畜不可勝計。僞節度使六，及其部族皆降。窩斡走奚中，至七渡河，志寧復敗之。賊過渾嶺，入于奚中。志寧獲賊將稍合住，釋弗殺，許以官賞，縱之歸，約以捕窩斡自效。稍合住既去，見窩斡，祕不言見獲事，乃反間奚人于窩斡曰：「陷泉失利，奚人有貳志，不可不察。」當是時，窩斡屢敗，其下亦各有心，稍合住乃與賊帥神獨斡執窩斡，詣右都監完顔思敬降。志寧與萬户清臣、宗寧、速哥等，追捕餘黨至燕子城，盡得所畜善馬，因至抹拔里達之地，悉獲之。逆黨既平，入朝爲左副元帥，賜以玉帶。

經略宋事，駐軍睢陽，都元帥忠義居南京，節制諸軍。宋將黄觀察據蔡州，楊思據潁昌。志寧使完顔王祥復取蔡州，黄觀察遁去。完顔襄攻潁州，拔之，獲楊思。乃移牒宋樞密使張浚，使依皇統以來舊式，浚復書曰：「謹遣使者至麾下議之。」是時，宋得窩斡黨人括里、扎八，用其謀攻靈壁、虹縣，都統奚撻不也叛入于宋，遂陷宿州。括里等謀曰：「北人恃騎射，戰勝攻取。今夏月久雨，膠解，弓不可用。」故李世輔與之來攻宿州。歸德尹朮甲撒速、宿州防禦使烏林荅剌撒、萬户温迪罕速可、裴滿婁室，不守約束，不肯堅壁俟大軍，輒出與戰，由是軍敗，城陷。剌撒嘗遣人入宋界貿易，交通李世輔，受其賂遺，久之，事覺，伏誅。謀克賽一坐故知不舉，除名。撻不也母斡里懶，緣坐當死，上曰：「撻不也背國棄母，殺之何益？朕閔其老。」遂原其死。詔撒速、剌撒、速可、婁室各杖有差，撒速、剌撒仍解職。世輔自以爲得志，日與括里、扎八置酒高會。志寧以精兵萬人，發自睢陽，趨宿州，中使來督軍，志寧附奏曰：「此役不煩聖慮，臣但恐世輔遁去耳。」世輔聞志寧軍止萬人，甚易之，曰：「當令十人執一人也。」括里等問候人所見上將旗幟，知是志寧，謂世輔曰：「此撒合輦監軍也，軍至萬人，慎毋輕之。」大定三年五月二十日，志寧將至宿州〔三〕，乃令從軍盡執旗幟，駐州西爲疑兵，三猛安兵駐州南。志寧自以大軍，駐州東南，阨其歸路。世輔望見州西兵旌旗蔽野，果謂大軍在州西，而謂東南兵少不足慮，先擊之。以步騎數萬，皆執盾，背城爲陣，外以行馬捍之。使別將將兵三千，出自東門，欲自陣後攻志寧軍，萬户蒲查擊敗之。右翼萬户夾谷清臣爲前行，撤毁行馬，短兵接戰，世輔軍亂，諸將乘之，追殺至城下。是夕，世輔盡按敗將，將斬之，其統制常吉懼而來奔，盡得城中虚實。明日，世輔悉兵出戰，騎兵居前，志寧使夾谷清臣當之。世輔別將以五六千騎爲一隊，與清臣遇，清臣踵擊之，宋將不能反旆。志寧麾諸軍力戰，世輔復大敗，走者自相蹈藉，僵尸相枕，爭城門而入，門填塞，人人自阻，遂緣城而上，我軍自濠外射之，往往墮死於隍間，殺騎士萬五千，步卒三萬餘人。世輔乘夜脱走。明日，夾谷清臣、張師忠追及世輔，斬首四千餘，赴水死者不可勝計，獲甲三萬，他兵仗甚衆。上以御服金線袍、玉吐鶻、賓鐵佩刀，使移剌道就軍中賜之。凡有功將士，猛安、謀克並如陝西遷賞，蒲輦進官三階、重綵三端、絹六匹，旗鼓笛手、吏人各賜錢十貫。詔志寧曰：「卿雖年少，前征契丹戰功居最，今復破大敵，朕甚嘉之。」

宋人議和不能決，都元帥僕散忠義移軍泰和，志寧移軍臨涣，遂渡淮，徒單克寧取盱眙、濠、廬、和、滁等州。宋人懼，乃決意請和，使者六七往反，議遂定，宋世爲姪國，約歲幣二十萬兩、匹，魏杞奉誓書入見，復通好。志寧還軍睢陽，上以御服、玉佩刀、通犀御帶賜之。詔曰：「靈壁、虹縣、宿州兵士死者，朕寔閔焉。宜歸葬鄉里，官爲齎送，人賻錢三十貫。」鳳翔尹孛朮魯定方以下猛安謀克，官爲致祭。定方賻銀五百兩、重綵二十端，猛安三百貫，謀克二百貫，蒲里衍一百貫，權猛安二百貫，權謀克一百五十貫，權蒲里衍七十貫。

五年三月，忠義朝京師，志寧駐軍南京。五月，志寧召至京師，拜平章政事，左副元帥如故。志寧復還軍，賜玉束帶，上曰：「卿壯年能立功如此，朕甚嘉之。南服雖定，日月尚淺，須卿一往規畫。」六年二月，志寧還京師，拜樞密使。七年十一月八日，皇太子生日，宴羣臣於東宮，志寧奉觴上壽，上悦，顧謂太子曰：「天下無事，吾父子今日相樂，皆此人力也。」使太子取御前玉大杓酌酒，上手飲志寧，即以玉杓及黄金五百兩賜之。以第十四女下嫁志寧子諸神奴。八年十月，進幣，宴百官于慶和殿。皇女以婦禮謁見，志寧夫婦坐而受之，歡飲終日，夜久乃罷。九年，拜右丞相。十一年，代宗敍北征。既還，遣使者迎勞，賜以弓矢、玉吐鶻。入見，上慰勞良久。是日，封廣平郡王，復遣使就第慰勞之。皇太子生日，宴羣臣於東宮，以玉帶賜志寧，上曰：「此梁王宗弼所服者，故以賜卿。」郊祀覃恩，從征護衛，皆有賜，進封金源郡王。

十二年，志寧有疾，中使看問，日三四輩，疾亟，賜金丹三十粒，詔曰：「此丹未嘗以賜人也。」使者至，志寧已不能言，但稽首而已。是歲，薨。上輟朝，臨其喪，行哭而入，哀動左右。將葬，上致祭，見陳甲柩前，復慟哭之。賻銀千五百兩、重綵五十端、絹五百匹，葬事祠堂，皆從官給，謚武定。十五年，圖像衍慶宫。

志寧妻永安縣主妬甚，嘗殺孕妾，及志寧薨後，諸神奴兄弟皆病亡，世宗甚惜之，遣使諭永安縣主曰：「丞相有大功三，先朝舊臣，惟秦、宋二王功大，餘不及也。今養其孽子，當如親子視之。」二十二年，上問宰臣：「僕散忠義、紇石烈志寧孰愈？」尚書左丞襄奏曰：「忠義兵權精緻，此其所長也。」上曰：「不然。志寧臨敵，身先士卒，勇敢之氣自太師梁王未有如此人者也。」明昌五年，配享世宗廟廷。

僕散忠義本名烏者，上京拔盧古河人，宣獻皇后姪，元妃之兄也。高祖斡魯補。曾祖班覩。祖胡闌。父背魯，國初世襲謀克，婆速路統軍使，致仕。

忠義魁偉，長髯，喜談兵，有大略。年十六，領本謀克兵，從宗輔定陝西，行間射中宋大將，宋兵遂潰，由是知名。帥府録其功，承制署爲謀克。宗弼再取河南，表薦忠義爲猛安。攻冀州先登，攻大名府以本部兵力戰，破其軍十餘萬，賞以奴婢、馬牛、金銀、重綵。從宗弼渡淮攻壽、廬等州，宗弼稱之曰：「此子勇略過人，將帥之器也。」賞馬五匹、牛一百五十頭、羊五百口，領親軍萬户，超寧遠大將軍，承其父世襲謀克。

皇統四年，除博州防禦使，公餘學女直字，及古筭法，閱月，盡能通之。在郡不事田獵、燕游，以職業爲務，郡中翕然稱治。忽一夕陰晦，囚徒謀爲反獄，倉猝間，將校皆惶駭失措，忠義從容，但使守更吏撾鼓鳴角，囚徒以爲天且曉，不敢出，自就桎梏。及考，郡民詣闕願留，詔從之。八年，改同知真定尹，兼河北西路兵馬都總管，遷西北路招討使，入爲兵部尚書。

僕散忽土嘗與海陵篡立，恃勢陵傲同列，忠義因會飲衆辱之，海陵不悦，出爲震武軍節度使。火山賊李鐵槍乘暑來攻，忠義單衣從一騎迎擊之，射殺數人，賊乃退。改臨洮尹，兼熙秦路兵馬都總管。海陵召至京師謂之曰：「洮河地接吐蕃、木波，異時剽害良民，州縣不能制。汝宿將，故以命汝。」賜條服、玉具、佩刀。閱再考，徙平陽尹，再徙濟南尹。以本官爲漢南路行營副統制，伐宋，克通化軍。

世宗立，海陵死揚州，罷兵入朝京師，拜尚書右丞。移剌窩斡僭號，兵久不決。右副元帥完顏謀衍既敗之于霿䨴河，乃擁衆，貪鹵掠，不追討，而縱其子斜哥暴横軍中，士卒不用命。賊得水草善地，官軍踵其遺餘，水草乏，馬益弱，賊軼出山西，久無功。忠義請曰：「契丹小寇，不時殄滅，致煩聖慮。臣聞主憂臣辱，願效死力除之。」世宗大悦。即召還謀衍，勒歸斜哥本貫。拜忠義平章政事，兼右副元帥，封榮國公，賜以御府貂裘、賓鐵吐鶻、弓矢大刀、具裝對馬及安山鐵甲、金牌，詔曰：「軍中將士有犯，連職之外並以軍法從事，有功者依格遷賞。」詔諸將士曰：「兵久駐邊陲，蠹費財用，百姓不得休息。今以右丞忠義爲平章政事、右副元帥，宜同心勠力，無或弛慢。」

忠義至軍，賊陷靈山、同昌、惠和等縣，陣而西行。忠義追之，及于花道，宗亨爲左翼，宗敍爲右翼，與賊夾河而陣。賊渡河，先攻左翼，偏敗，右翼救之，賊引去。窩斡乃以精鋭自隨，以羸兵護其母妻輜重由別道西走，期於山後會集。追復及于裊嶺西陷泉。與賊遇，時昏霧四塞，跬步莫覩物色，忠義禱曰：「狂寇肆暴，殺戮無辜，天不助惡，當爲開霽。」莫已，昏霧廓然。及戰，忠義左據南岡，爲偃月陣，右迤而北，大敗之，獲其弟裊，俘生口三十萬，獲雜畜十餘萬，車帳金珍以鉅萬計，悉分諸軍。賊走趨奚地，遣將追躡，至七渡河，又敗之。既踰渾嶺，復進軍襲之，望風奔潰，遁入奚中，降者相屬於路。詔忠義曰：「卿材能素著，果能大破賊衆，朕甚嘉之。今遣勞卿，如朕親往。賜卿御衣及骨睹犀具佩刀、通犀帶等。就以俘獲，均散軍士。」窩斡既敗，遂入于奚中。高忠建敗奚于栲栳山，移剌道取抹白諸奚之家，抹白奚乃降，窩斡勢益弱。紇石烈志寧獲賊將稍合住，縱之使歸，約以捕窩斡自贖，仍許以官賞。稍合住與其黨執窩斡詣完顏思敬降。契丹平。忠義朝京師，拜尚書右丞相，改封沂國公，以玉帶賜之。

自海陵遇弒，大軍北還，而窩斡鴟張，命將徂征。及窩斡敗，其黨括里、扎八奔入于宋，宋人用其謀，侵掠邊鄙，攻取泗、壽、唐、海州。於是，宋主傳位于宗室子眘，是爲宋孝宗，雖嘗遣使來，而欲用敵國禮。世宗以紇石烈志寧經略宋事，制詔忠義以丞相總戎事，居南京節制諸將，時大定二年也。

忠義將行，陛辭，上諭之曰：「彼若歸侵疆，貢禮如故，則可罷兵。」既至南京，簡閱士卒，分屯要害，戒諸將嚴守備。使左副元帥志寧移牒宋樞密使張浚，其略曰：「可還所侵本朝内地，各守自來畫定疆界，凡事一依皇統以來舊約，帥府亦當解嚴。如必欲抗衡，請會兵相見。」宋宣撫使張浚復書志寧曰：「疆埸之一彼一此，兵家之或勝或負，何常之有，當置勿道。謹遣官寮，敬造麾下議之。」是時，已復泗、壽、鄧州，請隳其城，遷其民于宿、亳、蔡州，上曰：「三州本吾土也，得之則已。」忠義使將士擇善水草休息，且牧馬，俟來歲取淮南。初，世宗詔諸將由泗、壽、唐鄧三道進發，宋人聞之，即自方城、葉縣以來田野皆燒夷之，使無所芻牧。忠義命唐、鄧道軍芻牧許、汝間。

三年，忠義入奏事，遂以丞相兼都元帥。無何，還軍中。忠義與宋相持日久，慮夏久雨，弓力易減，宋或乘時見攻，豫選勁弓萬張於別庫。及自汴赴闕議事，次濬州，宋將李世輔果掩取靈壁、虹縣，遂陷宿州。忠義使人還汴，發所貯勁弓給志寧軍，與宋人戰，遂大捷，竟復宿州。忠義還，以書責宋。宋同知樞密院事洪遵、計議官盧仲賢，遣使二輩持與志寧書及手狀，歸海、泗、唐、鄧州所侵地，約爲叔姪國。報書期十一月使入境，宋又使人來言，禮物未備，請俟十二月行成。忠義以其事馳奏，請定書式，且言宋書如式，則許其入界，如其不然，勢須遣還本國，復稟其主，若是往復，動經七八十日，恐誤軍馬進取。世宗以詔諭之曰：「若宋人歸疆，歲幣如昔，可免奉表稱臣，許世爲姪國。」忠義乃貽書宋人，前後凡七，宋人他託未從。忠義移大軍壓淮境，遣志寧率偏師渡淮，取盱眙、濠、廬、和、滁等州，宋人懼。而世宗意天下厭苦兵革，思與百姓休息，詔忠義度宜以行。

四年正月，忠義使右監軍宗敍入奏，將近暑月，乞俟秋涼進發。詔從之〔四〕。宋使胡昉以右僕射湯思退書來，宋稱姪國，不肯加世字。忠義執昉留軍中，荅其書，使使以聞。詔曰：「行人何罪，遣胡昉還國。邊事從宜措畫。」八月，詔忠義曰：「前請俟秋涼進發，今已八月，復俟何時？」先是，忠義乞增金、銀牌，上曰：「太師梁王兼數職，未嘗增也。」至是增都元帥金牌一、銀牌二十，左右副元帥金牌各一、銀牌各十，左右監軍金牌各一、銀牌各六，左右都監金牌各一、銀牌各四，三路都統府銀牌各二。乃定南界官員、百姓歸附遷賞格。

元帥府獲宋諜人符忠。忠前嘗至中都，大興府官詰問，忠執文據，及與泗州防禦判官張德亨知識，由是獲免，厚謝德亨，德亨受之。忠具款服，乃奏其事于朝，於是，大興少尹王全解職，德亨除名。和議始于張浚，中更洪遵、湯思退，及徒單克寧敗宋魏勝于十八里莊，取楚州，世宗下詔進師，於是宋知樞密院周葵、同知樞密院事王之望書一一如約，和議始定。宋遣試禮部尚書魏杞，崇信軍承宣使康湑，充通問國信使，取到宋主國書式，并國書副本，宋世爲姪國，約歲幣爲二十萬兩、匹，國書仍書名再拜，不稱「大」字。大定五年正月，魏杞、康湑入見，其書曰：「姪宋皇帝眘，謹再拜致書于叔大金聖明仁孝皇帝闕下。」魏杞還，復書「叔大金皇帝」不名，不書「謹再拜」，但曰「致書于姪宋皇帝」，不用尊號，不稱闕下。和好已定，罷兵，詔天下。以左副都點檢完顏仲爲報問國信使，太子詹事楊伯雄副之。

忠義奏官軍一十七萬三千三百餘人，留馬步軍一十一萬六千二百屯戍。上曰：「今已許宋講好，而屯戍尚多，可除舊軍外，選馬一萬二千，阿里喜稱是，步軍虞候司軍共選一萬五千，及簽軍一萬，與舊軍通留六萬。富强丁多者摘留，貧難者阿里喜官給，富者就用其奴。其存留馬步軍於河北東西、大名府、速頻、胡里改、會寧、咸平府、濟州、東京、曷速館等路軍內，約量揀取。其西南、西北招討司，臨潢府、泰州、北京、婆速、曷懶、山東東西路，並行放還。」詔近侍局使裴滿子寧佩金牌，護衛醜底、符寶祗候駞滿回海佩銀牌，諭諸路將帥，以宋國進到歲幣銀絹二十萬兩、匹，盡數給與見存留及放散軍充賞。曾過界者，人給絹二匹、銀二兩，不曾過界者銀二兩、絹一匹。阿里喜絹一匹。謀克倍軍人，猛安倍謀克。押軍猛安謀克年老有勞績者，量與除授。又詔曰：「其令一路全罷者，先發遣之。」賜忠義玉束帶。三月，詔曰：「如大軍已放還，丞相忠義宜先還，左副元帥志寧、右監軍宗敍留駐南京，餘官非急用者並勒還任。」

忠義朝京師，上勞之曰：「宋國請和，偃兵息民，皆卿力也。」拜左丞相，兼都元帥。大定初，事多權制，詔有司删定，上謂宰臣曰：「凡已奏之事，朕嘗再閲，卿等毋懷懼。朕於大臣，豈有不相信者？但軍國事，不敢輕易，恐或有誤也。」忠義對曰：「臣等豈敢竊意陛下，但智力不及耳。陛下留神萬幾，天下之福也。」

大定六年正月，忠義有疾，上遣太醫診視，賜以御用藥物，中使撫問，相繼於道。是月，薨〔五〕。上親臨哭之慟，輟朝奠祭，賻銀千五百兩、重綵五十端、絹五百匹。世宗將幸西京，復臨奠焉。命參知政事唐括安禮護喪事，凡葬祭從優厚，官爲給之。大宗正丞竟充勑祭使，中都轉運副使王震充勑葬使，百官送葬，具一品儀物，建大將旗鼓，送至墳域。謚武莊。

忠義動由禮義，謙以接下，敬儒士，與人極和易，侃侃如也。善御將士，能得其死力。及爲宰輔，知無不言。自漢、唐以來，外家多緣恩戚以致富貴，又多不克其終，未有兼任將相，功名始終如忠義者。十一年，詔曰：「故左丞相忠義族人，及昭德皇后親族，人材可用者，左副點檢烏古論元忠體察以聞。」二十一年，上思忠義功，勒銘墓碑。泰和元年，圖像衍慶宫，配享世宗廟廷。子揆，别有傳。

徒單合喜，上京速蘇海水人也。父蒲涅，世襲猛安。合喜魁偉，膂力過人，一經聞見，終身不忘。天輔間，從金源郡王婁室爲扎也，甚愛之。天會六年，以功爲謀克，尋領婁室親管猛安。元帥府聞其才，命權左翼軍事。皇統二年，爲隴州防禦使。以兵十五人敗宋兵二百於高陵，以兵五百人敗宋兵二千於秦州，以兵八百人敗宋兵三千五百於鳳翔。以二謀克拒饒風關，宋兵二千來奪其關口，奮擊敗之，諸軍乃得過險。遷平涼尹，再徙臨洮、延安尹。是時，關、陝以西，初去兵革，百姓多失業，合喜守之以靜，民多還歸者。天德二年，爲元帥左都監，陝西統軍使。貞元二年，以本官兼河中尹。正隆六年，爲西蜀道兵馬都統。

世宗即位，以手詔賜合喜曰：「岐國失道，殺其母后，橫虐兄弟，流毒兆庶。朕惟太祖創業之艱難，勉膺大位。卿之子弟皆自軍中來歸，卿國家舊臣，豈不知天道人事？卿軍不多，未宜深入，當領軍屯境上。陝右重地，非卿無能措畫者。俟兵革既定，即當召卿，宜自勉之。」大定二年，復爲陝西路統軍使。未幾，改元帥右都監。表陳伐宋方略，詔許以便宜從事。轉左都監。破宋兵于華州。

是時，宋吴璘侵古鎮，分據散關、和尚原、神叉口、玉女潭、大蟲嶺、石壁寨、寶雞縣，兵十餘萬，陷河州、鎮戎軍。合喜乞濟師，詔以河南兵萬人益之。合喜遣丹州刺史赤盞胡速魯改以兵四千守德順，吴璘以二十萬人圍之。統軍都監石抹迭勒將兵萬人，破宋兵于河州，還過德順，駐兵平涼，求益兵于合喜，以解德順之圍。合喜遣萬户完顔習尼列、大良順，寧州刺史顔盞門都各將本部兵，合二萬人，以順義軍節度使烏延蒲离黑統押之，與迭勒會。吴璘聞之，使偏將將兵五千人來迎，前鋒特里失烏也、奚王和尚擊敗之，追至德順城南小溪邊，璘自將大軍蔽岡阜而出，烏也等馳擊之，迭勒、蒲离黑繼至，併力戰，日已暮，兩軍不相辨，乃解。已而，璘報云：「宋主遣使至，兩國講和，請各罷兵。」璘遂遁去。蒲离黑亦引軍還。自宋兵圍城，至是凡四十餘日乃解。

初，德順在圍中，押軍猛安温敦蒲里海身先士卒，力戰未嘗少挫，及救兵至，圍解，蒲里海之功爲多。頃之，吴璘復來犯陝西州郡，兵十餘萬。詔以兵七千益合喜兵，號二萬人，慶陽尹烏延蒲轄奴、延安尹高景山分領之。彰化軍節度使璋、通遠軍節度使烏延吾里補、寧州刺史移剌高山奴、京兆少尹宗室泥河、恩州刺史完顔謀良虎，皆備軍前任使。宋人驅率商、虢及華山、南山之民五萬人，來圍華州。押軍萬户裴滿挼剌欲堅壁守之，猛安移剌沙里剌曰：「宋兵雖多，半是居民，不習戰，不如擊之。」於是挼剌以騎兵千人敗宋前鋒，追至其大軍，亦敗之〔六〕，斬首五千餘級。已而，璋敗宋姚良輔軍于原州，宋戍軍自寶雞以西，至于大蟲嶺，皆自散關遁去。

頃之，吴璘聞赤盞胡速魯改〔七〕、烏延蒲里黑軍已去德順，率兵號二十萬，復據德順，陷鞏州、臨洮府。臨洮少尹紇石烈騷洽死之，詔贈官一階，賜錢五百貫。合喜以璋權都統，習尼列權副統，將兵二萬攻之。連戰，宋兵雖敗，璘恃其衆，不肯去，分其兵之半，守秦州。合喜乃自行，駐水洛城，東自六盤山，西抵石山頭，分兵守之，當德順、秦州之兩間，斷其餉道，璘乃引去。

都統璋、副統習尼列邀擊宋經略使荆皋，自上八節至甘谷城，殺數千人。習尼列擒宋將朱永以下將校十二人。宋張安撫守德順，亦棄城遁，胡速魯改邀擊之，所殺過半，擒將校十餘人，遂復德順州。宋之守秦州者，亦自退。高景山定商、虢，宗室泥河取環州。於是，臨洮、鞏、秦、河、隴、蘭、會、原、洮、積石、鎮戎、德順、商、虢、環、華等州府一十六，盡復之，陝西平。詔書奬諭，賜以玉帶。詔陝西將士，猛安，階昭毅以下遷兩資，昭武以上遷一資。謀克，階六品以下遷兩資，五品以上遷一資。押軍猛安，階昭武以上者遷一資，昭毅以下，武義以上遷兩資，昭信以下，女直人遷宣武，餘人遷奉信，無官者，女直人授敦信，餘人授忠武。押軍謀克，武功以下、忠顯以上遷兩資，忠勇以下，女直人遷昭信，餘人遷忠顯，無官者，女直人授忠顯，餘人授忠翊。正軍，有官者遷一資，無官者授兩資。猛安賞銀五十兩、重綵五端、絹十匹，權、正同之。正軍人給錢三十貫，阿里喜十貫。戰没軍官、軍士、長行，贈官賜錢有差。

五年，置陝西路統軍使，兼京兆尹。元帥府移治河中府。統軍使璋朝辭，上曰：「合喜年老，以陝西軍事委卿，凡鎮防利害，可訪問合喜也。」七年，入爲樞密副使，改東京留守，賜以衣帶、佩刀，詔曰：「卿年老，以此職優佚，宜勉之。」九年，入爲平章政事，奏睿宗收復陝西功數事，上嘉納之，藏之祕府。封定國公。

十年，薨〔八〕。上方擊毬，聞訃遂罷。有司致祭，備禮以葬。賻銀一千二百五十兩及重綵幣帛。二十一年，上念其功，遷其孫三合武功將軍，授世襲本猛安曷懶若窟申謀克。泰和元年，配享世宗廟廷。

贊曰：大定之初，兵連於江、淮，難作於契丹，謀衍挾功，窩斡横噬，有弗戢之畏焉。世宗獨斷，召還謀衍，僕散忠義受任責成矣。故曰，「兵主於將，將賢則士勇」，其此之謂邪。紇石烈志寧有言，「受詔征伐，則不敢辭，爲宰相則誠不能」。如知爲相之難，固所謂賢也。秦、隴之兵，殆哉岌岌乎。徒單合喜料敵應變若此之審，亦難矣哉。

校勘記

〔一〕志寧爲北面副統　「北面」，原作「西北面」。按，本書卷五海陵紀，正隆六年八月壬寅，「以樞密副使白彦恭爲北面兵馬都統，開封尹紇石烈志寧副之，中都留守完顔彀英爲西北面兵馬都統，西北路招討使唐括孛古的副之，討契丹」。又卷一三三叛臣移剌窩斡傳，「白彦恭爲北面兵馬都統，紇石烈志寧副之，完顔彀英爲西北面兵馬都統，西北路招討使唐括孛姑的副之，以討撒八等」。今據改。

〔二〕陷靈山同昌惠和三縣　「惠和」，原作「慶和」，據局本改。按，金無「慶和縣」。本書卷二四地理志上北京路有惠和縣。本卷僕散忠義傳，「忠義至軍，賊陷靈山、同昌、惠和等縣」。又卷七二謀衍傳，「謀衍貪鹵掠，不復追，以故敵得縱去，遂涉懿州界，陷靈山、同昌、惠和等縣，窺取北京」。

〔三〕大定三年五月二十日志寧將至宿州　「大定三年」四字原脱。按，本書卷六世宗紀上，大定三年五月癸丑，「左副元帥紇石烈志寧復取宿州」。卷九四夾谷清臣傳，大定「三年五月，從志寧復取宿州」。今據補。

〔四〕四年正月忠義使右監軍宗敍入奏將近暑月乞俟秋涼進發詔從之　按，正月，「宗敍入奏，將近暑月，乞俟秋涼進發」，與時令不符，此事繫於「正月」當有誤。又下文宋胡昉使金軍之事，本書卷六世宗紀上正繫於大定四年正月，則宗敍入奏之事當在其後，疑此處記事時序顛倒。

〔五〕是月薨　「是月」，承上文即是「正月」。本書卷六世宗紀上記僕散忠義薨在大定六年二月丁亥。

〔六〕追至其大軍亦敗之　「之」字原脱，據文義補。

〔七〕赤盞胡速魯改　「胡速魯改」，原作「速魯改」。按，上文「合喜遣丹州刺史赤盞胡速魯改以兵四千守德順」。又本書卷六世宗紀上，大定二年十月壬辰，「丹州刺史赤盞胡速魯改敗宋兵于德順州」。卷六五始祖以下諸子斡者傳附孫璋傳記此事亦作「赤盞胡速魯改」。今據補。下文「胡速魯改」同改。

〔八〕十年薨　本書卷六世宗紀上繫其事於大定十一年六月甲子。

金史卷八十八

列傳第二十六

紇石烈良弼　完顏守道本名習尼列〔一〕　石琚　唐括安禮　移剌道本名趙三　子光祖

紇石烈良弼，本名婁室，回怕川人也。曾祖忽懶。祖忒不魯。父太宇，世襲蒲輦，徙宣寧。天會中，選諸路女直字學生送京師，良弼與納合椿年皆童丱，俱在選中。是時，希尹爲丞相，以事如外郡，良弼遇之途中，望見之，嘆曰：「吾輩學丞相文字，千里來京師，固當一見。」乃入傳舍求見，拜於堂下。希尹問曰：「此何兒也？」良弼自贊曰：「有司所薦學丞相文字者也。」希尹大喜，問所學，良弼應對無懼色。希尹曰：「此子他日必爲國之令器。」留之數日。年十四，爲北京教授，學徒常二百人，時人爲之語曰：「前有谷神，後有婁室。」其從學者，後皆成名。年十七，補尚書省令史。簿書過目，輒得其隱奥。雖大文牒，口占立成，詞理皆到。時學希尹之業者稱爲第一。除吏部主事。

天德初，累官吏部郎中，改右司郎中，借秘書少監爲宋主歲元使。是時，納合椿年爲參知政事，薦良弼才出己右，用是爲刑部尚書〔二〕，賜今名。丁父憂，以本官起復。海陵嘗曰：「左丞相張浩練達事務，而頗不實。刑部尚書婁室言行端正，無所阿諂。」因謂椿年曰：「卿可謂舉能矣。常人多嫉勝己者，卿舉勝於己者，賢於人遠矣。」改侍衞親軍馬步軍都指揮使。良弼音吐清亮，海陵詔諭臣下，必令良弼傳旨，聞者莫不聳動，以故常被召問。不踰年，拜參知政事，進尚書右丞，賜佩刀入宫，轉左丞。海陵伐宋，良弼諫不聽，以爲右領軍大都督。海陵在淮南，詔良弼與監軍徒單貞撫定上京、遼右。既而，諸軍往往道亡北歸，而世宗即位于遼陽，良弼乃還汴京。

海陵死，世宗就以良弼爲南京留守兼開封尹，再兼河南都統，召拜尚書右丞。世宗謂良弼曰：「卿嘗諫正隆伐宋，不用卿言，以至廢殞。當時懷禄偷安之人，朕皆黜之矣。今復用卿，凡於國家之事，當盡言，無復顧忌也。」良弼頓首謝。窩斡敗于陷泉，入奚中，詔良弼佩金牌及銀牌四，往北京招撫奚、契丹。還，拜尚書左丞。上言，「祖宗以來未録功賞者，臣考按得凡三十二人，宜差第封賞」。詔曰：「已有五品已上官者，聞奏。六品以下及無官者，尚書省約量遷除。」自是功勞畢賞矣。進拜平章政事，封宗國公。

初，山東兩路猛安謀克與百姓雜居，詔良弼度宜易置，使與百姓異聚，與民田互相犬牙者，皆以官田對易之，自是無復爭訴。六年十一月〔三〕，皇太子生日，上置酒于東宮，良弼、志寧同賜酒。上曰：「邊境無事，中外晏然，將相之力也。」良弼奏曰：「臣等不才，備位宰相，敢不竭犬馬之力。」上悦。進拜右丞相，監修國史。世宗謂良弼曰：「海陵時，記注皆不完。人君善惡，爲萬世勸戒，記注遺逸，後世何觀？其令史官旁求書之。」又曰：「五從以上宗室在省祗候者，才有可用，具名聞奏。其猥冗不足蒞官者，亦聞奏罷去。」左丞完顏守道奏：「近都兩猛安，父子兄弟往往析居，其所得之地不能贍，日益困乏。」上以問宰臣，良弼對曰：「必欲父兄聚居，宜以所分之地與土民相換易。雖暫擾，然經久甚便。」右丞石琚曰：「百姓各安其業，不若依舊便。」上竟從良弼議。太宗實録成，賜良弼金帶、重綵二十端，同修國史張景仁、曹望之、劉仲淵以下賜有差。

世宗與侍臣論古今爲臣孰賢不肖，因謂宰相曰：「皇統、正隆多殺臣僚，往往死非其罪。朕委卿等以大政，毋違道以自陷，毋曲從以誤朕。惟忠惟孝，匡救輔益，期致太平。」良弼對曰：「臣等過蒙嘉惠，雖謭薄，敢不盡心。聖諭諄諄，臣等不勝萬幸。」良弼請於榷場市馬，毋拘牝牡。今官馬甚少，一旦邊境有警，乃調於民，不亦晚乎。上從之。八年，選侍衞親軍，世宗聞其中多不能弓矢，詔使習射。頃之，問良弼及平章政事思敬曰：「女直人習射尚未行耶？」良弼對曰：「已行之矣。」同知清州防禦事常德暉上書言〔四〕：「吏部格法，止敍年勞，雖有材能，拘滯下位。刺史、縣令，多不得人。乞密加訪察，然後廉問。今酒稅使尚選能吏，縣令可不擇人才，乞以能吏當任酒稅使者，任親民之職。」上是其言，謂宰相曰：「朕思庶職多不得人，中夜而寤，或達旦不能寐。卿等注意選擇，朕亦密加體察。」良弼對曰：「女直、契丹人，須是曾習漢人文字，然後可。方今大率多爲黨與，或稱譽於此，或見毀於彼，所以難也。」上曰：「朕所以密令體察也。」上謂良弼曰：「猛安謀克牛頭稅粟，本以備凶年，凡水旱乏糧處就賑給之。」進拜左丞相，監修國史如故。

良弼爲相既久，練達朝政，上所詢訪盡誠開奏，垂紳正笏不動聲氣，議政多稱上意。以母憂去，起復舊職。是時，夏國王李仁孝乞分國之半，以封其臣任得敬。上以問羣臣，羣臣多言此外國事，從之可也。上曰：「此非是仁孝本心，不可從。」良弼議與上意合。既而，夏國果誅任得敬，上表來謝。參知政事宗敍請置沿邊壕塹，良弼曰：「敵國果來伐，此豈可禦哉？」上曰：「卿言是也。」高麗國王王晛表讓國於其弟晧，上疑之，以問宰相良弼。良弼策以爲讓國非王晛本心。其後趙位寵求以四十州來附，其表果言王晧弒其兄晛，如良弼策，語在高麗傳中。

世宗罷採訪官，謂宰臣曰：「官吏之善惡，何由知之？」良弼對曰：「臣等當爲陛下訪察之。」以進睿宗實録，賜通犀帶、重綵二十端。是年，有事南郊，良弼爲大禮使。自收國以來，未嘗講行是禮，歷代典故又多不同，良弼討論損益，各合其宜，人服其能。上與良弼、守道論猛安謀克官多年幼，不習教訓，無長幼之禮。曩時，鄉里老者輒教導之。今鄉里中耆老有能教導者，或謂事不在己而不問，或非其職而人不從。可依漢制置鄉老，選廉潔正直可爲師範者，使教導之。良弼奏曰：「聖慮及此，億兆之福也。」他日，上問曰：「朕觀前史，有在下位而存心國家，直言爲民者。今無其人，何也？」良弼曰：「今豈無其人哉。蓋以直道而行，反被謗毀，禍及其身，是以不爲也。」

大定十四年，歲在甲午，大興尹璋爲賀宋正旦使，宋人就館奪其國書，詔梁肅詳問。衆議紛紛，謂凡午年必用兵，上以問良弼，對曰：「太祖皇帝以甲午年伐遼，太宗皇帝以丙午年克宋，今茲宋人奪我國書，而適在午年，故有此語，未必然也。」既而，梁肅至宋，宋主起立授受國書，如舊儀。梁肅既還，宋主遣工部尚書張子顏、知閤門事劉崈來祈請，其書曰：「言念眇躬，夙承大統。荷上國照臨之惠，尋盟遂閲於十年。修兩朝聘問之勤，繼好靡忘于一日。惟是函書之受，當新賓接之儀。嘗空臆以屢陳，飭行人而再請。仰祈眷顧，俯賜矜從。」上與大臣議，良弼奏曰：「宋國免稱臣爲姪，免奉表爲書，恩賜亦已多矣。今又乞免親接國書，是無厭也，必不可從。」平章政事完顏守道、參知政事移剌道與良弼議合。左丞石琚、右丞唐括安禮以爲不從所請，必至于用兵。上謂琚等曰：「卿等所言，非也。所請有大於此者，更欲從之乎。」遂從良弼議，答其書，略曰：「弗循定分之常，復有授書之請。謂承大統，愈見自尊。奈何以若所爲，尚求其欲。矧曰已行之禮，靡得而更。」其授受禮儀，終不復改。

上問宰臣：「嘗求内外官舉賢能，未聞有舉者，何也？」參政魏子平請，當舉者每任須舉一人，視其當不，以爲賞罰。上曰：「宋制薦舉，其人犯私罪者，舉主雖至宰執，亦坐降罰。人心有恒者鮮，財利怵于前，或喪其所守。宰臣任大責重，豈坐是以爲升黜邪？」良弼曰：「前詔朝官六品以上，外官五品以上，各舉所知。盍申明前詔？」從之。上曰：「朕欲周知官吏善惡，若尋常遣官采訪，恐用非其人。然則，官吏善惡何以知之？」良弼曰：「臣等當爲陛下訪察。」上曰：「然，但勿使名實混淆耳。」上欲徙窩斡逆黨，分散置之遼東。良弼奏：「此輩已經赦宥，徙之生怨望。」上曰：「此目前利害，朕爲子孫後世慮耳。」良弼曰：「非臣等所及也。」於是，以嘗預亂者，徙居烏古里石壘部。上問宰臣曰：「堯有九年之水，湯有七年之旱，而民不病飢。今一二歲不登，而人民乏食，何也？」良弼對曰：「古者地廣人淳，崇尚節儉，而又惟農是務，故蓄積多，而無饑饉之患也。今地狹民衆，又多棄本逐末，耕之者少，食之者衆，故一遇凶歲而民已病矣。」上深然之，於是命有司懲戒荒縱不務生業者。

十七年，以疾辭相位，不許。告滿百日，詔賜告，遣太醫診視，屢使中使問疾。良弼在告既久，省多滯事，上以問宰相、參政，張汝弼對曰：「無之。」上曰：「豈曰無之。自今疑事久不能決者，當具以聞。」

十八年，表乞致仕歸田里，上遣使慰諭之曰：「卿比以疾在告，朕甚憂之。今聞卿將往西京養疾，彼中風土，非老疾所宜。京師中倦於人事，若就近都佳郡居處，待疾少間，速令朕知之。」良弼奏曰：「臣遭遇聖明，濫膺大任，夙夜憂懼，以至成疾。比蒙聖恩，數遣使存問，賜以醫藥，臣之苟活至今，皆陛下之賜也。臣豈敢望到鄉里，便可愈疾。臣去鄉歲久，親識多已亡没，惟老臣獨在，鄉土之戀，誠不能忘。臣竊惟自來人臣受知人主，無逾臣者，臣雖粉骨碎身無以圖報。若使一還鄉社，得見親舊，則死無恨矣。」上問宰相曰：「丞相良弼必欲歸鄉里，朕以世襲猛安封其子符寶曷荅，俾之侍行，何如？」右丞相完顏守道曰：「不若以猛安授良弼，使其子攝事。」上從之。於是授胡論宋葛猛安，給丞相俸傔，良弼乃致仕歸。上謂宰相曰：「卿等非不盡心，但才力不及良弼，所以惜其去也。」其後，尚書省奏差除，上曰：「丞相良弼擬注差除，未嘗苟與不當得者，而薦舉往往得人。粘割斡特刺、移刺慥、裴滿餘慶，皆其所舉。至于私門請託，絶然無之。」嘗問良弼，「每旦暮日色皆赤何也」？良弼曰：「旦而色赤應在東，高麗當之。暮而色赤應在西，夏國當之。願陛下修德以應天，則災變自弭矣。」既而，夏國有任德敬之亂，高麗有趙位寵之難，其言皆驗云。是歲，薨。年六十。上悼惜之，遣太府監移刺慥、同知西京留守王佐爲勑葬祭奠使，賻白金、綵幣加等，喪葬皆從官給。追封金源郡王，命翰林待制移刺履勒銘墓碑，謚誠敏。

良弼性聰敏忠正，善斷決，言論器識出人意表。雖起寒素，致位宰相，朝夕惕惕盡心於國，謀慮深遠，薦舉人材，常若不及。居家清儉，親舊貧乏者周給之，與人交久而愈敬。居位幾二十年，以成太平之功，號賢相焉〔五〕。明昌五年，配饗世宗廟廷。

守道，本名習尼列，以祖谷神功，擢應奉翰林文字。皇統九年，同知盧龍軍節度使事，歷獻、祁、濱、薊四州刺史〔六〕。世宗幸中都，過薊，父老遮道請留再任。平章政事移刺元宜舉以自代，於是遷昭毅大將軍，授左諫議大夫〔七〕。

内族晏以恩舊拜左丞相，守道諫曰：「陛下初即位，天下略定，邊警未息，方大有爲之時，恐晏非其材。必欲親愛，莫若厚與之禄，俾勿事事。」乃授以太尉，致仕。世宗録扈從將士之勞，欲行賞賚，而帑藏空竭，議貸民財以與之。守道曰：「人罹虐政，方喜更生，今仁恩未及，而徵斂遽出，如羣望何，寧出宫中所有，無取於民。」遂從其言。契丹叛，遼東猛安謀克在其境者，或附從之，朝議欲從之内地，守道極陳其不可。右副元帥謀衍將兵討賊，不即擊，守道力言於朝，詔遣僕散忠義、紇石烈志寧往代之，東方以平。

大定二年，宫中十六位火，方事完葺，時已入夏，頗妨民力，守道諫而罷。未幾，改太子詹事，兼右諫議大夫，馳驛規畫山東兩路軍糧，及賑民饑。守道籍大姓户口，限以歲儲，使盡輸其贏入官，復給其直，以是軍民皆足。拜參知政事、兼太子少保，守道懇辭，世宗諭之曰：「乃祖勳在王室，朕亦悉卿忠謹，以是擢用，無爲多讓。」時契丹餘黨未附者尚衆，北京、臨潢、泰州民不安，詔守道佩金符往安撫之，給羣牧馬千疋，以備軍用。守道招致契丹骨迭聶合等内附，民以寧息。還進尚書左丞，兼太子少師。嘗從獵近郊，有虎傷獵夫，帝欲親射之，守道叩馬極諫而止。俄拜平章政事。十四年，宋人遣使因陳請手接書事〔八〕，左丞石琚等議從其請，帝意未決，守道等以爲不可許，帝卒從之，詳在紇石烈良弼傳中。既而，遷右丞相，監修國史，復遷左丞相，授世襲謀克。

二十年，修熙宗實録成，帝因謂曰：「卿祖谷神，行事有未當者，尚不爲隱，見卿直筆也。」尋請避賢路，帝不許。進拜太尉、尚書令，改授尚書左丞相，諭之曰：「丞相之位不可虛曠，須用老成人，故復以卿處之，卿宜悉此。」未幾，復乞致仕，帝曰：「以卿先朝勳臣之後，特委以三公重任，自秉政以來，效竭忠勤，朕甚嘉之。今引年求退，甚得宰相體，然未得代卿者，以是難從，汝勉之哉。」二十五年，坐擅支東宮諸皇孫食廩，奪官一階。尋改兼太子太師，特録其子珪襲謀克，充符寶祗候。章宗爲原王，詔習騎鞠，守道諫曰：「哀制中未可。」帝曰：「此習武備耳，自爲之則不可，從朕之命，庸何傷乎？然亦不可數也。」二十六年，懇求致仕，優詔許之，特賜宴於慶春殿〔九〕，帝手飲以巵酒，錫與甚厚，以其子珪侍行，又賜次子璋進士第。明昌四年卒，年七十四。上聞之震悼，遣其弟點檢司判官蒲帶致祭，賻銀千兩、重綵五十端、絹五百疋。太常議謚曰簡憲，上改曰簡靖，蓋重其能全終始云。

石琚，字子美，定州人。沉厚好學。父皋，補郡吏，廉潔自將，稱爲長者。從魯王闍母攻青州，州人堅守不降。闍母怒之，及城破，命皋計州民之數，將使諸軍分掠有之，皋緩其事。闍母讓之，皋曰：「大王將爲朝廷撫定郡縣，當使百姓按堵，無或侵苦之。若取城邑而殘其民，則未下者必死守以拒我。」皋之稽緩，安敢逃罪。」閤母感悟，乃下令曰：「敢有犯州人者，以軍法論。」指其坐謂皋曰：「汝之子孫必有居此坐者。」皋隨守定州，唐縣人王八謀爲亂，書其縣人姓名于籍，無慮數千人，其黨持其籍詣州發之，皋主鞫治。是時冬月，皋抱籍上廳事，佯爲頓仆，覆其籍爐火中，盡焚之，不可復得其姓名，止坐爲首者，餘皆得釋。

琚生七歲，讀書過目即成誦，既長博通經史，工詞章。天眷二年，中進士第一，再調弘政、邢臺縣令。邢守貪暴屬縣，掊取民財，以奉所欲，琚獨一物無所與。既而守以贓敗，他令佐皆坐累，琚以廉辦，改秀容令。復擢行臺禮部主事，召爲左司都事，累遷吏部郎中。貞元三年，以父喪去官，尋起復爲本部侍郎。世宗舊聞其名，大定二年，擢左諫議大夫，侍郎如故。奉命詳定制度，琚上疏六事，大概言正紀綱，明賞罰，近忠直，遠邪佞，省不急之務，罷無名之役。上嘉納之。遷吏部尚書。琚自員外郎至尚書，未嘗去吏部，且十年。典選久，凡宋、齊換授官格，南北通注銓法，能僂指而次第之，當時號爲詳明。頃之，拜參知政事，琚辭讓再三，上曰：「卿之材望無不可者，何以辭爲。」右丞蘇保衡監護十六位工役，詔共典其事，給銀牌二十四，許從宜規畫。上謂琚曰：「此役不欲煩民，丁匠皆給雇直，毋使貪吏夤緣爲姦利，以興民怨。卿等勉力，稱朕意焉。」徒單合喜定陝西，琚請曲赦秦、隴，以安百姓，上從之。丁母憂，尋起復，進拜尚書右丞。天長觀災，詔有司營繕，有司闢民居以廣大之，費錢三十萬貫。蔚州采地蕈，役數百千人。琚奏之，上曰：「自今凡稱御前者，皆禀奏。」琚與孟浩對曰：「聖訓及此，百姓之福也。」是時，議禁網捕狐、兔等野物，累計其獲，或至徒罪，琚奏曰：「捕禽獸而罪至徒，恐非陛下意，杖而釋之可也。」上曰：「然。」久之，進拜左丞，兼太子少師。上問宰相：「古有居下位能憂國爲民直言無忌者，今何以無之？」琚對曰：「是豈無之，但未得上達耳。」上曰：「宜盡心采擢之。」

世宗將行郊祀，議配享，琚曰：「配者，侑神作主也。自外至者無主不止，故推祖考以配天，同尊之也。孝經曰：『郊祀后稷以配天。』漢、魏、晉皆以一帝配之。唐高宗始以高祖、太宗崇配。垂拱初，以高祖、太宗、高宗並配。玄宗開元十一年，罷同配之禮，以高祖配。宋太宗時，以宣祖、太祖配。真宗時以太祖、太宗配。仁宗時，有司請以三帝並侑，遂以太祖、太宗、真宗並配。其後禮院議對越天地，神無二主，當以太祖配。此唐、宋變古以三帝配天，終竟依古以一祖配也。將來親郊合依古禮，以一祖配之。」上曰：「唐、宋不足爲法，止當奉太祖皇帝配之。」琚嘗請命太子習政事，或譖之曰：「琚希恩東宮。」世宗察其無他，以此言告之，琚對曰：「臣本孤生，蒙陛下拔擢，備位執政，兼師保之任。臣愚以爲太子天下之本，當使知民事，遂言及之。」因乞解少師。十年二月，祭社，有司奏請御署祝版，上問琚曰：「當署乎？」琚曰：「故事有之。」上曰：「祭祀典禮，卿等慎之，無使後世譏誚。熙宗尊謚太祖，宇文虛中定禮儀，以常朝服行事。當時朕雖童稚，猶覺其非。」琚曰：「祭祀，大事也，非故事不敢行。」

上謂琚曰：「女直人往往徑居要達，不知閭閻疾苦。卿嘗爲丞簿，民間何事不知，凡利害極陳之。」上與宰臣議鑄錢，或以鑄錢工費數倍，欲采金銀坑冶，上曰：「山澤之利可以與民，惟錢幣不當私鑄。若財貨流布四方，與在官何異。」琚進曰：「臣聞天子之富藏於天下，正如泉源欲其流通耳。」上問琚曰：「古亦有百姓鑄錢者乎？」對曰：「使百姓自鑄，則小人圖厚利，錢愈薄惡，古所以禁也。」

時民間往往造作妖言，相爲黨與謀不軌，事覺伏誅。上問宰臣曰：「南方尚多反側，何也？」琚對曰：「南方無賴之徒，假託釋道，以妖幻惑人。愚民無知，遂至犯法。」上曰：「如僧智究是也。此輩不足卹，但軍士討捕，利取民財，害及良民，不若杜之以漸也。」智究，大名府僧，同寺僧苑智義與智究言，蓮華經中載五濁惡世佛出魏地，心經有夢想究竟涅槃之語，汝法名智究，正應經文，先師藏瓶和尚知汝有是福分，亦作頌子付汝。智究信其言，遂謀作亂，歷大名、東平州郡，假託抄化，誘惑愚民，潛結姦黨，議以十一年十二月十七日先取兗州，會徒嶧山，以「應天時」三字爲號，分取東平諸州府。及期嚮夜，使逆黨胡智愛等，劫旁近軍寨，掠取甲仗，軍士擊敗之。會傅戩、劉宣亦於陽穀、東平上變。皆伏誅，連坐者四百五十餘人。

宗室子或不勝任官事，世宗欲授散官，量與廩禄，以贍足之，以問宰臣曰：「於前代何如？」琚對曰：「堯親九族，周家内睦九族，皆帝王盛事也。」琚之將順多此類。

十三年，上表乞致仕。十六年，再表乞致仕。皆不許。參知政事唐括安禮忤上意，出爲横海軍節度使，數年不復召。琚對便殿，從容進曰：「唐括安禮忠直，久在外官。」世宗深然之，遂自南京留守召爲尚書右丞。琚嘗舉室紹先以爲右司員外郎，紹先中風暴卒，上甚惜之，謂琚曰「卿之所舉也」，感歎者再三。

十七年，拜平章政事，封莘國公。明年，拜右丞相。修起居注移剌傑上書言「朝奏屏人議事，史官亦不與聞，無由紀録」。上以問宰相，琚與右丞唐括安禮對曰〔一〇〕：「古者史官，天子言動必書，以儆戒人君，庶幾有畏也。周成王翦桐葉爲圭，戲封叔虞，史佚曰：『天子不可戲言，言則史書之。』以此知人君言動，史官皆得記録，不可避也。」上曰：「朕觀貞觀政要，唐太宗與臣下議論，始議如何，後竟如何，此政史臣在側記而書之耳。若恐漏泄幾事，則擇慎密者任之。」朝奏屏人議事，記注官不避自此始。

以年老衰病固辭，上曰：「朕知卿年老，勉爲朕留，俟一二年，朕將思之。」上謂宰臣曰：「朕爲天子，未嘗敢專行獨斷，每事徧問卿等，可行則行之，不可則止也。」琚與平章政事唐括安禮奏曰：「好問則裕，自用則小，陛下行之，天下幸甚。」居一年，復表致仕，乃許。詔以一孫爲閤門祗候。即命駕歸鄉里。久之，世宗謂宰臣：「知人最爲難事，近來左選多不得人。惟石琚爲相時，往往舉能其官，左丞移刺道、參政粘割斡特剌舉右選，頗得之。朕常以不能徧識人材爲不足。此宰相事也，左右近侍雖常有言，朕未敢輕信。」又曰：「近日刺史縣令多闕員，當擇幹濟者除之，資級不到庸何傷。」又曰：「惟石琚最爲知人。」

唐括鼎爲定武軍節度使，上謂鼎曰：「久不見石琚，精力比舊何如？汝到官往視之。」顯宗亦思之，因琚生日，寄詩以見意。二十二年，以疾薨于家，年七十二。謚文憲。泰和元年，圖像衍慶宮，配享世宗廟庭。

唐括安禮，本名斡魯古，字子敬。好學，通經史，工詞章，知爲政大體。貞元中，累官臨海軍節度使，入爲翰林侍讀學士，改瀋州防禦使、彰化軍節度使。大定初，遷益都尹，召爲大興尹，上曰：「京師好訛言。府中姦吏爲民患。卿雖年少，有治才，去其宿敝，毋爲因仍。」察廉入第一等，進階榮祿大夫。

七年五月，大興府獄空，詔錫宴勞之。凡州郡有獄空者，皆賜錢爲錫宴費，大興府錫宴錢三百貫，其餘有差。久之，拜參知政事，罷爲横海軍節度使，歷河間尹、南京留守。以喪去官，起復尚書右丞。詔曰：「南路女直户頗有貧者，漢户租佃田土，所得無幾，費用不給，不習騎射，不任軍旅。凡成丁者簽入軍籍，月給錢米，山東路沿邊安置。其議以聞。」浹旬，上問曰：「宰臣議山東猛安貧户如之何？」奏曰：「未也。」乃問安禮曰：「於卿意如何？」對曰：「猛安人與漢户，今皆一家，彼耕此種，皆是國人，即日簽軍，恐妨農作。」上責安禮曰：「朕謂卿有知識，每事專傚漢人，若無事之際可務農作，度宋人之意且起爭端，國家有事，農作奚暇？卿習漢字，讀詩、書，姑置此以講本朝之法。前日宰臣皆女直拜，卿獨漢人拜，是邪非邪，所謂一家者皆一類也，女直、漢人，其實則二。朕即位東京，契丹、漢人皆不往，惟女直人偕來，此可謂一類乎。」又曰：「朕夙夜思念，使太祖皇帝功業不墜，傳及萬世，女直人物力不困。卿等悉之。」因以有益貧窮猛安人數事，詔左司郎中粘割斡特剌使書之，百官集議于尚書省。

十七年，詔遣監察御史完顏覿古速行邊，從行契丹押剌四人，援剌、招得、雅魯、斡列阿，自邊亡歸大石。上聞之，詔曰：「大石在夏國西北。昔窩斡爲亂，契丹等響應，朕釋其罪，俾復舊業，遣使安輯之，反側之心猶未已。若大石使人間誘，必生邊患。遣使徙之，俾與女直人雜居，男婚女聘，漸化成俗，長久之策也。」於是遣同簽樞密院事紇石烈奥也、吏部郎中裴滿餘慶、翰林修撰移刺傑，徙西北路契丹人嘗預窩斡亂者上京、濟、利等路安置。以兵部郎中移刺子元爲西北路招討都監，詔子元曰：「卿可省諭徙上京、濟州契丹人，彼地土肥饒，可以生殖，與女直人相爲婚姻，亦汝等久安之計也。卿與奥也同催發徙之。仍遣猛安一員以兵護送而東，所經道路勿令與羣牧相近，脱或有變，即便討滅。俟其過嶺，卿即還鎮。」上已遣奥也、子元等，謂宰臣曰：「海陵時，契丹人尤被信任，終爲叛亂，羣牧使鶴壽、駙馬都尉賽一、昭武大將軍朮魯古、金吾衛上將軍蒲都皆被害。賽一等皆功臣之後，在官時未嘗與契丹有怨，彼之野心，亦足見也。」安禮對曰：「聖主溥愛天下，子育萬國，不宜有分別。」上曰：「朕非有分別，但善善惡惡，所以爲治。異時或有邊釁，契丹豈肯與我一心也哉。」

他日，上又曰：「薦舉，大臣之職。外官五品猶得舉人，宰相無所舉，何也？」安禮對曰：「孔子稱才難。賢人君子，世不多有。陛下必欲得人，當廣取士之路，區別器使之，斯得人矣。」上曰：「除授格法不倫。奉職皆閥閱子孫，朕所知識，有資考出身月日。親軍不以門第收補，無廕者不至武義不得出職。但以女直人有超遷官資，故出職反在奉職上。天下一家，獨女直有超遷格，何也？」安禮對曰：「祖宗以來立此格，恐難輒改。」

轉左丞，與右丞蒲察通同日拜，上謂之曰：「朕今年五十有五，若過六十，必倦於政事。宜及朕之康彊，凡女直猛安謀克當修舉政事，改定法令。宗族中鮮有及朕之壽者，朕頗習女直舊風，子孫豈能知之，況政事乎，卿等宜悉此意。」上又曰：「大理寺事多留滯，宰執不督責之，何也？」安禮對曰：「案牘疑難者舊例給限。」上曰：「舊例是邪非邪，今不究其事，輒給以限邪？」參政移剌道曰：「臣在大理時，未嘗有滯事。」上曰：「卿在大理無滯事，爲宰執而不能檢治，何也？」道無以對而退。上問宰臣曰：「御史臺官，亦與親知往來否？」皆曰：「往來殊少。」上曰：「臺官當盡絶人事。諫官、記注官與聞議論，亦不可與人游從。」安禮對曰：「親知之間，恐不可盡絶也。」上曰：「職任如是，何恤人之言。」

進拜平章政事，封芮國公，授世襲謀克。上諭安禮，前代史書詳備，今祖宗實録太簡略。對曰：「前代史皆成書，有帝紀、列傳。他日修史時，亦有帝紀、列傳，其詳自見于列傳也。」安禮嘗議科目，言于上曰：「臣觀近日士人不以策論爲意。今若詩賦策論各場考試，文理俱優者爲中選，以時務策觀其器識，庶得人也。」上曰：「卿等議之。」上謂宰臣曰：「賞有功不可緩，緩賞無以勸善。」安禮對曰：「古所謂賞不踰時者，正謂此也。」

二十一年，拜右丞相，進封申國公，固辭曰：「臣備位宰相，無補於國家，夙夜憂懼，惟恐得罪，上負陛下，下負百姓。臣實不敢受丞相位，惟陛下擇賢於臣者用之。」上曰：「朕知卿正直，與左丞相習顯無異。且練習政事，無出卿之右者。其毋多讓。」安禮頓首謝。是歲，薨。泰和元年，配享世宗廟廷。

移剌道，本名趙三，其先乙室部人也，初徙咸平。爲人寬厚，有大志，以薦孝著名。通女直、契丹、漢字。皇統初，補刑部令史，轉尚書省令史，再遷大理司直。丁母憂，起復，遷户部員外郎。正隆三年，徙臨潢、咸平路、畢沙河等三猛安，屯戍斡盧速。還奏，海陵謂侍臣曰：「道骨相異常，他日必登公輔。」明年，遷本部郎中。

海陵伐宋，爲都督府長史。海陵死，師還，無復紀律，士卒掠淮南，百姓苦之。有男女二百餘人，自願與道爲奴，道受之，至淮，俟諸軍畢濟，乃悉遣還。大定二年，復爲户部郎中，與梁銶安撫山東，招諭盜賊。民或避盜避役者，並令歸業，不問罪名輕重皆原之，軍人不得並緣虜掠。僕散忠義討窩斡，道參謀幕府事。賊平，元帥府以俘獲生口分給官僚，道悉縱遣之。

還京師，入見，既退，世宗目送之，曰：「此人有幹才，可大用也。」遷翰林直學士，兼修起居注。頃之，世宗曰：「道清廉有幹局，翰林文雅之職，不足以盡其才。」中都轉運繁劇，乃改同知中都路都轉運事。詔道送河北、山東等路廉察善惡升降官員制敕，上曰：「卿從討契丹，不貪俘獲，其志可嘉。故命卿爲使。卿其勉之。」是歲，以廉升者，磁州刺史完顏蒲速列爲北京副留守，濰州刺史蒲察蒲查爲博州防禦使，威州刺史完顏兀荅補爲磁州刺史。治狀不善下遷者，登州刺史大磐爲嵩州刺史，同知南京留守高德基爲同知北京轉運事，衛州防禦使完顏阿鄰爲陳州防禦使，真定尹徒單拔改爲興平軍節度使，安國軍節度使唐括重國爲彰化軍節度使。仍具功過善惡宣諭，毋受饋獻。遷大理卿。五年，宋人請和，罷兵。道往山東，閱實軍器，振贍戍兵妻子。再除同知大興尹。

親軍百人長完顏阿思鉢非禁直日帶刀入宮，其夜入左藏庫，殺都監郭良臣，盜取金珠。點檢司執其疑似者八人，掠笞三人死，五人者自誣，其贓不可得。上疑之，命道參問。道持久其獄，既而阿思鉢鬻金事覺，伏誅。上曰：「箠楚之下，何求不得。奈何點檢司不以情求之乎。」賜掠死者錢，人二百貫周其家，不死者人五十貫。詔自今護衛親軍百人長、五十人長，非直日不得帶刀入宮。

遷户部尚書。上曰：「朕初即位，卿爲户部員外郎，聞卿孳孳爲善，進卿郎中，果有可稱。及貳京尹，亦能善治。户部經治國用，卿其勉之。」道頓首謝。改西北路招討使，賜金帶。故事，招討使到官，諸部皆獻駞馬，多至數百，道皆却之，數月皆復貢職。父喪去官，起復參知政事。初，諸部有獄訟，招討司例遣胥吏按問，往往爲姦利。道請專設一官，上嘉納之，招討司設勘事官自此始。上謂宰臣曰：「比聞大理寺斷獄，輒經旬月，何邪？」道奏曰：「在法，決死囚不過七日，徒刑五日，杖刑三日。」上曰：「法有程限，而輒違之，此官吏之責也，嚴戒約以去其弊。」進尚書右丞。乞致仕，上曰：「卿孝於家，忠於朕，通習法令政事，雖踰六十，心力未衰，未可退也。」乃除南京留守，賜通犀帶。上曰：「河南統軍烏古論思列爲人少戇，凡邊事須與卿共議。卿以朕意諭思列也。」入拜平章政事。

道弟臨潼令幼阿補犯罪至死，道待罪于家。皇太子生日，宴于慶和殿，上問道何故不在，參知政事粘割斡特剌奏曰：「其弟犯死刑，據制不合入內。」上曰：「此何傷也。」即詔道起視事。是時，縣令多闕，上以問宰相，道奏曰：「散官宣武以上借除以充之。」上曰：「廉察八品以下已去官者，録事、丞、簿有清幹之譽者，縣尉入優等者，皆與縣令。散官至五品，無貪汙曠職之名者，亦可與之。俟縣令不闕，即如舊制。」

二十三年，罷爲咸平尹，封莘國公。上曰：「卿數年前嘗乞致仕，朕不許卿。卿今老矣。咸平卿故鄉，地涼事少，老者所宜。」賜通犀帶。明日，復遣近侍曹淵諭旨曰：「咸平自窩斡亂後，民業尚未復舊，朕聽卿歸鄉里，所以安輯一境也。」

二十四年，薨。上聞之，悼惜良久。是歲幸上京，道過咸平，遣使致祭，賻贈有加。詔圖象藏祕府，擢其子八狗爲閤門祗候。

光祖字仲禮，幼名八狗。以廕補閤門祗候，調平晉令、衞州都巡河、內承奉押班，累轉東上閤門使，兼典客署令。大安中，改少府少監。丁母憂，起復儀鸞局使，同知宣徽院使事，秘書監右宣徽使。興定二年十一月，詔集百官議所以爲長久之利者，光祖等三人議曰「募士人假以方面權任，俾人自勸，各保一方。」由是公府封建之論興焉，語在「九公傳〔一一〕」。三年，轉左宣徽使。五年，卒。

贊曰：良弼、守道、琚、安禮、道，皆無聞正隆時，及其簉治朝，佐明主，諫行言聽，膏澤下於民，豈非遇其時邪。官序無闕，上下相安，君享其名，臣終其禄，可謂盛哉。海陵能知移剌道有公輔之器，而不能用，故其治績亦待大定而後著焉。人才之顯晦，有係於世道之污隆也，尚矣。金世內燕，惟親王公主駙馬得與，世宗一日特召琚入，諸王以下竊語，心蓋易之。世宗覺之，即語之曰：「使我父子家人輩得安然無事，而有今日之樂者，此人力也。」乃歷舉近事數十，顯著爲時所知者以曉之，皆俯伏謝罪。君臣相知如此，有不竭忠者乎。大定末，世宗將立元妃爲后，以問琚，琚屏左右曰：「元妃之立，本無異辭，如東宮何？」世宗愕然曰：「何謂也？」琚曰：「元妃自有子，元妃立，東宮摇矣。」世宗悟而止。且人主家事，人臣之所難言者，許敬宗以一言幾亡唐祚，琚之對，其爲金謀者至矣。

校勘記

〔一〕本名習尼列　「習尼列」，原作「習宜列」，係同音異譯，今據北監本、殿本改，與傳文統一。

〔二〕納合椿年爲參知政事薦良弼才出己右用是爲刑部尚書　按，本書卷八三納合椿年傳，「椿年薦大理丞紇石烈婁室。海陵以婁室爲右司員外郎」。此處作「刑部尚書」，與納合椿年傳互異。

〔三〕六年十一月　按，「六年」上當脱「大定」二字。

〔四〕同知清州防禦事常德暉　本書卷五四選舉志四部選作「清州防禦使常德輝」。

〔五〕號賢相焉　此下原衍「大定十五年圖像衍慶宫謚武定」十三字。按，良弼死於大定十八年，不可能於十五年有賜謚諸事。考本書卷八七紇石烈志寧傳，志寧死後「謚武定。十五年，圖像衍慶宫」，知此十三字當是志寧傳文，誤抄於此。今删。

〔六〕歷獻祁濱薊四州刺史　按，本書卷八九梁肅傳，先言「前薊州刺史完顏守道」，繼書「守道自濱州刺史召爲諫議大夫」。是任濱州在任薊州之後，「濱」當在「薊」下。

〔七〕於是遷昭毅大將軍授左諫議大夫　本書卷八九梁肅傳，「守道自濱州刺史召爲諫議大夫」。所載與此異。

〔八〕宋人遣使因陳請手接書事　按，本卷紇石烈良弼傳有「今又乞免親接國書」之語，「手接」即「親接」，今疑「手」上脱「免」字，「書」上脱「國」字。

〔九〕特賜宴於慶春殿　按，本書卷二五地理志中南京路注，「徽音、壽聖東曰太后苑，苑殿曰慶春」，可知慶春殿在汴京之太后苑，非此時所能賜宴之地。金世宗常在慶和殿宴羣臣，紀傳多所記載。疑「慶春殿」當作「慶和殿」。

〔一〇〕琚與右丞唐括安禮對曰　「右丞」，本書卷七世宗紀中記此事作「左丞」。按，世宗紀中，大定十七年十二月「壬申，以尚書右丞唐括安禮爲左丞」。則唐括安禮時爲左丞，此處作「右丞」當誤。

〔一一〕語在九公傳　按，本書無「九公傳」之名。所謂「九公」傳，當係卷一一八苗道潤等人傳。

金史卷八十九

列傳第二十七

蘇保衡　翟永固　魏子平　孟浩（田㲄附）　梁肅　移剌慥　移剌子敬

蘇保衡字宗尹，雲中天成人。父京，遼進士，爲西京留守。宗翰兵至西京，京出降。久之，京病篤，以保衡屬宗翰。京死，宗翰薦之於朝。賜進士出身，補太子洗馬，調解州軍事判官。左監軍撒离喝駐軍陝西〔一〕，辟幕府，參議軍事，累官同知興中尹。天德間，繕治中都，張浩舉保衡分督工役。改大興少尹，督諸陵工役。再遷工部尚書。海陵治兵伐宋，與徐文等造舟於通州，海陵獵近郊，因至通州視工作。兵興，保衡爲浙東道水軍都統制，率舟師泛海，徑趨臨安。宋兵來襲，敗于海中，副統制鄭家死之。

大定二年，召赴中都。是時，山東盜賊嘯聚，契丹攻掠臨潢等州郡，百姓困弊。詔保衡安撫山東，前太子少保高思廉安撫臨潢〔二〕，發倉粟以賑之，無衣者賜以幣帛，或官粟有闕，則收糴以給之，無妻室者具姓名以聞。還除刑部尚書。與工部尚書宗永、兵部侍郎完顏余里也，往河南、山東、陝西宣問屯田軍人，有曾破大敵及攻城野戰立功者，具姓名以聞。或以寡敵衆，或與敵相當能先登敗敵者，正軍及擐甲阿里喜補官一階，猛安謀克以功狀上尚書省，曾隨海陵軍至淮上破敵者亦准上遷賞。

僕散忠義伐宋，保衡行户部於關中，兼糾察，許以便宜，黜守令不法者十餘人。邠守傅慎微忤用事者，被讒構下獄且死，保衡力救之得免，入爲太常卿，遷禮部尚書。三年，拜參知政事〔三〕。宋人請和，詔保衡往南京，與僕散忠義斟酌事宜，行之。入奏，進右丞。四年，宋人請和，師還，保衡朝京師。初，宫女稱心縱火十六位，延燒諸殿，上以方用兵，國用不足，不復營繕。及宋和，詔保衡監護役事，遣少府監張仲愈取南京宫殿圖本。上聞之，謂保衡曰：「追仲愈還。民間將謂朕效正隆華侈也。」

六年冬，有疾，求致仕，不許。遣敬嗣暉傳詔曰：「卿以忠直擢居執政，齒髮未衰，遽以小疾求退。善加攝養，以俟疾間視事。」未幾，薨，年五十五。世宗將放鷹近郊，聞之乃還，爲輟朝，賻贈，命有司致祭。

翟永固字仲堅，中都良鄉人。太祖與宋約攻遼，事成以燕歸宋。宋人以經義兼策取士，永固中第一，授開德府儀曹參軍。金破宋，永固北歸。中天會六年詞賦科，授懷安丞，遷望雲令，補樞密院令史，辟左副元帥宗翰府掾。永固家貧，求外補，宗翰愛其能，不許，以錢三千貫周之，薦於朝，攝左司郎中。除定武軍節度副使，歷同知清州防禦使，入爲工部員外郎。以母憂去官，起復禮部郎中，遷翰林直學士。

海陵篡立，宋國賀正旦使至廣寧，海陵使使以廢立事諭宋使，遣還之。以侍衛親軍都指揮使完顏思恭爲報諭宋使，永固爲副，且令永固伺察宋人動靜。使還，改禮部侍郎。久之，分護燕京宮室役事，永固請寫無逸圖於殿壁，不納。俄遷太常卿，考試貞元二年進士[四]，出尊祖配天賦題，海陵以爲猜度己意，召永固問曰：「賦題不稱朕意。我祖在位時祭天拜乎？」對曰：「拜。」海陵曰：「豈有生則致拜，死而同體配食者乎？」對曰：「古有之，載在典禮。」海陵曰：「若桀、紂曾行，亦欲我行之乎？」於是永固、張景仁皆杖二十。而進士張汝霖賦第八韻有曰：「方今，將行郊祀。」海陵詰之曰：「汝安知我郊祀乎？」亦杖之三十。頃之，永固遷禮部尚書，賜笏頭毬文金帶。改永定軍節度使。

正隆二年，例降二品以上官爵，永固階光祿大夫不降，以寵異之。遷翰林學士承旨，與直學士韓汝嘉俱召至內殿，問以將親伐宋事，永固對曰：「宋人事本朝無釁隙，伐之無名。縱使可伐，亦無煩親征，遣將帥可也。」由是大忤海陵意，永固即請致仕。正隆四年正月丁巳，海陵朝永壽宮〔五〕，四品以上官賜宴，永固至殿門外，海陵即以致仕宣命授之，永固歸臥于家。

大定二年，起拜尚書左丞，請依舊制廉察官吏，革正隆守令之汙，從之。明年，表乞致仕，詔不許。罷爲真定尹，賜通犀帶。尚書省奏，永固自執政爲真定尹，其繖蓋當用何制度，上曰：「用執政制度。」遂著爲令。五年，懇乞致仕，許之。六年，薨。

魏子平字仲均，弘州人。登進士第，調五臺主簿，累除爲尚書省令史，除大理丞，歷左司都事，同知中都轉運使事，太府監。正隆三年，爲賀宋主生日副使。是時，海陵謀伐宋，子平使還，入見，海陵問江左事，且曰：「蘇州與大名孰優？」子平對曰：「江、湖地卑濕，夏服蕉葛猶不堪暑，安得與大名比也。」海陵不悅。世宗即位，除戶部侍郎。大定二年，丞相僕散忠義伐宋，置元帥府於南京，子平掌餽運，給金牌一、銀牌六，糧道給辦。進戶部尚書。六年，復爲賀宋主生日使，上曰：「使宋無再往者，卿昔年供河南軍儲有勞，用此優卿耳。」

久之，拜參知政事。上問子平曰：「古者稅什一而民足，今百一而民不足，何也？」子平對曰：「什一取其公田之入，今無公田而稅其私田，爲法不同。古有一易再易之田，中田一年荒而不種，下田二年荒而不種。今乃一切與上田均稅之，此民所以困也。」上又問曰：「戍卒逋亡物故，今按物力高者補之，可乎？」對曰：「富家子弟騃懦不可用，守戍歲時求索無厭，家產隨壞。若按物力多寡賦之，募材勇騎射之士，不足則調兵家子弟補之，庶幾官收實用，人無失職之患。」上從之。

海州捕賊八十餘人，賊首海州人，其兄今爲宋之軍官。上聞之，謂宰相曰：「宋之和好恐不能久，其宿、泗間漢軍，以女直軍代之。」子平曰：「誓書稱沿邊州城，除自來合設置射糧軍數并巡尉外，更不得屯軍守戍。」上曰：「此更代之，非增戍也。」

上曰：「前日令內任官六品以上，外任五品以上，並舉所知。未聞有舉之者，豈無其才，蓋知而不舉也。」子平曰：「請令當舉之官，每任須舉一人。」澤州刺史劉德裕、祁州刺史斜哥、滄州同知訛里也、易州同知訛里刺、楚丘縣令劉春哥以贓汙抵罪，上欲詔示中外，丞相守道以爲不可，上以問子平曰：「卿意何如？」子平曰：「臣聞懲一戒百，陛下固宜行之。」上曰：「然。」遂降詔焉。

宋人於襄陽漢江上造舟爲浮梁三，南京統軍司聞而奏之，上問宰臣曰：「卿等度之，以爲何如？」子平曰：「臣聞襄陽薪芻，皆於江北取之，殆爲此也。」上曰：「朕與卿等治天下，當治其未然。及其有事，然後治之，則亦晚矣。」河南統軍使宗敍求入見奏邊事，上使修起居注粘割斡特剌就問狀。宗敍言：「得邊報及宋來歸者言，宋國調兵募民，運糧餉，完城郭，造戰船浮橋，兵馬移屯江北。自和議後即罷制置司，今復置矣。商、虢、海州皆有姦人出沒，此不可不備。嘗報樞密院，彼視以爲文移，故欲入見言之。」斡特剌召凡言邊事者詰問，皆無實狀，行至境上，問知襄陽浮橋乃樵采之路，如子平策。還奏。詔凡妄說邊關兵事者徒二年，告人得實，賞錢五百貫。

上問宰臣曰：「祭宗廟用牛。牛盡力稼穡，有功於人，殺之何如？」子平對曰：「惟天地宗廟用之，所以異大祀之禮也。」

十一年，罷爲南京留守，未幾致仕。十五年，起爲平陽尹，復致仕。二十六年，薨于家。

孟浩字浩然，灤州人。遼末年登進士第。天會三年，爲樞密院令史，除平州觀察判官。天眷初，選入元帥府備任使，承制除歸德少尹，充行臺吏、禮部郎中，入爲户部員外郎、郎中。

韓企先爲相，拔擢一時賢能，皆置機要，浩與田瑴皆在尚書省，瑴爲吏部侍郎，浩爲左司員外郎。既典選，善銓量人物，分别賢否，所引用皆君子。而蔡松年、曹望之、許霖皆小人，求與瑴相結，瑴薄其爲人拒之。

松年，蔡靖子。靖將兵不能守燕山，終敗宋國，瑴頗以此譏斥松年。松年初事宗弼於行臺省，以微巧得宗弼意，宗弼當國，引爲刑部員外郎。望之爲尚書省都事，霖爲省令史。皆怨瑴等，時時毁短之於宗弼，凡與瑴善者皆指以爲朋黨。韓企先疾病，宗弼往問之，是日，瑴在企先所，聞宗弼至，知其惡己，乃自屏以避。宗弼曰：「丞相年老且疾病，誰可繼丞相者？」企先舉瑴，而宗弼先入松年譖言，謂企先曰：「此輩可誅。」瑴聞流汗浹背。企先薨，瑴出爲横海軍節度使。選人龔夷鑑除名，值赦，赴吏部銓，得預覃恩。瑴已除横海，部吏以夷鑑白瑴，瑴乃倒用月日署之。許霖在省典覃恩，行臺省工部員外郎張子周素與瑴有怨，以事至京師，微知夷鑑覃恩事，嗾許霖發之，詆以專擅朝政。詔獄鞫之，擬瑴與奚毅、邢具瞻、王植、高鳳庭〔六〕、王傚、趙益興、龔夷鑑死，其妻子及所往來孟浩等三十四人皆徙海上，仍不以赦原。天下冤之。

世宗在熙宗時，知田瑴黨事皆松年等構成之。而浩等三十二人遇天德赦令還鄉里，多物故，惟浩與瑴兄瑴、王補、馮煦、王中安在。大定二年，召見，復官爵。浩爲侍御史，瑴爲大理丞，補爲工部員外郎，昫爲兵部主事，中安知火山軍事，而浩尋復爲右司員外郎。

浩篤實，遇事輒言，無所隱。上嘉其忠，每對大臣稱之。有疾，求外補，除祁州刺史，致仕，歸。七年，起爲御史中丞，而浩已年老，世宗以不次用之，再閱月，拜參知政事，無自中丞拜執政者，浩辭曰：「不次之恩，非臣所敢當。」上曰：「卿自刺史致仕，除中丞，國家用人，豈拘階次。卿公正忠勤，雖年高猶可宣力數年，朕思之久矣。」浩頓首謝。

世宗勑有司東宮涼樓增建殿位，浩諫曰：「皇太子義兼臣子，若所居與至尊宮室相侔，恐制度未宜，固宜示以儉德。」上曰：「善。」遂罷其役，因謂太子曰：「朕思漢文純儉，心常慕之，汝亦可以爲則也。」未幾，皇太子生日，上宴羣臣于東宮，以大玉杓、黃金五百兩，賜丞相志寧，顧謂羣臣曰：「卿等能立功，朕亦褒賞如此。」又曰：「參政孟浩公正敢言，自中丞爲執政。卿等能如是，朕亦不次用之。」世宗嘗曰：「女直本尚純朴，今之風俗，日薄一日，朕甚憫焉。」浩對曰：「臣四十年前在會寧，當時風俗與今日不同，誠如聖訓。」上曰：「卿舊人，固知之。」上謂宰臣曰：「宋前廢帝呼其叔湘東王爲『豬王』，食之以牢，納之泥中，以爲戲笑。書于史策，所以勸善而懲惡也。海陵以近習掌記注，記注不明，當時行事，實録不載，衆人共知之者求訪書之。」浩對曰：「良史直筆，君舉必書。帝王不自觀史，記注之臣乃得盡其直筆。」浩復奏曰：「歷古以來，不明賞罰而能治者，未之聞也。國家賞善罰惡，蓋亦多矣，而天下莫能知。乞自今凡賞功罰罪，皆具事狀頒告之，使君子知勸以遷善，小人知懼以自警。」從之。

進尚書右丞，兼太子少傅。罷爲真定尹，上曰：「卿年雖老，精神不衰，善治軍民，毋遽言退。」以通犀帶賜之。十三年，薨。

田縠自大理丞累官同知中京留守，終于利涉軍節度使。

二十九年，章宗詔尚書省曰：「故吏部侍郎田瑴等皆中正之士，小人以朋黨陷之，由是得罪。世宗用孟浩爲右丞，當時在者俱已用之，亡者未加追復，其議以聞。」張汝霖奏曰：「瑴專權樹黨，先朝已正罪名，莫不稱當。今追贈官爵，恐無懲勸。」汝霖先朝大臣，嘗與顧命，上初即位，不肯輒逆其意，謂之曰：「卿既以爲不可，姑置之。」蓋張浩與蔡松年友善，故汝霖猶擠之也。汝霖死後，章宗復詔尚書省曰：「蓋自田瑴黨事之後，有官者以爲戒，惟務苟且，習以成風。先帝知瑴等無罪，録用生存之人，有擢至宰執者，其次有爲節度、防禦、刺史者。其死者猶未追復，子孫猶在編户，朕甚憫焉。惟旌賢顯善，無間存没，宜推先帝所以褒録忠直之意，並加恩卹，以勵風俗。據田瑴一起人除已敍用外，但未經任用身死，並與復舊官爵。其子孫當時已有官職，以父祖坐黨因而削除者，亦與追復。應合追復爵位人等子孫不及廕敍者，亦皆量與恩例。」

梁肅字孟容，奉聖州人。自幼勤學，夏夜讀書往往達旦，母葛氏常滅燭止之。天眷二年，擢進士第，調平遥縣主簿，遷望都、絳縣令。以廉，入爲尚書省令史。除定海軍節度副使，改中都警巡使，遷山東西路轉運副使。營治汴宫，肅分護役事。攝大名少尹。正隆末，境内盜起，驅百姓平人陷賊中不能自辨者數千人，皆繫大名獄。肅到官，考驗得其情讞，出者十八九。

大定二年，宛平趙植上書曰：「頃者，正隆任用閹寺，少府少監兼上林署令胡守忠因緣巧倖，規取民利。前薊州刺史完顔守道、前中都警巡使梁肅，勤恪清廉，願加進擢。」於是守忠落少監，守道自濱州刺史召爲諫議大夫〔七〕，肅中都轉運副使改大興少尹〔八〕。

肅上疏言：「方今用度不足，非但邊兵耗費而已。吏部以常調除漕司僚佐，皆年老資高者爲之，類不稱職。臣謂凡軍功、進士諸科、門蔭人，知錢穀利害，能使國用饒足而不傷民者，許上書自言。就擇其可用，授以職事。每五年委吏部通校有無水旱屯兵，視其增耗而黜陟之。自漢武帝用桑弘羊始立榷酤法，民間粟麥歲爲酒所耗者十常二三。宜禁天下酒麴，自京師及州郡官務，仍舊不得酤販出城。其縣鎮鄉村，權行停止。」不報。

三年，坐捕蝗不如期，貶川州刺史，削官一階，解職。上御便殿，召左諫議大夫奚𥃩、翰林待制劉仲誨，祕書少監移剌子敬，訪問古今事。少間，顗從容請曰：「梁肅材可惜，解職太重。」上曰：「卿言是也。」乃除河北東路轉運副使。是時，窩斡亂後，兵食不足，詔肅措置沿邊兵食。移牒肇州、北京、廣寧鹽場，許民以米易鹽，兵民皆得其利。四年，通檢東平、大名兩路户籍物力，稱其平允。他使者所至皆以苛刻增益爲功，百姓訴苦之。朝廷勑諸路以東平、大名通檢爲準，於是始定。

七年，父憂去官。起復都水監。河決李固〔九〕，詔肅視之，還奏「決河水六分，舊河水四分。今障塞決河，復故道爲一，再決而南則南京憂，再決而北則山東、河北皆可憂。不若止於李固南築隄，使兩河分流，以殺水勢便」。上從之。

改大理卿。尚輦局本把石抹阿里哥，與釘校匠陳外兒，共盜宫中造車銀釘葉。肅以阿里哥監臨，當首坐。他寺官以陳外兒爲首，抵死。上曰：「罪疑惟輕，各免死，徒五年，除名。」於時，東京久不治，上自擇肅爲同知東京留守事。遷中都都轉運使，轉吏部尚書。上疏論臺諫，其大旨謂「臺官自大夫至監察，諫官自大夫至拾遺，陛下宜親擇，不可委之宰相，恐樹私恩，塞言路也」。上嘉納之。復請奴婢不得服羅，上曰：「近已禁奴婢服明金矣，可漸行之。」肅舉同安主簿高旭〔一〇〕，除平陽酒使，肅奏曰：「明君用人，必器使之。旭儒士，優於治民，若使坐列肆，榷酒酤，非所能也。臣愚以爲諸道鹽鐵使依舊文武參注，其酒稅使副以右選三差俱最者爲之。」上曰：「善。」改刑部尚書。

宋主屢請免立受國書之儀，世宗不從。及大興尹璋爲十四年正旦使，宋主使人就館奪其書，而重賂之。璋還，杖一百五十，除名。以肅爲宋國詳問使，其書略曰：「盟書所載，止於帝加皇字，免奉表稱臣，稱名再拜，量減歲幣，便用舊儀，親接國書。兹禮一定，於今十年。今知歲元國信使到彼，不依禮例引見，輒令迫取於館，姪國禮體當如是耶？往問其詳，宜以誠報。」肅至宋，宋主一一如約，立接國書。肅還，附書謝，其略曰：「姪宋皇帝謹再拜，致書于叔大金應天興祚欽文廣武仁德聖孝皇帝闕下。惟十載遵盟之久，無一豪成約之違，獨顧禮文，宜存折衷。矧辱函封之貺，尚循躬受之儀，既俯迫于輿情，嘗屢伸于誠請，因歲元之來使，遂商榷以從權。敢勞將命之還，先布鄙悰之懇，自餘專使肅控請祈。」肅還至泗州，先遣都管趙王府長史馳滿蒲馬入奏。世宗大喜，欲以肅爲執政，左丞相良弼曰：「梁肅可相，但使宋還即爲之，宋人自此輕我矣。」上乃止。

久之，爲濟南尹，上疏曰：「刑罰世輕世重，自漢文除肉刑，罪至徒者帶鐐居役，歲滿釋之，家無兼丁者，加杖准徒。今取遼季之法，徒一年者杖一百，是一罪二刑也，刑罰之重，於斯爲甚。今太平日久，當用中典，有司猶用重法，臣實痛之。自今徒罪之人，止居作，更不決杖。」不報。

未幾，致仕，起復彰德軍節度使，召拜參知政事。上謂侍臣曰：「梁肅以治入異等，遂至大任，廉吏亦可以勸矣。」肅奏：「漢之羽林，皆通孝經。今之親軍，即漢之羽林也。臣乞每百户賜孝經一部，使之教讀，庶知臣子之道，其出職也，可知政事。」上曰：「善，人之行，莫大於孝，亦由教而後能。」詔與護衛俱賜焉。復上奏曰：「方今斗米三百，人已困餓，以錢難得故也。計天下歲入二千萬貫以上，一歲之用餘千萬。院務坊場及百姓合納錢者，通減數百萬。院務坊場可折納穀帛，折支官兵俸給，使錢布散民間，稍稍易得。」上曰：「懸欠院務，許折納，可也。」

肅上疏論生財舒用八事。一曰，罷隨司通事。二曰，罷酒稅司杓欄人。三曰，天水郡王本族已無在者，其餘皆遠族，可罷養濟。四曰，裁減隨司契丹吏員。五曰，罷榷醋，以利與民。六曰，量減鹽價，使私鹽不行，民不犯法。七曰，隨路酒稅許折納諸物。八曰，今歲大稔，乞廣糴粟麥，使錢貨流出。上曰：「趙氏養濟一事，乃國家美政，不可罷。其七事，宰相詳議以聞。」上又曰：「朕在位二十餘年，鑒海陵之失，屢有改作，亦不免有繆戾者，卿等悉心奏之。」肅論「正員官被差，權攝官有公罪，及正員還任，皆准去官勿論，往往其人苟且，不事其事。乞于縣令中留十人備差，無差正員官」。上曰：「自今權攝有公罪，正員雖還而本職未替者，勿以去官論之。」肅曰：「誠如聖旨。」肅與宰相奏事，既罷，肅跪而言曰：「四時畋獵，雖古禮，聖人亦以爲戒。陛下春秋高，屬時嚴寒，馳騁於山林之間。法宮燕處，亦足怡神，願爲宗社自重，天下之福也。」上曰：「朕諸子方壯，使之習武，故時一往爾。」

同知震武軍節度使鄧秉鈞陳言四事，其一言外多闕官，及循資擬注不得人，上以問宰相張汝弼，曰：「循資格行已久，仍舊便。」肅曰：「不然。如亡遼固不足道，其用人之法有仕及四十年無敗事，即與節度使，豈必循資哉。」上曰：「仕四十年已衰老。察其政蹟，善者升之，後政再察之，善又升之，如此可以得人，亦無曠事。」肅曰：「誠如聖訓。」肅論盜賊不息，請無禁兵器。上曰：「所在有兵器，其利害如何？」肅曰：「他路則已，中都一路上農夫聽置之，似乎無害。」上曰：「朕將思之。」

凡使宋者，宋人致禮物，大使金二百兩，銀二千兩，副使半之，幣帛雜物稱是。及推排物力，肅自以身爲執政，昔嘗使宋，所得禮物多，當爲庶民率先，乃自增物力六十餘貫，論者多之。

二十三年，肅請老，上謂宰臣曰：「梁肅知無不言，正人也。卿等知而不言，朕實鄙之。雖然，肅老矣，宜從其請。」遂再致仕。詔以其子汝翼爲閤門祗候。二十八年，薨。謚正憲。

移剌慥本名移敵列，契丹虞呂部人。通契丹、漢字，尚書省辟契丹令史，攝知除，擢右司都事。正隆南伐，兼領契丹、漢字兩司都事。大定二年，除真定少尹，入爲侍御史。母憂去官。起復右司員外郎，累官陳州防禦使。左丞相紇石烈良弼致仕，上問：「誰可代卿者？」對曰：「陳州防禦使移剌慥，清幹忠正，臣不及也。」遂召爲太府監。改刑部侍郎。

十九年，以按出虎等八猛安，自河南徙置大名、東平之境。還爲大理卿，被詔典領更定制條。初，皇統間，參酌隋、唐、遼、宋律令，以爲皇統制條。海陵虐法，率意更改，或同罪異罰，或輕重不倫，或共條重出，或虛文贅意，吏不知適從，夤緣舞法。慥取皇統舊制及海陵續降，通類校定，通其窒礙，略其繁碎。有例該而條不載者，用例補之。特闕者用律增之。凡制律不該及疑不能參決者，取旨畫定。凡特旨處分，及權宜條例内有可常行者，收爲永格。其餘未可削去者，別爲一部。大凡一千一百九十餘，爲十二卷。書奏，詔頒行之，賜銀幣有差。

頃之，摘徙山東猛安八謀克于河北東路，置之酬斡、青狗兒兩猛安舊居之地，詔無牛耕者買牛給之〔一二〕。攝御史大夫。數月，改御史中丞，兼同修國史，遷刑部尚書，改吏部尚書。尋改大興尹。

駕幸上京，顯宗守國，使人諭之曰：「自大駕東巡，京尹所治甚善。我將有春水之行，當益勤乃事。」還以所獲鵝鴨賜之。有疾在告，遣官醫診視。復爲刑部尚書。上還自上京，以爲西京留守，改臨洮尹，卒。

移剌子敬字同文，本名屋骨朵魯，遼五院人。曾祖霸哥，同平章事。父拔魯，准備任使官。都統杲克中京，遼主西走，留拔魯督輜重，已而輜重被掠，拔魯乃自髠，逃于山林。子敬讀書好學，皇統間，特進移剌固修遼史，辟爲掾屬，遼史成，除同知遼州事。舊本廳自有占地，歲入數百貫，州官歲取其課，地主以爲例，未嘗請辯。子敬曰「已有公田，何爲更取民田」，竟不取。秩滿，郡人請留于行臺省，不許。天德三年，入爲翰林修撰，遷禮部郎中。

正隆元年，諸將巡邊，詔子敬監戰，軍帥以戰獲分將士，亦以遺子敬，子敬不受。及還，入見，海陵謂之曰：「汝家貧而不苟得，不受俘獲，朕甚嘉之。」凡同行官僚所取者，皆没入于官。其後詔子敬宴賜諸部，諭之曰：「凡受進，例遺宰臣，以汝前能稱職，故特命汝。」使還，遷翰林待制。

大定二年，以待制同修國史。是時，窩斡餘黨散居諸猛安謀克中，詔子敬往撫之，仍宣諭猛安謀克，及州縣漢人，無以前時用兵相殺傷，挾怨輒害契丹人。使還，改祕書少監，兼修起居注，修史如故。詔曰：「以汝博通古今，故以命汝。」常召入講論古今及時政利害，或至夜半。子敬有良馬，平章政事完顏元宜索之，子敬以元宜爲相也，不與。至是，元宜乞致仕，罷爲東京，子敬乃以此馬贐行，識者韙之。

是時，僕散忠義伐宋，宋請和，而書式、疆界未定。子敬與祕書少監石抹頤、修起居注張汝弼侍便殿，上曰：「宋主求成，反覆無信，喜爲夸大。」子敬對曰：「宋人自來浮辭相欺，來書言海陵敗于采石，大軍北歸，按兵不襲，俾全師而還。海陵未嘗敗于采石，其譎詐多此類也。回書宜言往者大軍若令渡江，宋國境土，必爲我有。」上曰：「彼以詭詐，我以誠實，但當以理折之。」遷右諫議大夫，起居注如故。

上幸西京，州縣官入見，猛安謀克不得隨班。子敬奏軍民一體，合令猛安謀克隨班入見，上嘉納之，於是責讓宣徽院。及端午朝會，詔依子敬奏行之。子敬言山後禁獵地太廣，有妨百姓耕墾，上用其言，遂以四外獵地與民。遷祕書監，諫議、起居如故。

子敬舉同知宣徽院事移剌神獨斡、兵部侍郎移剌按荅，太子少詹事烏古論三合自代，上不許。子敬與同簽宣徽院事移剌神獨斡侍，上曰：「亡遼不忘舊俗，朕以爲是。海陵習學漢人風俗，是忘本也。若依國家舊風，四境可以無虞，此長久之計也。」世宗將如涼陘，子敬與右補闕粘割斡特剌、左拾遺楊伯仁奏曰：「車駕至曷里滸，西北招討司囿於行宮之內地矣。乞遷之於界上，以屏蔽環衞。」上曰：「善。」詔尚書省曰：「招討斜里虎可徙界上，治蕃部事。都監撒八仍於燕子城治猛安謀克事。」

上與侍臣論古之人君賢否，子敬奏曰：「陛下凡與宰臣謀議，不可不令史官知之。」上曰：「卿言是也。」轉簽書樞密院事，同修國史，出爲河中尹，請老。河中地熱，上恐子敬不耐暑，改興中尹。子敬女自懿州來興中省謁，遇盜途中，剽掠其行李且盡，既而還之，謝曰：「我輩初不知爲府尹家也，尹有德于民，尚忍侵犯邪。」徙咸平、廣寧尹。二十一年，致仕，卒于家，年七十一。子敬嘗使宋，及受諸部進貢，所受禮物，皆散之親舊。及卒，家無餘財，其子質宅以營葬事。

贊曰：金制，尚書令、左右丞相、平章政事，是謂宰相。左右丞、參知政事，是謂執政。大抵因唐官而稍異焉，因革不同，無足疑者。書曰：「元首明哉，股肱良哉，庶事康哉。」又曰：「元首叢脞哉，股肱惰哉，萬事隳哉。」宰相、執政，豈異道邪。蘇保衡、翟永固、魏子平、孟浩、梁肅皆當時之賢執政也。移剌慥、子敬有其才，適其時，而位不及者，亦命也夫。

校勘記

〔一〕左監軍撒离喝駐軍陝西　按，本書卷四熙宗紀，天眷三年五月，命「右監軍撒离合出河中趍陝西」，十二月「己亥，以元帥左監軍阿离補爲左副元帥，右監軍撒离合爲右副元帥」。卷八四杲傳，「天會十四年，爲元帥右監軍。天眷三年，宗弼復取河南。撒离喝自河中出陝西。（中略）未幾，爲右副元帥」。則撒离喝未嘗任左監軍，「左監軍」當爲「右監軍」之誤。

〔二〕詔保衡安撫山東前太子少保高思廉安撫臨潢　按，本書卷六世宗紀上，大定二年正月，「詔前工部尚書蘇保衡、太子少保高思廉振賜山東百姓」。與此異。

〔三〕三年拜參知政事　「三年」，原在「拜參知政事」之下。按，本書卷六世宗紀上，大定三年六月，「以刑部尚書蘇保衡爲參知政事」。今據乙正。

〔四〕考試貞元二年進士　「二年」，原作「元年」。按，本書卷八四張景仁傳，「貞元二年，與翟永固俱試禮部進士，以『尊祖配天』爲賦題，忤海陵旨」。卷八三张浩傳附子張汝霖傳，「貞元二年，賜吕忠翰牓下進士第」。卷一二五文藝傳上趙可傳、中州集卷二趙可小傳亦稱可爲「貞元二年進士」。今據改。

〔五〕正隆四年正月丁巳海陵朝永壽宫　按，本書卷六三后妃傳上海陵嫡母徒單氏傳，太后徒單氏初居上京永壽宫。貞元三年「十月，太后至中都，海陵帥百官郊迎，入居壽康宫」。卷二四地理志上中都路注，「大安殿之東北爲東宫，正北列三門，中曰粹英，爲壽康宫，母后所居也」。

又卷五海陵紀，貞元三年十二月乙未、正隆四年正月丙辰朔均記「上朝太后于壽康宮」。此「永壽宮」當爲「壽康宮」之誤。又「丁巳」，海陵紀作「丙辰」。

〔六〕高鳳庭　本書卷四熙宗紀皇統七年六月作「高鳳廷」。

〔七〕守道自濱州刺史召爲諫議大夫　按，本書卷八八完顏守道傳敍其自薊州刺史「遷昭毅大將軍，授左諫議大夫」。

〔八〕肅中都轉運副使改大興少尹　「肅」字下疑脱「自」字。

〔九〕河決李固　本書卷六世宗紀上、卷二三五行志、卷二七河渠志、卷七一宗敍傳皆作「河決李固渡」。

〔一〇〕肅舉同安主簿高旭　按，本書地理志無「同安縣」，疑「同安」或爲「固安」之誤。

〔一一〕「摘徙山東猛安八謀克于河北東路」至「詔無牛耕者買牛給之」　承上文移剌慥此時爲大理卿。按，本書卷四四兵志兵制，大定「二十三年，遣刑部尚書移剌慥遷山東東路八謀克處之河間」。又卷四七食貨志二田制，大定二十二年「九月，遣刑部尚書移剌慥于山東路猛安内摘八謀克民，徙于河北東路酬斡、青狗兒兩猛安舊居之地，無牛者官給之」。均言其時移剌慥爲刑部尚書，而非大理卿。

金史卷九十

列傳第二十八

趙元　移剌道本名按　高德基　馬諷　完顏兀不喝
劉徽柔　賈少沖子益　移剌斡里朵　阿勒根彥忠
張九思　高衎　楊邦基　丁暐仁

趙元字善長，涿州范陽人。遼天慶八年，登進士第，仕至尚書金部員外郎。遼亡，郭藥師爲宋守燕，以元掌機宜文字。王師取燕，藥師降，樞密使劉彥宗辟元爲本院令史。天會間，同知薊州事。有賊殺人横道，官吏圜視莫知所爲，路人耕夫聚觀甚衆。元指田中釋耒而來者曰：「此賊也。」叱左右縛之，遂伏。僚吏問其故，元曰：「偶得於眉睫間耳。」其後朝廷立磨勘格，凡嘗仕宣和者皆除名籍，元在磨勘中。

齊國廢，置行臺省于汴，選名士十餘人備官屬，元在選中，授行兵部郎中。行臺徙大名，再徙祁州，及宗弼再取河南，元皆攝户部事，賦調兵食取辦。天眷三年，爲行臺右司員外郎，囚有殺人當死者，行臺欲宥之，元不從，反覆數四，勢不可奪，乃仰天嘆曰：「如殺人者可宥，死者復何辜，何欲徼己福而亂天下法乎？」行臺竟不能奪。改左司員外郎，攝吏部事。在行臺凡十年，吏事明敏，宗弼深知之，行臺或有事上相府，宗弼必問：「曾經趙元未也？」其見重如此。爲同簽汴京留守事，改同知大名尹，用廉遷河北西路轉運使，歷彰德、武勝等軍節度使，以老致仕，卒于家。

移剌道本名按。宗室移剌古爲山東東路兵馬都總管，辟掌軍府簿書，往來元帥府計議邊事，右副元帥宗弼愛其才，召爲元帥府令史。補尚書省令史，特除監察御史，再遷大理丞，兼工部員外郎。海陵南伐，使督運芻糧，所在盜起，道路梗澀，間關僅至淮南。上謁，承問，具言四方盜賊狀，海陵惡聞其言，杖之七十，使督戰艦渡江，會海陵死，軍還。

大定二年，除工部郎中。奉詔招撫諸奚。是時，抹白猛安下謀克徐列等皆欲降，制於猛安合住，不敢即降。道發兵掩襲合住子婦孫男女甥，及謀克留住，及蒲輦白撒妻孥。是日，適斡斡遣白撒發抹白猛安軍，白撒聞其家人被獲，遂來降。改禮部郎中。從討斡斡，佩金牌，與應奉翰林文字訛里也招降叛奚。

奉使河南，勸課農桑，密訪吏治得失。累遷御史中丞、同修國史，廉問職官殿最，還奏。上曰：「職官貪汙罪廢，其餘因循以苟歲月。今廉能即與升除，無以慰百姓愛留之意，可就遷秩，秩滿升除。」於是，廉能官景州刺史耶律補進一階，單州刺史石抹靳家奴、泰寧軍節度副使尹昇卿、寧陵縣令監邦彥、濬州司候張匡福各進兩階。貪汙官同知濬州防禦使事蒲速越、真定縣令特謀葛並免死，杖一百五十，除名。同知睢州事烏古孫阿里補杖一百，削四階，非奉旨不得録用。於是，道改同知大興尹事。詔曰：「京師士民輻湊，犯法者衆，罪狀自實，毋爲文所持，斷之以公可也。朕嘗諭執政矣，必不以小苛譴卿，勉副朕意。」

遷刑部尚書。尚厩局使宗夔、副使石抹青狗私用官芻，事覺。尚厩局隸點檢司，刑部當自問。點檢烏林荅天錫屬刑部使輕其罪，刑部以付大興府鞫治，於是道及天錫、郎中丁暐仁皆坐解職。尋起爲大理卿，兼簽書樞密院事，再遷西京留守，卒。

高德基字元履，遼陽渤海人。皇統二年，登進士第。六年，爲尚書省令史。海陵爲相，專愎自用，人莫敢拂其意，德基每與之詳辨。及篡位，命左司郎中賈昌祚諭旨曰：「卿公直果敢，今委卿南京行省勾當。」未行，會海陵欲都燕京，命德基攝燕京行臺省都事。改攝右司員外郎，除户部員外郎，改中都路都轉運副使，遷户部郎中。

正隆三年，詔左丞相張浩、參知政事敬嗣暉營建南京宮室。明年，德基與御史中丞李籌、刑部侍郎蕭中一俱爲營造提點。海陵使中使謂德基等曰：「汝等欲乘傳往邪？欲乘己馬往邪？銀牌可於南京尚書省取之。」籌乞先降銀牌，復遣中使謂籌曰：「牌之與否，當出朕意，爾敢輒言，豈以三人中，官獨高邪。」遂杖之三十，遣乘己馬往，德基、中一乘傳往。轉同知開封尹。

大定三年，以察廉治狀不善，下遷同知北京路都轉運使事。是年秋，土河泛濫，水入京城，德基遽命開長樂門，疏分使入御溝，以殺其勢，水不能爲害。遷刑部侍郎。七年，改中都路都轉運使。九年，轉刑部尚書。有犯罪當死者，宰相欲從末減，德基曰：「法無二門，失出猶失入也。」不從。及奏，上曰：「刑部議，是也。」因召諸尚書諭之曰：「自朕即位以來，以政事與宰相爭是非者，德基一人而已。自今部上省三議不合，即具以聞。」爲宋主生日使。及還，宋人禮物外附進臘茶三千胯，不親封署。德基曰：「姪獻叔，而不署，是無名之物也。」却之。

十一年，改户部尚書。德基上疏，乞免軍須房税等錢，減農税及鹽酒等課，未報。隨朝官俸粟折錢，增高市價與之，多出官錢幾四十萬貫，上使人諭之曰：「卿爲尚書，取悦宰執近臣，濫出官錢。卿之官爵，一出於朕，柰何如此。」於是決杖八十，户部郎中王佐、員外郎盧彦沖、同知中都轉運使劉甡、副使石抹長壽、支度判官韓鎮、左警巡使李克勤、右警巡使李寶、判官强鋭昌、姚宗奭、尼厖古達吉不，皆決杖有差。詔自大定十一年十一月郊祀赦後〔一〕，尚書省、御史臺、户部、轉運司、警巡院多支俸粟折錢，皆追還之。德基降蘭州刺史，王佐降大興府推官，盧彦沖河北西路户籍判官，劉甡東京警巡使，石抹長壽東京留守推官，韓鎮河東南路户籍判官，李克勤通遠縣令，李寶清水縣令，强鋭昌、姚宗奭、尼厖古達吉不皆除司候。大定十二年，德基卒，年五十四。子錫。

馬諷字良弼，大興漷陰人。國初以燕與宋，諷游學汴梁，登宣和六年進士第。宗翰克汴京，諷歸朝，復登進士第，調蔚州廣靈丞，遷雄州歸信令。境有河曰八尺口，每秋潦漲溢害民田，諷視地高下，疏決之，其患遂息。召爲尚書省令史，除獻州刺史。

天德初，改寧州，民有告謀不軌者，株連數十百人，諷察其無狀，乃究問告者，告者具伏其誣，衆懽呼感泣。再遷南京副留守，入爲大理少卿。是時，高禎爲御史大夫，素貴重，繩治無所避，權貴憚其威嚴，乃以諷及張忠輔爲中丞，欲有以中傷之者。諷、忠輔皆文吏巧法，不能與禎絲髮相假借，禎畏其害己，因訴于海陵，海陵以禎太祖舊臣，每慰安之。諷改大理卿，歲餘出爲順天軍節度使。

大定二年，復爲大理卿，遷刑部尚書，改忠順軍節度使，致仕。卒。

完顏兀不喝，會寧府海姑寨人。年十三，選充女直字學生。補上京女直吏，再習小字兼通契丹文字。充尚書省令史。天德初，除吏部主事，鞫問押懶路詐襲謀克事，人稱其能，擢右拾遺。海陵謂之曰：「始聞汝名，試以吏部主事。今計其實，優於所聞遠矣。」累遷右司郎中。從海陵伐宋，至淮南，聞世宗即位于遼陽，兀不喝入白其事，海陵沉思良久，曰：「卿等始聞之邪。我已知之，遣人往矣。此大事勿泄于外。」大定二年，秩滿當代，世宗嘉其善敷奏，特詔再任，謂宰臣曰：「兀不喝爲人公忠，後來有如斯人者，卿等宜薦舉之。」其見知如此。

窩斡已平，詔罷契丹猛安謀克，其元管户口，及從窩斡作亂來降者，皆隸女直猛安謀克，遣兀不喝於猛安謀克人户少處分置。未經罷去猛安謀克合承襲者，仍許承襲，賑贍其貧乏者，仍括買契丹馬匹，官員年老之馬不在括限。頃之，世宗以諸契丹未嘗爲亂者與來降者一概隸女直猛安中，非是，未嘗從亂可且仍舊。平章政事完顏元宜奏，已遷契丹所棄地，可遷女直人與不從亂契丹雜處。上以問右丞蘇保衡、參政石琚，皆不能對。上責之曰：「卿等每事先熟議然後奏，有問即對，豈容不知此。」保衡、琚頓首謝，上曰：「分隸契丹，以本猛安租税給贍之，所棄地與附近女直人及餘户，願居者聽，其猛安謀克官，選契丹官員不預亂者充之。」改同知大興尹，遷横海軍節度使。初到官，讞囚能得其情，人以爲不冤。五年，卒官。

劉徽柔字君美，大興安次人。天眷二年，擢進士第。初爲真定欒城主簿，轉開遠軍節度掌書記，遷洪洞令。徽柔明敏善聽斷。縣人楊遠者，投牒于縣，以爲夜雨屋壞，壓其姪死，號訴哀切。徽柔熟視而笑曰：「汝利姪財而殺之，乃誣雨耶？」叱付獄，其人立伏曰：「公神明也，不敢延死。」遂寘于法。秩滿，縣人遮戀不得去者彌日，爲立生祠，刻石頌德。

正隆二年，入爲大理評事，遷司直。大定二年，同知河東南路轉運使事，以廉第一，改知平定軍，入爲大理少卿。七年，知磁州，改同知南京留守事。十年，遷中都路轉運使，卒官。

賈少沖字若虛，通州人。勤學，日誦數百千言。家貧甚，嘗道中獲遺金，訪其主歸之。天會中，再伐宋，調及民兵。少沖甫冠，代其叔行，雖行伍間，未嘗釋卷。中天眷二年進士。劉筈欲以妹妻之，少沖辭不就曰：「富貴當自致之。」調營州軍事判官，遷定安令。蔚州刺史恃貴不法，屬吏畏之，每事輒曲從其意，少沖守正不阿。用廉進官一階，再遷吏部主事、定武軍節度副使、河中府判官。海陵寖以失道，少沖謂所親曰：「天下且亂，不可仕也。」秩滿，乃不求仕。

大定二年，調御史臺典事，累遷刑部郎中。往北京決獄，奏誅首惡，誤牽連其中者皆釋不問，全活凡千人。以本職攝右司員外郎。嘗執奏刑名甚堅，既退，上謂侍臣曰：「少沖居下位，有守如此。」除同知河間尹。數月，入爲祕書少監，兼起居注、左補闕。

少沖外柔內剛，每從容進諫，世宗稱美之。十四年，爲宋主生日副使，宋國方有祈請，上以意諭少沖，少沖對曰：「臣有死無辱。」宋人別致珍異，少沖笑謂其人曰：「行人受賜自有常數，寧敢以賂辱君命乎。」遂不受。使還，世宗嘉之，遷右諫議大夫，祕書、起居注如故。十七年請老，除衛州防禦使，遷河東南路轉運使，召爲太常卿，兼祕書少監。復請致仕，不許，改順天軍節度使，卒。

少沖性夷簡，不喜言利，嘗教諸子曰：「蔭所以庇身，筦庫不可爲也。」聞者尚之。子益。

益字損之，少穎悟如成人。大定十四年，父少沖爲祕書少監，充宋主生日副使，益侍行。是時，宋人常爭起立接受國書之禮，少沖問益曰：「即宋人欲變禮，持議不決，柰何？」益曰：「守死無辱，可謂使矣。」少沖大奇之。中大定十九年進士，調河津主簿。丁父憂去官，察廉起復鑾山令，補尚書省令史。丁母憂，服闋，除定海軍節度副使，監察御史，治書侍御史，轉侍御史，知登聞鼓院〔二〕，兼少府少監。未幾，改禮部郎中，兼知登聞鼓院，看讀陳言文字，遷左司郎中，改吏部侍郎，兼蔡王傅。以病免。除鄭州防禦使，陝西東路轉運使，順天軍節度使。

大安初，召爲吏部尚書，有疾，改安國軍節度使。益調民夫修完城郭，爲戰守備，按察司止之，不聽，曰：「治城，守臣事也，按察何預。」既而兵至，以有備解去。改橫海、定國軍節度使，道阻不赴。宣宗初爲吏部尚書，益爲侍郎，相得歡甚，貞祐二年至汴京，訪益所在，召爲太常卿。上防秋十三事，與户部尚書李革論遷河北軍民不便，不報。貞祐三年，致仕。元光元年，卒。

移剌斡里朵，一名八斤，系出遼五院司，通契丹字。天會三年伐宋，隸軍中，遇戰輒先登，屢獲偵人，有司上其功，補尚書省令史。十五年，籍發諸部兵於山後，將與右丞蕭慶會，時官軍竄而南者凡數千，斡里朵以兵邀擊之，盡獲其輜重財物，悉送有司而去，一毫弗取。以勞遷修武校尉。宗弼復河南，斡里朵督諸路帥臣進討，事定以勞遷宣武將軍。時六部未分，乃以爲兵刑二部主事。未幾，遷右司都事。皇統二年，授大理正，歷同知昭德軍節度使事，以廉陞孟州防禦使。

正隆間，轉同知北京留守事。會遊古河闌子山等猛安契丹謀亂，時方發兵討之，别遣斡里朵押軍南下。至松山縣爲賊黨江哥所執，且欲推爲主盟，要以契約，斡里朵怒曰：「我受國厚恩，豈能從汝反耶，寧殺我，契約不可得也。」賊知不可屈，乃困辱之，使布衣草履逐馬而行，且欲害之。斡里朵説其監奴，因得脱還。六年九月，改北京路轉運使。

大定初，爲博州防禦使，再遷利涉軍節度使。先是，有農民避賊入保郡城，以錢三十千寄之鄰家，賊平索之，鄰人諱不與，訴于縣，縣官以無契驗却之，乃訴于州。斡里朵陽怒械繫之，捕其鄰人，闗以三木，詰之曰：「汝鄰乙坐劫殺人，指汝同盜。」鄰人大懼，始自陳有欺錢之隙，乃責歸所隱錢而釋之，郡人駭服。改通遠軍節度使，卒。

阿勒根彦忠本名窊合山，曷速館人也。好學，通吏事。天會十四年，選充尚書兵部孔目官，陞尚書省令史，除右司都事。七年〔三〕，改大理丞，爲會寧少尹，進同知會寧府事，入爲尚書吏禮部郎中。貞元二年，進本部侍郎。海陵庶人凡有所疑，常使彦忠裁決，彦忠據法以對。間有不合，則召讓之，彦忠執奏如前，終無阿屈，同列咸爲懼，彦忠固執不變，海陵壯之。明年，除御史中丞，歷尚書户部侍郎、侍衛親軍副都指揮使。海陵南伐，除南京路都轉運使。大定二年，改大名尹，兼本路兵馬都總管。四年，入爲刑部尚書。詔規措北邊艱食户口。及泰州、臨潢接境，度宜安置堡戍七十〔四〕，駐兵萬三千，芻糧之用就經畫之。還朝未及入對，以疾卒，年五十三。

彦忠性孝友，嘗使宋，所得金帛，盡分兄弟親友。贈榮禄大夫，命有司致祭，并以銀絹賜其家。

張九思字全行，錦州人。皇統初，補行臺省女直譯史，除同知易州事，三遷亳州防禦使、歸德尹。劉仲延受宋國歲貢於泗州，九思副之。往歲受歲貢者，每以幣物不精責宋使者，宋使者私饋銀幣各直數百千以爲常，九思獨不肯受，仲延從之，自是私饋遂絶。自大理評事，再遷大理少卿。清池令雙申自陳「父虔，天眷初，知永安軍，遇叛寇孟邦傑，執而脅之，不從，遂被害。乞正班用廕」。大理寺議，虔子止合雜班敍，九思曰：「虔奮不顧身，守節以死，其子正班用廕，以勸忠孝。」世宗從九思議。改工部郎中，大興少尹，同知中都都轉運使事，轉刑部侍郎，改工部。

九思所守清約，然急於進取，一切以功利爲務，率意任情不恤百姓。詔檢括官田，凡地名疑似者，如皇后店、太子莊、燕樂城之類〔五〕，不問民田契驗，一切籍之，復有鄰接官地冒占幸免者。世宗聞其如是，召還戒之曰：「如遼時支撥地土，及國初元帥府拘刷民間指射租田，近歲冒爲己業，此類當拘籍之。其餘民田，一旦奪之則百姓失業，朕意豈如此也。」轉御史中丞。九思言屯田猛安人爲盜徵償，家貧輒賣所種屯地。凡家貧不能徵償者，止令事主以其地招佃，收其租入，估賈與徵償相當，即以其地還之。臨洮尹完顔讓亦論屯田貧人徵償賣田，乞用九思議，詔從之。

遷工部尚書。年高愈自用，上謂左丞張汝弼曰：「九思耄矣，頗執强自用，欲令外補，何如？」於是，九思男若拙爲尚書省令史，冒填詔敕，事覺，亡命。汝弼因奏其事，上曰：「九思豈不知若拙處邪？可免其官，捕若拙，獲日授職。」九思聞命惶懼，因感疾，卒。

高衎字穆仲，遼陽渤海人。敏而好學，自少有能賦聲，同舍生欲試其才，使一日賦十題戲之，衎執筆怡然，未暮十賦皆就，彬彬然有可觀。年二十六登進士第，乞歸養，逾二年方調漷陰丞，召爲尚書省令史，除右司都事。母喪去官，起復吏部員外郎，攝左司員外郎。

王彦潛、常大榮、李慶之皆在吏部選中，吏部擬彦潛、大榮皆進士第一，次當在慶之上，彦潛洺州防禦判官，大榮臨海軍節度判官，慶之瀋州觀察判官。左司郎中賈昌祚挾私，欲與慶之洺州，詭曰：「洺雖佳郡，防禦幕官在節鎮下。」乃改擬彦潛臨海軍，大榮瀋州，慶之洺州。慶之初赴選，昌祚以慶之爲會試詮讀官〔六〕，而慶之弟慶雲爲尚書省令史，多與權貴游，海陵心惡之，嘗謂左右司「昌祚必與慶之善闕」。大奉國臣者，遼陽人，永寧太后族人，先爲東京警巡院使，以贓免去，欲因太后求見，海陵不許。衎與奉國臣有鄉里舊，擬爲貴德縣令。海陵大怒，於是昌祚、衎、吏部侍郎馮仲等，各杖之有差，慶雲決杖一百五十，罷去。未幾，仲、昌祚、慶雲皆死，衎降爲清水縣主簿，兵部員外郎攝吏部主事楊邦基降宜君縣主簿，吏部主事宋仝降瀠陰縣主簿，尚書省知除楊伯傑降閬陽縣主簿。

居二年，爲大理司直，遷户部員外郎，同知中都都轉運使，太常少卿，吏部郎中。大定初，轉左司郎中。世宗孜孜求諫，羣臣承順旨意，無所匡正，上曰：「朕初即位，庶政多未諳悉，實賴將相大臣同心輔佐。百姓且上書言事，或有所補。夫聽斷獄訟，簿書期會，何人不能，如唐、虞之聖，猶曰『稽于衆，舍己從人』。正隆專任獨見，不謀臣下，以取敗亂。卿等其體朕意。」使衎傳詔臺省百司曰：「凡上書言事，或爲有司沮遏，許進表以聞。」

遷吏部尚書。每季選人至，吏部託以檢閱舊籍，謂之檢卷，有滯留至後季猶不得去者。衎三爲吏部知其弊，歲餘銓事修理，選人便之。

五年，爲賀宋國生日使，中道得疾去職。大定七年，卒。

楊邦基字德懋，華陰人。父絢，宋末爲易州州佐。宗望伐宋，蔡靖以燕山降，易州即日來附，絢被殺，邦基年十餘歲，匿僧舍中，得免。既長，好學。

天眷二年，登進士第，調灤州軍事判官，遷太原交城令。太原尹徒單恭貪汙不法，託名鑄金佛，命屬縣輸金，邦基獨不與，徒單恭怒，召至府，將以手持鐵拄杖撞邦基面，邦基不動。秉德廉察官吏，尹與九縣令皆免去，邦基以廉爲河東第一，召爲禮部主事。以兵部員外郎攝吏部差除，坐銓注李慶之、大奉國臣，與高衎等皆貶官〔七〕，邦基降坊州宜君簿〔八〕。轉高密令。

大定初，尚書省擬邦基刑部郎中，世宗曰：「縣官即除郎中，如何？」太師張浩對曰：「邦基前爲兵部員外郎矣，且其人材可用。」上許之。改太府少監，知登聞檢院，爲祕書少監，遷翰林直學士，再遷祕書監兼左諫議大夫，修起居注。

中都警巡使張子衍與邦基姻家，子衍道中遇皇太子衛仗，立馬市門不去繖，衛士訶之，子衍以鞭鞭衛士訶己者。御史臺劾奏子衍，邦基見臺官爲子衍求解，及入見顯宗，求脱子衍罪。詔削子衍官兩階。邦基坐削官一階，出爲同知西京留守事，徙山東東路轉運使，永定軍節度使，致仕。大定二十一年，卒。邦基能屬文，善畫山水人物，尤以畫名當世云。

丁暐仁字藏用，大興府宛平人。曾祖奭。祖惟壽。父筠，以吏補州縣，所至有治聲，其後致仕，杜門不出，鄉里有鬬訟者，不之官而就筠質焉。

暐仁沖澹寡欲，讀書之外，無他好，遼季避難，雖間關道塗未嘗釋卷。皇統二年，登進士第，調武清縣丞。縣經兵革後，無學校，暐仁召邑中俊秀子弟教之學，百姓欣然從之。調磁州軍事判官。是時，詔使廉察官吏，暐仁以廉攝守事。遷和川令。前令罷耎不事事，羣小越法干禁無所憚，暐仁申明法禁，皆屏息，或走入他縣以避之。有董祐者最强悍，畏服暐仁，以刀斷指，誓終身不復犯法。凡租賦與百姓前爲期率，比他邑先辦。歷北京推官，再遷大理司直，以憂去官，尋起復。

大定三年，除定武軍節度副使，而節度使、同知皆闕，暐仁爲政無留訟。改大理丞，吏部員外郎，轉户部郎中。於是，賈少沖爲刑部郎中，上謂左丞相紇石烈良弼曰：「少沖爲人柔緩，不稱刑部之職，其議易之。」乃以暐仁爲刑部郎中。坐尚厩局官私用官芻，違格付大興府鞫問，解職。改祁州刺史。祁州爲定武支郡〔九〕，士民聞暐仁之官，相率歡迎界上，相屬不絕。改同知西京留守事，首興學校，以明養士之法。遷陝西西路轉運使〔一〇〕。大定二十一年，卒官。

贊曰：吏之興，其秦之季邪？吏有選試，其遼、金之際邪？其文「從一，從史」，守法不貳之謂邪？守法不貳，斯真吏矣。巧者舞文以亂法，窒者執一而弗通，此皆吏道之自失者也。高衎、高德基、張九思之徒，皆詭法以自失者矣。

校勘記

〔一〕詔自大定十一年十一月郊祀赦後　「十一月」，原作「八月」，據局本改。按，本書卷六世宗紀上，大定十一年十一月「丁亥，有事于圓丘，大赦」。卷二八禮志一郊，「大定十一年始郊，命宰臣議配享之禮。（中略）八月詔曰：『（中略）以今年十一月十七日有事于南郊』」。

〔二〕知登聞鼓院　本書卷一〇章宗紀二，明昌六年十二月乙卯，「以知登聞檢院賈益爲高麗生日使」。又卷九七閻公貞傳，「承安元年，遷翰林侍讀學士，仍兼前職，命與登聞檢院賈益同看讀陳言文字」。均作「登聞檢院」。下文同。

〔三〕七年　按，天會十四年後，貞元二年前，有「七年」者惟「皇統」。疑此上當脱「皇統」二字。

〔四〕度宜安置堡戍七十　「七十」，原作「七」。按，本書卷六世宗紀上，大定五年正月「乙卯，詔泰州、臨潢接境設邊堡七十，駐兵萬三千」。今據改。

〔五〕如皇后店太子莊燕樂城之類　疑此處地名有誤。按，本書卷四七食貨志二田制，大定十九年十二月，「因詔括地官張九思戒之。復謂宰臣曰：『朕聞括地事所行極不當，如皇后莊、太子務之類，止以名稱便爲官地，百姓所執憑驗，一切不問。』」又載，大定二十二年，「上曰：『工部尚書張九思執强不通，向遣刷官田，凡犯秦、漢以來名稱，如長城、燕子城之類者，皆以爲官田。』」

〔六〕昌祚以慶之爲會試詮讀官　「詮讀官」，原作「銓讀官」，據北監本、殿本、局本改。按，本書卷五一選舉志一，「凡會試，知貢舉官、同知貢舉官，詞賦則舊十員，承安五年爲七員。經義則六員，承安五年省爲四員。詮讀官二員」。

〔七〕坐銓注李慶之大奉國臣與高衎等皆貶官　「大奉國臣」，原作「大興國奴」。按，本書卷六三后妃傳上海陵母大氏傳，「兄興國奴贈開府儀同三司、衞國公」。興國奴爵高位尊，不在銓注之列。又本卷高衎傳，「大奉國臣者，遼陽人，永寧太后族人，先爲東京警巡院使，以贓免去，欲因太后求見，海陵不許。衎與奉國臣有鄉里舊，擬爲貴德縣令」。今據改。

〔八〕邦基降坊州宜君簿　「宜君」，原作「宜春」。按，本書卷二六地理志下，鄜延路坊州有宜君縣。又本卷高衎傳，「楊邦基降宜君縣主簿」。今據改。

〔九〕改祁州刺史祁州爲定武支郡　「祁州」，原作「祈州」。按，本書卷二五地理志中，河北西路，「中山府。宋府，天會七年降爲定州博陵郡定武軍節度使，後復爲府」，所屬有「祁州」。宋史卷八六地理志二，河北西路有祁州，金承宋制，「祈州」當作「祁州」。今據改。

〔一〇〕遷陝西西路轉運使　「遷」字原脱，據局本補。

金史卷九十一

列傳第二十九

完顏撒改　龐迪　温迪罕移室懣　神土懣　移剌成
石抹卞　楊仲武　蒲察世傑本名阿撒　蕭懷忠
移剌按荅　孛术魯阿魯罕　趙興祥　石抹榮　敬嗣暉

完顏撒改，上京納魯渾河人也，其先居於兀冷窟河。身長多力，善用槍。王師南征，睿宗爲右副元帥，置之麾下，佩以金牌，使督軍事。天德元年〔一〕，授本班祗候郎君詳穩。其後從軍泰州路，軍帥以撒改爲萬户，領銀术可等猛安，戍北邊，數有戰功。二年正月，海陵庶人遣使夏國，諭以即位事，因令伺彼之意。既還，稱旨，爲尚書兵部郎中。改同知會寧尹，遷迭刺部族節度使，改甌里本羣牧使，爲曷懶路都總管。海陵伐宋，授衛州防禦使，爲武震軍都總管。

世宗即位，遣使召撒改，既至，除昌武軍節度使。已而爲山東路元帥副都統，改安化軍節度使，兼副都統如故。四年，徙鎮安武，仍兼副統。領山東、大名、東平三路軍八萬餘渡淮，會大軍伐宋。進至楚州，宋遣使奉歲幣。還邳州，卒。

龐迪字仲由，延安人。少倜儻，喜讀兵書，習騎射，學推步孤虛之術，無所效用。應募，隸涇原路第三副將，破賊有功，授保義郎。嘗從百餘騎經行山谷，遇夏人數千，衆皆駭懼請避，迪遂躍馬犯陣，敵皆披靡，身被重創，神色自若，完軍以還。自是知名，擢爲正將，權發遣涇原路兵馬都監。

齊國建，涇原路經略使張中孚舉迪權知懷德軍，兼沿邊安撫使。夏人合軍五萬薄懷德城，迪開門待之，夏人不敢入。因以數千騎分門突出，遂破之，斬首五百級，獲軍資羊馬甚衆。復破關師古兵，擢知涇州。未到官，改知鎮戎軍、沿邊安撫使。已而權淮南東路馬步軍副總管，總制沂、密、淮陽，兼權知沂州。丁父憂，去官，尋起復爲環慶路兵馬都鈐轄，權知邠州。齊國廢，改華州防禦使。頃之，軍變，被執入山。已而賊衆悔曰：「公爲政素善，豈宜劫辱。」遂縱之還，復領州事。

天眷元年，除永興軍路兵馬都總管兼知京兆府，徙臨洮尹，兼熙秦路兵馬都總管。陝右大饑，流亡四集，迪開渠溉田，流民利其食，居民藉其力，各得其所，郡人立碑紀其政績。官制行，吏部以武功大夫、博州團練使特授定遠大將軍。七年〔二〕，除慶陽尹。歷三考不易，以治最聞，詔書褒美，西人榮之。正隆元年，遷鳳翔尹，屢上章求退，不許。海陵南伐，徵斂煩急，官吏因緣爲姦，富者用賄以免，貧者破産益困。迪悉召民使共議增減，不加威督而役力均，人情大悅。五年，徙汾陽軍節度使。大定初，復爲臨洮尹，遷南京路都轉運使，以省事惜費，安靜爲政，河南稱之。徙絳陽軍節度使。卒官，年七十。

迪性純孝，父病，醫藥弗效，迪仰天泣禱，刲股作羹，由是獲安。昆弟析家財，迪盡以與之，一無所取。官爵之廕，率先諸姪。疾革，沐浴朝服而逝。

温迪罕移室懣，速頻屯懣歡春人，徙上京忽論失懶。兄朮輦，國初有功，授世襲謀克。移室懣性忠正强毅，善騎射，膂力過人。皇統初，襲其兄謀克，積戰功，爲洮州刺史。謂人曰：「謀克，兄職也。兄子斡魯古今已長矣。」遂以謀克讓還兄子。宗弼聞而嘉之曰：「能讓世襲，可謂難矣。」除貴德州刺史，改移典糺詳穩，遷烏古里部族節度使，改德昌軍。

正隆四年，大徵兵南伐，泰州猛安定遠阿補以所部叛還，移室懣以七謀克執定遠阿補，勒其衆付大軍。契丹反，敗會寧六猛安於締母嶺，屯於信、韓二州之境。移室懣率數千人殺賊萬餘于伊改河，以功遷臨潢尹。

世宗即位，賜手詔曰：「南征諸路將士及卿子姪安遠斡魯古、斜普兄弟，具甲仗悉來推戴，朕勉即大位。卿累世有功耆舊之臣，緣邊事未寧，臨潢劇任，姑仍舊職。聞樞密副使白彥敬、南京留守紇石烈志寧來討契丹，今已遣人往招之。其家皆在南京，恐或遯去，兼起異謀，若至則已，若不至，卿當以計執而獻之。兩次遣人招誘招討都監老和尚，去人不知彼之所在，久而不還。兼老和尚不知朕已即位，卿可使人諭以朕意。如來降，悉令復舊，邊關之事，可設耳目。」

是時，窩斡已反，領兵數萬來攻臨潢，諸路軍未至，窩斡勢益大。移室懣領城中軍士六百人邀擊窩斡，凡數接戰，勦殺甚衆，所乘馬中流矢而仆，爲賊所執。賊使移室懣招城中人曰：「爾生死在頃刻，能使城中出降，官爵如故；不然殺汝矣。」移室懣怒罵賊曰：「我受國家爵禄，肯從汝叛賊乎？」賊執之至城下，迫脅之使招城中。其妻子官屬將士皆登城臨望。移室懣厲聲曰：「我恨軍少不能滅賊。人生會有一死耳，汝輩慎勿降賊！一且開門納賊，城中百姓皆被殺掠，毋以我故敗國家事，賊無能爲也。」賊怒殺之。城中人皆爲之感激，推官麻珪益繕完城郭，右監軍神土懣、輔國上將軍阿思懣乘城固守。賊不克攻，遂引衆東行。

神土懣本諸宗室，贈銀青光禄大夫胡速魯改子也。年十五，事太宗爲左奉宸。皇統二年，充護衛，除武器署丞，累官肇州防禦使。大定初，除元帥右都監，與咸平尹吾扎忽率泰州兵及曷懶路兵千五百人，會臨潢尹移室懣討契丹。契丹犯臨潢，移室懣死，攻之不能克，廼引衆東行。神土懣表乞濟師。十二月甲辰，世宗次海濱縣，得奏，上曰：「神土懣、吾扎忽軍不少，可以從長攻襲矣。」會右副元帥謀衍以大軍至，神土懣改曷速館節度使，隸右翼，與紇石烈志寧敗賊於長濼，戰霿鬆河，皆有功，改婆速路兵馬都總管，卒。

移剌成本名落兀，其先遼横帳人也。沉勇有謀，通契丹、漢字。天會間，隸撻懶下爲行軍猛安，與宋人戰於楚、泗之間，成以所部先登，大破宋軍，功最諸將。劉麟約會天長軍議進止。成與夾古查合你俱爲撻懶前鋒，得宋生口爲鄉導，遂達天長，睿宗嘉之。後從宗弼將兵廢齊國。及再伐宋，攻濠州，每戰輒先登，多所摧破。宗弼再取河南，成及蕭懷忠等八猛安先渡。河南平，第功授宣武將軍，除威州刺史。用廉，擢同知延安尹，再遷昭義軍節度使。

正隆南伐，爲武毅軍都總管。撒八反，海陵以事誅契丹名將，成以本軍守磁，即遣妻子還汴。海陵用是不疑。時人高其有識。改神武軍都總管，與孛术魯定方爲淛東道先鋒，使由淮陰進兵。以所部護糧赴揚州，敵兵乘夜來攻，成整兵奮擊，斬刈甚衆。會海陵庶人死，軍還，復鎮昭義。

大定二年，以廉在優等，改河中尹。再除臨洮尹，招降喬家等族首領結什角。遷南京留守，召拜樞密副使，封任國公。改北京留守。卒。訃聞，上悼惜之，授其子順思阿不武功將軍，世襲咸平路鈔赤隣猛安下查不魯謀克。

結什角者，西番既衰，其苗裔曰堇氈〔三〕，其子曰巴氈角，始附宋，賜姓趙，改名順忠。順忠子永吉，永吉子世昌，皆受宋官，爲左武大夫，遥領萊州防禦使，襲把羊族長。朝廷定陝西，世昌换忠翊校尉。既而鬼蘆族長京臧殺世昌，朝廷遣兵執京臧，斬之臨洮市，以世昌子鐵哥爲把羊族都管。大定四年，宋人破洮州，鐵哥弟結什角與其母走入喬家族避之。喬家族首領播逋與鄰族木波隴逋、厖拜、丙離四族耆老大僧等立結什角爲木波四族長，號曰王子。其地北接洮州、積石軍。其南隴逋族，南限大山，八百餘里不通人行。東南與疊州羌接。其西丙離族，西與盧甘羌接。其北厖拜族，與西夏容魯族接。地高寒，無絲枲五穀，惟産青稞，與野菜合酥酪食之。其疆境共八千里，合四萬餘户。其居隨水草畜牧，遷徙不常。結什角念朝廷爲其父報讎，欲棄四族歸朝，四族不許。成至臨洮，使人招結什角，乃率四族來附，進馬百匹，仍請每年貢馬。詔曰：「遠人慕義，朕甚嘉之。其遣能吏往撫其衆，厚其賞賜。」

初，天會中，詔以舊積石地與夏人，夏人謂之祈安城。有莊浪四族，一曰吹折門，二曰密臧門，三曰隴逋門，四曰厖拜門，雖屬夏國，叛服不常。大定六年，夏人破滅吹折、密臧二門，其隴逋〔四〕、厖拜二門與喬家族相鄰，遂歸結什角。夏國遣使來告莊浪族違命作亂，欲興兵剪除。朝廷不知隴逋、厖拜二門舊屬夏國，報以將檢會其地舊所隸屬，毋擅出兵。

結什角之母居于莊浪族中。大定九年，結什角往省其母，夏人伺知之，遂出兵圍結什角，招之使降。結什角不從，率所部力戰，潰圍出，夏人斫斷其臂，虜其母去，部兵亦多亡者。結什角尋亦死，遺言請命朝廷，復立喬家族首領。陝西奏：「聞知夏國王李仁孝與其臣任得敬中分其國，發兵四萬，役夫三萬，築祈安城，殺喬家等族首領結什角。屢獲宋諜人，言宋欲結夏國謀犯邊境。」詔遣大理卿李昌圖、左司員外郎粘割斡特剌往按之，且止夏人毋築祈安城及處置喬家等族別立首領。夏國報云：「祈安本積石舊城，久廢，邊臣請設戍兵鎮撫莊浪族，所以備盜，非有他也。結什角以兵入境，以是殺之，不知爲喬家族首領也。」李昌圖等按視〔五〕，殺結什角之地本在夏境，築祈安城已畢工，皆罷歸，不得宋、夏交通之狀，乃於熙秦迫近宋、夏衝要量添戍兵。及問喬家等族民户，願以結什角姪趙師古爲首領，於是詔以趙師古爲木波喬家、丙離、隴逋、厖拜四族都鈐轄，加宣武將軍。

石抹卞本名阿魯古列。五代祖王五，遼駙馬都尉。父五斤爲羣牧使，從睿宗秋山，卞年十三，已能射，連獲二鹿，睿宗奇之，賜以良馬及金吐鶻。

天會末，宗弼爲右監軍，召卞隸帳下。丁父憂，是時宗磐爲太師，撻懶爲左副元帥，人爭附之，使人召卞，卞不往。宗磐、撻懶皆以罪誅，人多其有識。宗弼復取河南，與宋人戰於潁州，漢軍少却，卞身被七創，率勇士十餘騎奮擊，敗之。及宋稱臣，宗弼選嘗有勞者與俱入朝，授卞忠勇校尉。遷宣武將軍，除河間少尹。察廉，升遂州刺史，改壽州，再改唐州。丁母憂去官，起復唐州刺史。

海陵伐宋，卞爲武毅軍都總管，由別道進兵。遇宋伏兵數百人，以三十騎擊敗之，遂下信陽軍及羅山縣。至蔣州〔六〕，宋守將棄城遯，因取其城。頃之，軍士皆欲逃歸，闌子山猛安結漢軍三猛安謀克劫卞還，舍於獎水之曲〔七〕。卞乃陰約漢軍將吏乘夜掩殺闌子山猛安，復將其軍。

大定二年，除鄭州防禦使，以本官領行軍萬户伐宋。遷武勝軍節度使。宋人請和，明年，有水牛數百頭自淮南走入州境，僚佐欲收之充官用，卞不聽，復驅過淮還之。遷河南尹，轉西南路招討使，改大名尹。大名多盜而城郭不完，卞請修大名城。奏可。城完葺，盜賊不得發。徙臨洮尹，卒官，年六十三。

楊仲武字德威，保安人。父遇，以勇聞關西，爲宥州團練使。宋末，仲武謁經略使王庶求自效，遂用爲先鋒。婁室入關，仲武與鄜延路兵馬都監鄭建充俱降，爲安塞堡。環慶路兵馬都監〔八〕。皇統初，復陝西，將兵戍鳳翔，屢却宋軍。除知寧州。關中荐饑，境内盜賊縱横，仲武悉平之。改坊州刺史，復知寧州，遷同知臨洮尹，改同知河中府。

海陵營繕南京，典浮橋工役。臨洮地接西羌，與木波雜居，邊將貪暴，木波苦之，遂相率爲寇掠。仲武前治臨洮，乃從數騎入其營諭之曰：「此皆將校侵漁汝等，以至此爾。今懲治此輩，不復擾害汝也。」并以禍福曉之，羌人喜悦，寇掠遂息。至是，木波復掠熙河，熙河主帥使人諭之，不肯去，曰：「楊總管來，我乃解去。」熙河具奏，詔復遣仲武。當是時，木波謂仲武不能復來，及仲武至，與其酋帥相見，責以負約。對曰：「邊將苦我，今之來，求訴於上官耳。今幸見公，願終身不復犯塞。」乃舉酒酹天，折箭爲誓。仲武因以巵酒飲之曰：「當更爲汝請，若復背約，必用兵矣。」羌人羅拜而去。

及伐宋，以仲武爲威定軍都總管，駐兵歸德。大定三年，除武勝軍節度使，改陝西西路轉運使，卒。

蒲察世傑本名阿撒，曷速館斡篤河人，徙遼陽。初在梁王宗弼軍中。爲人多力，每與武士角力賭羊，輒勝之。能以拳擊四歲牛，折脅死之。有糧車陷淖中，七牛挽不能出，世傑手挽出之。宗敏爲東京留守，召置左右。海陵篡立，即以爲護衛。

海陵謂世傑曰：「汝勇力絶倫，今我兄弟有異志者，期以十日除之，則有非常之賞，仍盡以各人家產賜汝。」世傑受詔而不肯爲。已過十日，海陵怒，面責之。世傑曰：「臣自誓不以非道害物，雖死不敢奉詔。」海陵愛其勇，不之罪也。正隆四年，調諸路兵伐宋，年二十以上、五十以下皆籍之。他使者唯恐不如詔書，得數多，世傑往曷懶路得數少。海陵怪問之，對曰：「曷懶地接高麗，今若多籍其丁，即有緩急，何以爲備？」海陵喜曰：「他人用心不能及也。」除同知安國軍節度使事，賜銀二百五十兩、絹綵六百匹、馬二疋。

是時徵發不已，民不堪命，犯法者衆，邢久無長吏，獄囚積四百餘人。世傑到官月餘，決遣略盡。入爲宿直將軍，以事往胡里改路，還奏：「契丹部族大抵皆叛，百姓驚擾不安。今舉國南伐，賊若乘虛入據東土根本之地，雖得江、淮，無益也。宜先討平契丹，南伐未晚。」海陵不悅曰：「詔令已出矣。今以三萬兵選將屯中都以北，足以鎮壓。」世傑又曰：「若東土大族附於賊，恐三萬衆未易當也。」海陵不聽。

及發汴京，授鄭州防禦使，領武捷軍副總管。大軍渡淮，世傑以軍三千護糧餉東下，敗宋兵數千人，奪其戰船甚衆。至和州境，擊宋兵五萬人走之。明日，使其子兀迭領二百八十騎爲應兵，自領八百騎前戰，連射六十餘人皆應弦而斃，宋兵遂奔潰。海陵欲觀水戰，使世傑領水軍百人試之。宋人舟大而多，世傑舟小，乃急進，至中流取勝而還。

大定初，世傑復取陝州，敗宋兵石壕鎮，復敗宋援兵三千人，遂圍陝州。宋兵二千自潼關來，世傑以兵二百四十迎擊之，射殺十餘人，宋兵敗走。復敗之於土壕山，生擒一將。復以兵三百至斗門城，遇宋兵萬餘，宋將三人挺槍來刺世傑，世傑以刀斷其鎗，宋兵乃退。復以四謀克軍敗宋兵於土華，復圍陜州。世傑嘗擐甲佩刀，腰箭百隻，持鎗躍馬，往來軍中。敵人見而異之，曰：「真神將也。」親率選卒二百餘人穴地以入，城遂拔。再破宋軍三萬人，復虢州。

未幾，爲衞州防禦使，改河南路統軍都監。召赴闕，上慰勞良久，除西北路副統，賜厩馬、弓矢、佩刀。從僕散忠義討契丹。賊平，改華州防禦使，與徒單合喜經略隴右。合喜復德順，至東山堡，宋兵捍絶樵路，世傑擊走之，追至城下。城中出兵約二萬餘，敗之，殺傷甚衆。宋經略使荆臯棄德順走，世傑與左都監璋追破其軍。改亳州防禦使，四遷通遠軍節度使。宋人輒入鞏州境糴米麵，有司執之，世傑署案作歸附人，縱遣之。譯吏蔡松壽誣府主謀叛，坐斬。十八年，起爲弘州刺史。母憂去職。累遷亳州防禦使，卒。

世傑少貧，然疎財尚氣，每臨陣，敵衆既敗，必戒士卒毋縱殺掠。平居非忠孝不言，親賢樂善，甚獲當世之譽云。

蕭懷忠本名好胡，奚人也。爲西北路招討使。蕭裕等謀立遼後，使蕭招折往西北路結懷忠，并結節度使耶律朗爲助。懷忠與朗有隙，遂執招折并執朗，遣使上變。裕等既誅，懷忠爲樞密副使，賜今名。復爲西北路招討使，西京留守，封王。改南京留守。

契丹撒八反，復以懷忠爲西京留守、西南面兵馬都統，與樞密使僕散思恭〔九〕、北京留守蕭賾、右衛將軍蕭禿剌、護衛十人長斡盧保往討之。蕭禿剌戰無功，大軍追撒八不及。而海陵意謂懷忠與蕭裕皆契丹人，本同謀，逾年乃執招折上變，而撒八亦契丹部族，恐其合，以師恭與太后密語，而禿剌無功，懷忠、賾、師恭逸賊，既殺師恭，族滅其家，使使即軍中殺賾、懷忠，皆族之。斡魯保、禿剌初爲罪首〔一〇〕，但誅之而已。大定三年，追復賾、懷忠、禿剌、斡盧保官爵。賾弟安州刺史頤求襲賾之謀克，上不許謀克而以賾家産付之。

移剌按荅，遼横帳人也。父留斡，與耶律余睹俱來降。西京下，復叛，留斡遇害。按荅以死事之子，授左奉宸。熙宗初，充護衛，除安州刺史，累官東京副留守。參知政事完顔守道經略北方，攝咸平路屯軍都統。入爲兵部侍郎，徙西北、西南兩路舊設堡戍迫近内地者于極邊安置，仍與泰州、臨潢邊堡相接。除武定軍節度使，以招徠邊部功遷東北路招討使，改臨潢尹，卒。

按荅騎射絕倫，善相馬，嘗論及善射者，世宗曰：「能如卿乎？」閱馬于市，見良馬，雖羸瘦，輒與善價取之，他日果良馬也。

孛朮魯阿魯罕，隆州琶离葛山人。年八歲，選習契丹字，再選習女直字。既壯，爲黄龍府路萬户令史。貞元二年，試外路胥吏三百人補隨朝，阿魯罕在第一，補宗正府令史。累擢尚書省令史。僕散忠義討窩斡，辟置幕府，掌邊關文字，甚見信任。窩斡既平，阿魯罕招集散亡，復業者數萬人。

復從忠義伐宋，屢入奏事，論列可否。上謂宰相曰：「阿魯罕所言，可行者即行之。」宋人請和，忠義使阿魯罕往。和議定，阿魯罕入奏，賜銀百兩、重綵十端。忠義薦阿魯罕有才幹，可任尚書省都事，詔以爲大理司直。未幾，授尚書省都事，除同知順天軍節度事。紇石烈志寧北巡，阿魯罕攝左右司郎中。還朝，除刑部員外郎，再遷侍御史。上問紇石烈良弼曰：「阿魯罕何如人也？」對曰：「有幹材，持心忠正，出言不阿順。」數日，遷勸農副使，兼同修國史，侍御史如故。改右司郎中。奏請徙河南戍軍屯營城中者於十里外，從之。遷吏部侍郎，除山東統軍都監，徙置河南八猛安。遷武勝軍節度使〔二〕。入爲吏部尚書，改西南路招討使。有司督本路猛安人户所貸官粟，阿魯罕乞俟豐年，從之。軍人有以甲葉貿易諸物，天德榷場及界外歲采銅礦，或因私挾兵鐵與之市易，皆一切禁絶之。上番軍不許用親戚、奴婢及傭雇者，營塹損圮以時葺治，不與所部猛安謀克會宴，故兵民皆畏愛之。

上謂太尉守道曰：「阿魯罕及上京留守完顏烏里也皆起身胥吏，阿魯罕爲人沉厚，其賢過之。」改陝西路統軍使兼京兆尹。陝西軍籍有闕，舊例用子弟補充，而材多不堪用，阿魯罕於阿里喜旗鼓手内選補。軍人以春牧馬，經夏不收飼，瘠弱多死，阿魯罕命以時收秣之，故死損者少。仍春秋督閲軍士騎射，以嚴武備。終南采漆者，節其期限，檢其出入，以防姦細。上謂宰相曰：「阿魯罕所至稱治，陝西政蹟尤著，用之雖遲，亦可得數年力也。」召爲參知政事，命條上天德、陝西行事，上稱善。以疾乞致仕，除北京留守，卒。

贊曰：記曰「君子聽磬聲，則思死封疆之臣」。傳曰「疆場之事，慎守其一而備其不虞」。故守戍邊圉之臣不可以不論焉。

趙興祥，平州盧龍人。六世祖思温，遼燕京留守，封天水郡王。父瑾，遼靜江軍節度使。興祥以父任閤門祗候，謁告省親于白霫。會遼季土賊據郡作亂，興祥携母及弟妹奔燕京，不能進，乃自柳城涉砂磧，夜視星斗而行。僅達遼軍，而不知遼主所向，遂還柳城。及婁室獲遼主，興祥乃歸國，從宗望伐宋，爲六宅使。

天眷初，累官同知宣徽院事。母憂去官。熙宗素聞興祥孝行，及英悼太子受册，以本官起復，護視太子。轉右宣徽使。天德初，改左宣徽使。海陵嘗問興祥，欲使子弟爲官，當自言。興祥辭謝。海陵善之，賜以玉帶，詔曰：「汝官雖未至一品，可佩此侍立。」爲濟南尹，賜車馬、金幣、金銀器皿，改絳陽軍節度使，召爲太子少保，封廣平郡王，改封鉅鹿。正隆初，例奪王爵，遷太子少傅，封申國公，起爲定武軍節度使。海陵伐宋，興祥二子從軍。

世宗即位，海陵尚在淮南，二子未得還。興祥來見於平州，世宗嘉其誠款，以爲祕書監，復爲左宣徽使。上曰：「尚食庖人猥多，徒費廩禄。朕在藩邸時，家務皆委執事者，自即位以來，事皆留心。俸禄出於百姓，不可妄費，庖人可約量損減。」近臣獻琵琶，世宗却之，謂興祥曰：「朕憂勞天下，未嘗以聲技爲心，自今勿復有獻，宜悉諭朕意。」有司奏南北邊事未息，恐財用未給，乞罷修神龍殿涼位工役。上即日使興祥傳詔罷之。久之，以其孫珦爲閤門祗候。

十五年〔一三〕，上幸安州春水，召興祥赴萬春節。上謁于良鄉，賜銀五百兩，感風眩，賜醫藥。未幾，卒官。

石抹榮字昌祖。七世祖仕遼，封順國王。遼主奔天德，榮父惕益挺身赴之。是時，榮方六歲，母忽土特滿携之流離道路，宗室神谷得之〔一三〕，納爲次室，榮就養於神谷家。惕益既見遼主，委以軍事。軍敗被執，將殺之，金源郡王銀术可白：「彼忠於所事，殺之何以勸後。」遂釋之。後從伐宋，卒於軍中。

榮年長，事秦王宗翰，居幕府。天眷二年，充護衛。熙宗宴飲，命胙王元與榮角力，榮勝之，連仆力士六七人。熙宗親飲之酒，賜以金幣，遷宿直將軍。天德初，除開遠軍節度使。入謝，不覺泣下。海陵問其故。對曰：「老母在神谷家，違去膝下，是以感泣。」乃詔其母與之俱行，仍賜錢萬貫。改天德尹，徙泰寧軍，再除延安、東平尹。海陵南征，爲神果軍都總管，留駐泗州，以遏逋卒。

大定初，還鎮東平，與户部尚書梁銶按治山東盜賊。二年，以本官充山東東西、大名等路都統。有疾，改太原尹，徙益都尹。丁母憂，起復召爲簽書樞密院事，北京、東京留守，陝西路統軍使，南京、西京留守。

榮與河南尹婁室、陝州防禦使石抹靳家奴皆坐高賈賣私物、抑賈買民物得罪。靳家奴前爲單州刺史，廉察官行郡，乃劫制民使作虚譽，用是得遷同知太原尹，復多取民利。及爲陝州，尚書省奏其事，法當解職削階，上以靳家奴鼓虚聲以誑朝廷，不可恕，特詔除名。榮與婁室削兩階解職。久之，榮除臨潢尹，改臨洮尹。卒，年六十三。

敬嗣暉字唐臣〔一四〕，易州人。登天眷二年進士第，調懷安丞，遷弘政令，補尚書省令史。有才辯，海陵爲宰相，愛之，及篡立，擢起居注，歷諫議大夫、吏部侍郎、左宣徽使。貞元三年八月，尚食烹飪失宜，庖官各杖二百，嗣暉與同知宣徽院事烏居仁各杖有差。久之，拜參知政事。正隆六年伐宋，留張浩及嗣暉于南京，治尚書省事。

世宗即位，惡嗣暉巧佞，御史大夫完顔元宜劾奏蕭玉、嗣暉、許霖等六人不可用。嗣暉降通議大夫，放歸田里。嗣暉練習朝儀，進止應對閑雅，由是起爲丹州刺史，戒諭之曰：「卿爲正隆執政，阿順取容，朕甚鄙之。今當竭力奉職，以洗前日之咎。苟或不悛，必罰無赦。」未幾，丁母憂，起復爲左宣徽使。

世宗頗好道術，謂嗣暉曰：「尚食官毋於禁中殺羊豕，朔望上七日有司毋奏刑名。」大定七年〔一五〕，蒲察通除肇州防禦使，上責其飾詐，因顧嗣暉曰：「如卿不可謂無才，但純實不足耳。」久之，有牓匿名書于通衢者，稱海陵舊臣不得用者有怨望心，將圖不軌。上曰：「豈有是哉。」謂嗣暉曰：「正隆時，卿爲執政，今指卿以爲怨望，朕極知其不然。卿性明達能辨，但頗自衒，釣衆人之譽，所以致此媒蘖，後當改之。」

十年，將有事南郊〔一六〕，廷議嗣暉在海陵時凡宗廟禘祫輒行太常事，復拜參知政事，詔以執政冠服攝太常。禮成，薨。

贊曰：趙興祥、石抹榮自拔流離艱阸中，而克有所樹立，固其識之過人，亦其所遭際致然也。迹世宗之却聲技、減庖人，仁愛若是，而其下孰不興起哉。

校勘記

〔一〕天德元年　按，上文「王師南征，睿宗爲右副元帥」，據本書卷一九世紀補睿宗紀，可知爲天會五年事。熙宗朝無紀事，至海陵天德元年連續有「授本班祗候郎君詳穩」、「從軍泰州路」諸事，似有誤。金史詳校卷八上，「『德』當作『眷』」。今疑「天德」爲「天眷」之誤。

〔二〕七年　按，天眷元年後，正隆元年前，有「七年」者惟「皇統」。疑此上脱「皇統」二字。

〔三〕其苗裔曰董氈　「董氈」，南監本、北監本、殿本作「董氊」，局本作「楝戩」。按，宋史卷四九二外國傳八吐蕃傳中唃厮囉、董氊等傳皆作「董氊」。疑作「董氈」是。

〔四〕隴逋　原作「逋隴」，據南監本、北監本、殿本乙正。按，上文「有莊浪四族，一曰吹折門，二曰密臧門，三曰隴逋門，四曰厖拜門」。

〔五〕李昌圖等按視　「李昌圖」，原作「李昌國」。按，上文「詔遣大理卿李昌圖、左司員外郎粘割斡特剌往按之」。本書卷九五粘割斡特剌傳，大定十年，「以夏國發兵築祁安城及襲殺喬家族首領結什角，又諜者言夏與宋人通謀犯邊，詔大理卿李昌圖與斡特剌往按其事」。又卷六世宗紀上、卷一三二逆臣徒單貞傳皆作「李昌圖」。今據改。

〔六〕至蔣州　「蔣州」，原作「獎州」，據局本改。按，本書卷五海陵紀，正隆六年十月「丁未，大軍渡淮，將至廬州，獲白鹿，以爲武王白魚之兆。漢南道劉蕚取通化軍、蔣州、信陽軍」。即此事。又卷八二海陵諸子光英傳，「宋亦改『光州』爲『蔣州』」。宋史卷八八地理志四，光州，

「紹興二十八年，避金太子光瑛諱，改蔣州」。

〔七〕舍於獎水之曲　「獎水」，局本作「蔣水」，疑是。參見前條校勘記。

〔八〕爲安塞堡環慶路兵馬都監　「安塞堡」下疑有脱文。金史詳校卷八上，「案：地志堡屬延安府，據官志此下當云部將或隊將，係鈔脱」。

〔九〕與樞密使僕散思恭　「思恭」，下文並作「師恭」。全書二名互見，今並存。

〔一〇〕秃剌初爲罪首　「爲」，據文義疑當作「非」。

〔一一〕遷武勝軍節度使　「軍」字原脱。按，本書卷二五地理志中，南京路，「鄧州，武勝軍節度使」。今據補。

〔一二〕十五年　按，上文言「世宗即位」，則此上疑脱「大定」二字。

〔一三〕宗室神谷得之　「神谷」，永樂大典卷一〇八一三拜官念母作「谷神」。下同。

〔一四〕敬嗣暉字唐臣　「敬嗣暉」，原作「敬嗣輝」，據南監本、北監本、殿本、局本改。按，本卷卷目作「敬嗣暉」，下文稱「嗣暉」。

〔一五〕大定七年　「大定」二字原脱。按，本書卷六世宗紀上，責蒲察通、敬嗣暉飾詐事在大定七年十二月。今將下文「大定十年，將有事南郊」之「大定」二字移此。

〔一六〕十年將有事南郊　「十年」上原有「大定」二字，今移至上文「七年」之前。參見前條校勘記。按，本書卷六世宗紀上，大定十一年「十月壬寅朔，以左宣徽使敬嗣暉爲參知政事」；十一月

「丁亥，有事于圓丘，大赦」；十二月「丙辰，參知政事敬嗣暉薨」。正與下文敍事合。又卷二八禮志一郊，「大定十一年始郊，命宰臣議配享之禮」。則「十年」當作「十一年」。

金史卷九十二

列傳第三十

毛碩　李上達　曹望之　大懷貞　盧孝儉　盧庸　李偲

徒單克寧　本名習顯

毛碩字仲權，甘陵人。宋末，試弓馬子弟，碩中選，調高陽關路安撫司准備差使。尋辟河間尉，再辟兵馬都監。宗望軍至，碩以本部迎降。齊國建，由淮東路第一副將擢知滑州。劉麟伐宋，充行營中軍統制軍馬。天眷間，歷汴京路、山東西路兵馬都監。皇統元年，權知拱州。宋將張俊據亳州，而柘城酒監房人傑叛以應俊，碩發兵討之。至柘城，躬扣城門，呼耆老以諭意。縣人縛人傑以降。碩徑入縣署，召百姓慰安之，衆皆感悦，刻石紀其事。四年，真授拱州刺史。元帥梁王宗弼承制超武義將軍，改知曹州。有書生投書于碩，辭涉謗訕，僚屬皆不能堪。碩延之上座，謝曰：「使碩常聞斯言，庶乎寡過。」士論以故嘉之。遷鄭州防禦使，尋改通州。

天德二年，充陝西路轉運使。碩以陝右邊荒，種藝不過麻、粟、蕎麥，賦入甚薄，市井交易惟川絹、乾薑，商賈不通，酒稅之入耗減，請視汴京、燕京例給交鈔通行。而鞏、會、德順道路多險，鹽引斤數太重，請一引分作三四，以從輕便。朝廷皆從之。秦州倉粟陳積，而百姓有支移者，止就本州折納其直，公私便之。改河東南路轉運使。上言：「頃者，定立商酒課，不量土産厚薄、户口多寡及今昔物價之增耗，一概理責之，故監官被繫，失身破家，折傭逃竄。或爲姦吏盜有實錢，而以賒券輸官，故河東有積負至四百餘萬貫，公私苦之。請自今禁約酒官，不得折准賒貸，惟許收用實錢，則官民俱便。」至今行之。秩滿，除南京路都轉運使。

大定六年，致仕，卒于家。碩文雅好事，性謹飭，每見古人行事有益於時者，常書置座右，以爲莅官之戒云。

李上達字達道，曹州濟陰人。在宋時以蔭補官，累東平府司户參軍[一]。撻懶取東平，上達給軍須，號辦治。齊國建，爲吏部員外郎，攝户部事。劉豫行什一之法，樂歲輸多，歉歲寡取之，蓋古人助法也。收斂之時，蓄積蓋藏，民或不以實輸官，官亦不肯盡信，於是告訐起而獄訟繁，公私苦之。上達論其弊，豫改定爲五等之制。

齊國廢，以河南與宋人，上達隨地入宋。宗弼復取河南，上達爲同知大名尹，按察陝西、河南。是時，關、陝、蒲、解、汝、蔡民饑，上達輒以便宜發倉粟賑百姓。累遷知山東西路轉運使。上達到官再期，比舊增三十餘萬貫。户部以其法頒之鄰路。上達長於吏事，能治繁劇，猾吏不能欺，所至稱之。卒官，年六十一。

曹望之字景蕭，其先臨潢人，遼季移家宣德。天會間，以秀民子選充女直字學生。年十四，業成，除西京教授。爲元帥府書令史，補正令史，轉行臺省令史。録教授資，補修武校尉，除右司都事。吏部侍郎田瑴素薄望之，望之願交不肯納，遂與蔡松年、許霖構致黨獄。改行臺吏部員外郎。

海陵爲相，嘗以書致其私，望之不從。天德元年，調同知石州軍州事，坐事免。丁母憂，久之，除絳陽軍節度副使，入爲户部員外郎。詔買牛萬頭給按出虎八猛安徙居南京者，望之主給之。撒八反，轉致甲仗八萬自洺州輸燕子城。運米八十萬斛由蔡水入淮，饋伐宋諸軍，期以一日。望之如期集事。進本部郎中，特賜進士及第。

大定初，討窩斡，望之主軍食，給與有節，凡省糧三十萬石，省芻草五十萬石。帥府以捷入告，議者欲遂罷轉輸，望之以爲元惡未誅，不可弛備。既而大軍追討，果賴以濟。以勞進一階，兼同修國史。請於大鹽濼設官榷鹽，聽民以米貿易，民成聚落，可以固邊圉，其利無窮。從之。其後凡貯米二十餘萬石。及東北路歲饑，賴以濟者不可勝數。

三年，上曰：「自正隆兵興，農桑失業，猛安謀克屯田多不如法。」詔遣户部侍郎魏子平、大興少尹同知中都轉運事李滌、禮部侍郎李愿、工部郎中移刺道〔二〕、户部員外郎完顏兀古出、監察御史夾谷阿里補及望之分道勸農〔三〕，廉問職官臧否。望之還言，乞汰諸路胥吏，可減其半。詔胥吏如故。於是始禁用貼書云。遷本部侍郎，領覆實繕修大內財用，費用大省。復以勞進階，上召見諭勉之。

望之家奴袁一言涉妖妄，大興府鞫治。望之恐，使户部令史劉公輔問其事于大興少尹王全，全具其事語公輔，公輔以語望之。御史臺劾奏劉公輔言泄獄情。上曰：「妖妄之言，交相傳説何也？」於是，望之決杖一百，王全杖八十，劉公輔杖一百五十、除名。

頃之，運河堙塞，世宗出郊見之，問其故。主者奏曰：「户部不肯經畫，歲久以致如此。」上責望之曰：「有水運不濬治，乃用陸運，煩費民力，罪在汝等，其往治之。」尚書省奏當用夫役數萬人。上曰：「方春耕作，不可勞民。以宫籍監户及摘東宫、諸王人從充役，若不足即以五百里内軍夫補之。」

太宗實録成，監修國史紇石烈良弼賜金帶一、重綵二十端。同修國史張景仁、劉仲淵、望之皆賜銀幣有差。望之嘆賞薄，謂人曰：「栽花接木乃加爵命，勤勞者不遷官。」無何，張景仁遷翰林學士，望之又曰：「止與他人便遣，獨不及我哉。」世宗聞之，出望之德州防禦使，謂之曰：「汝爲人能幹而心不忠實。朕前往安州春水，人言汝無事君之義。朕敕臣下，有過即當諫爭。汝但面從，退則謗議，此不忠不孝也。汝自五品起遷四品，太宗皇帝實録成，優賜銀幣，不思盡心竭力，惟官賞是覬。今出汝於外，宜改心滌慮。不然，則身亦莫保。」望之到德州，有惠政，百姓爲立生祠。改同知西京留守事。上書論便宜事：

其一，論山東、河北猛安謀克與百姓雜處，民多失業。陳、蔡、汝、潁之間土廣人稀，宜徙百姓以實其處，復數年之賦以安輯之。百姓亡命及避役軍中者，閲實其人，使還本貫。或編近縣以爲客户，或留爲佃户者，亦籍其姓名。州縣與猛安事干涉者無相黨匿，庶幾軍民協和，盜賊弭息。

其二，論薦舉之法虚文無實。宰相拔擢及其所識，不及其所不識。内外官所舉亦輒不用，或指以爲朋黨，遂不敢復舉。宜令宰執歲舉三品二人，御史大夫以下内外官終秩舉二人，自此以下以品殺爲差等。終秩不舉者遇轉官勒不遷，三品者削後任俸三月。其舉者已改除，吏部以類品第，季而上之。三品闕則於類第四品中補授，四品五品以下視此爲差。其待以不次者，宰執具才行功實以聞。舉當否罪當如律。廉介之士老於令幕無舉主者、七考無贓私罪者，准朝官三考勞敘。吏部每季圖上外路職官姓名，路爲一圖，大書贓汙者於其名下，使知畏慎。外任五品以上官改除，令代之者具功過以聞。年六十以上者，終更赴調，有司察其視聽精力，老疾不堪釐務，給以半禄罷遣。

其三，論守邊將帥及沿邊州縣官漁剥軍民，擅興力役，宜歲遣監察御史周行察之。邊部有訟，招討司無得輒遣白身人徵斷，宜於省部有出身女直、契丹人及縣令丞簿中擇廉能者，因其風俗，略定科條，務爲簡易。徵斷羊馬入官籍數，如邊部遇饑饉，即以此賑給之。招討及都監視事，宜限邊部饋送馳馬。招討司女直人户或擷野菜以濟艱食，而軍中舊籍馬死則一村均錢補買，往往鬻妻子、賣耕牛以備之。臣恐數年之後邊防困弊，臨時賑濟，費財十倍而無益，早爲之所，則財用省而邊備實矣。官給軍箭用盡，則市以補之，皆朽鈍不堪用，可每歲給官箭一分，以補其闕。邊民闕食給米，地遠負重，往往就倉賤賣而去，可計口支錢，則公私兩便。陝西正副，宜如猛安謀克用土人一員，隊將亦宜參用土人，久居其任。增弓箭田，復其賦役。以廉吏爲提舉，舉察總管府以下官。農隙校閱，以嚴武備。則太平之時有經略之制矣。

又論六鹽場用人，宜令户部公議辟舉。

論漕運，先計河倉見在幾何，通州容受幾何，京師歲費幾何。今近河州縣歲税或六七萬石，小民有入資之費，富室收轉輸之利，宜計實數以科税入。

論民間私錢苦惡，宜以官錢五百易私錢千，期以一月易之，過期以銷錢法坐之。

論州府力役錢物，户部頒印署白簿，使盡書之，以俟審閲，有畏避不書者坐之。

論工部營造調發，妨民生業。諸路射糧軍約量人數，習武藝，期以三年成，以息調民。

書奏，多見采納。以本官行六部事於北邊，召拜户部尚書。上數之曰：「汝前爲侍郎以不忠外補，頗能練習錢穀，故任以尚書之重，宜改前非，以圖新效也。」

是時，户部尚書高德基坐高估俸粟責降，世宗念望之吝出納或懲德基也，既出，使人諭之曰：「勿以高德基下粟直，要在平估而已。」十五年新宫成，世宗幸新宫，勑望之曰：「新宫中所須，毋取于民間也。」有良民夫婦質身於東京留守完顔彀英家〔四〕，期終而不遣，尚書省下東京鞫治。望之言彀英爲留守，其同官必且阿徇，不肯窮竟，當移他州。

望之久習事，有治錢穀名，性剛愎，頗沾沾自露，希覬執政。而刑部尚書梁肅自詳問宋國使還，世宗嘗欲以爲執政，久而未用，亦頗衒耀求進。世宗謂左丞相紇石烈良弼曰：「曹望之、梁肅急於見知，涉於躁進。」遂出梁肅爲濟南尹。數年，乃召拜參知政事。而望之終於户部尚書，年五十六。世宗惜其未及用，賜錢三千貫，勑使致祭，賻銀五百兩、重綵二十端、絹二百匹，以其子淵爲奉御，澤爲筆硯承奉。

其後，尚輦局舉出身人年六十餘可以臨事，世宗曰：「豈爲此輩惜官邪，但此輩專以盜取官錢爲謀生計，不可用也。」由是欲更改監臨格式，以問户部尚書劉瑋。瑋恐監官謗己，不肯實對。世宗因思望之，嘆曰：「不如望之之敢行也。」

望之初不學，及貴，稍知讀書，遂刻苦自致，有詩集三十卷。

大懷貞字子正，遼陽人。皇統五年，除閤門祗候，三遷東上閤門使。丁母憂，起復符寶郎，累官右宣徽使。正隆伐宋，爲武勝軍都總管。

大定二年，除洺州防禦使兼押軍萬户，改沂州，再遷彰國、安武軍節度使。縣尉獲盜，得一旗，上圖亢宿。詰之，有謀叛狀，株連幾萬人。懷貞當以亂民之刑，請誅其首亂者十八人〔五〕，餘皆釋之。嘗以私忌飯僧數人，就中一僧異常，懷貞問曰：「汝何許人也？」對曰：「山西人。」復問：「曾爲盜殺人否？」對曰：「無之。」後三日詰盜，果引此僧，皆服其明察。改興中尹。錦州富民蕭鶴壽塗中殺人，匿府少尹家，有司捕不得，懷貞以計取之，寘於法。改彰德軍節度使，卒。

盧孝儉，宣德州人。登天眷二年第，調憲州軍事判官，補尚書省令史，累官太原少尹。大定二年，陝西用兵，尚書省發本路稅粟赴平涼充軍實，期甚嚴迫。孝儉輒易以金帛，馳至平涼，用省而不失期，并人稱之。用廉，進官二階，遷同知廣寧尹。廣寧大饑，民多流亡失業，乃借僧粟，留其一歲之用，使平其價市與貧民，既以救民，僧亦獲利。累遷山東東路轉運使。

孝儉素褊躁，與同僚王公謹失歡。其子嘗私用官帑，孝儉不知也。既而改河北西路轉運使，公謹乃發其事。孝儉聞被逮，莫測所以，行至章丘，自縊死。

盧庸字子憲，薊州豐潤人。大定二十八年進士，調唐州軍事判官，再調定平縣令。庸治舊堰，引涇水溉田，民賴其利。補尚書省令史，除南京轉運副使，改中都户籍判官。察廉，遷禮部主事，累官鳳翔治中。大安三年，徵陝西屯田軍衞中都，以庸簽三司事，主兵食。至潞州，放還屯田軍，庸改乾州刺史，入爲吏部郎中。

至寧元年，改陝西按察副使。夏人犯邊，庸繕治平涼城池，積芻粟，團結土兵爲備。十一月，夏人掠鎮戎，陷涇、邠，遂圍平涼。庸矢盡，募人取夏兵射城上箭以濟急用，出府庫賞有功者，人樂爲死，平涼賴以完。貞祐二年，庸移書陝西行省僕散端，大概謂慶陽、平涼、德順陝西重地，長安以西邠爲阸塞，當重兵屯守。詔賞平涼功，庸進官四階，遷按察轉運使。

三年，詔諸道按察司講究防秋，庸陳便宜曰：「自鄜延至積石，雖多溝坂，無長河大山爲之屏蔽，恃弓箭手以禦侮，其人皆剛猛善鬬，熟于地利，夏人畏之。向者徙屯他所，夏人即時犯邊，此近年深患也。人情樂土，且耕且戰，緩急將自奮。」又曰：「防秋之際，宜先清野。」又曰：「掌軍之官不宜臨時易代，兵家所忌，將非其人，屢代何益？」無何，有言庸老不勝任者，即罷之。

未幾，改定海軍節度使，山東亂，不能赴，按察司劾之，當奪兩官，審理官直之。庸以病請求醫藥，遂致仕。興定三年，卒。

李偲字子友，定州安喜人。中天眷二年進士，調遼山簿，累官戶部主事。丁母憂，起復舊職，除同知河東南路轉運使事。大定初，改同知中都路都轉運使事。僕散忠義行省事於汴京，奏偲幕府，世宗曰：「李偲方治京畿漕事，行省可他選也。」三年，權知登聞檢院，再遷户部侍郎，上曰：「户部，財用出入，朕難其人。卿非舊勞，資敍尚淺，勿以秩滿例升三品，因循歲月，若不自勉，必不汝貸。」偲每朝會與高德基屏人私語。上聞而怪之，問右丞石琚曰：「李偲果何如人？」琚曰：「亦幹事吏耳。」改同知北京留守、沂州防禦使。

沂南邊郡，户部符借民閑田，種禾取藁秸，備警急用度。偲曰：「如此則農民失業。」具奏止之。轉運司牒郡輸粟朐山，調急夫數萬人，是時久雨泥濘，輓運不能前進。偲遣吏往朐山刺取其官廩，見儲糧數可支半歲，即具其事牒運司，請緩期，毋自困百姓。先是，郡縣街陌間聽民作廛舍，取其僦直。至是，罷收僦直，廛舍一切撤毁。他郡奉承號令，督百姓必盡撤去，使街陌繩齊矢棘如初時然後止。偲獨教民撤治前却不齊一者三五所，使巷道端正即已，民便之。改陝西西路轉運使，卒。

贊曰：毛碩、李上達、曹望之、李偲之流，皆金之能吏也。望之悻悻然以求大用，君子無取焉。

徒單克寧本名習顯，其先金源縣人，徙居比古土之地，後徙置猛安于山東，遂占籍萊州。父沉者，官至汾陽軍節度使。

克寧資質渾厚，寡言笑，善騎射，有勇略，通女直、契丹字。左丞相希尹，克寧母舅。熙宗問希尹表戚中誰可侍衞者，希尹奏曰：「習顯可用。」以爲符寶祗候。是時，悼后干政，后弟裴滿忽土侮克寧，克寧敺之。明日，忽土以告悼后，后曰：「習顯剛直，必汝之過也。」已而，充護衞，轉符寶郎，遷侍衞親軍馬步軍都指揮使，改忠順軍節度使。

克寧娶宗幹女嘉祥縣主，同母兄蒲甲判大宗正事，海陵心忌之，出爲西京留守，搆致其罪誅之，因降克寧知滕陽軍。歷宿州防禦使、胡里改路節度使、曷懶路兵馬都總管。

大定初，詔克寧以本路兵會東京。遷左翼都統。詔與廣寧尹僕散渾坦、同知廣寧尹完顏巖雅、肇州防禦使唐括烏也，從右副元帥完顏謀衍討契丹窩斡。趨濟州。謀衍用契丹降吏乣者計策襲賊輜重，克寧與紇石烈志寧爲殿，與賊遇于長濼。謀衍使伏兵于左翼之側。賊二萬餘躡吾後，又以騎四百餘突出左翼伏兵之間，欲繞出陣後攻我。克寧與善射二十餘人拒之。衆曰：「賊衆我寡，不若與伏兵合擊，或與大軍相依，可以萬全。」克寧曰：「不可。若賊出陣後，則前後夾擊，我敗矣，大軍不可俟也。」於是奮擊，賊乃却。左翼萬户襄與大軍合擊之，賊遂敗，追奔十餘里，二年四月一日也。越九日，復追及賊于霿䨴河。左翼軍先與賊戰，克寧以騎二千追掩十五里，賊迫澗不得亟渡，殺傷甚衆。賊收軍返旆，大軍尚未至，克寧令軍士下馬射賊，賊遂引而南。

是時，窩斡已再北，元帥謀衍利鹵掠，駐師白濼。世宗訝其持久，遣問之。謀衍曰：「賊騎壯，我騎弱，此少駐所以完養馬力也。不然，非益萬騎不可勝。」克寧奮然而言曰：「吾馬固不少，但帥不得人耳。其意常利虜掠，賊至則引避，賊去則緩隨之，故賊常得善牧，而我常拾其蹂踐之餘，此吾馬所以弱也。今誠能更置良帥，雖不益兵，可以有功。不然，騎雖十倍，未見其利也。」朝廷知其議，召還謀衍，以平章政事僕散忠義兼右副元帥〔六〕。師將發，賊聲言乞降。克寧曰：「賊初困蹙，且無降意，所以揚言者，是欲緩吾師期也。不若攻其未備，賊若挫衄，則其降必速。如其不降，乘其怠而急擊之，可一戰而定也。」忠義以爲然，乃與克寧出中路，遂敗賊兵于羅不魯之地。賊奔七渡河，負險爲栅，克寧覘知賊栅之背其勢可上，乃潛師夜登，俯射之，大軍自下攻，賊潰，皆遁去。

契丹平，克寧除太原尹。未閲月，宋吴璘侵陜右，元帥左都監徒單合喜乞益兵，遣克寧佩金牌駐軍平涼。詔合喜曰：「朕遣克寧參議軍事，此其智勇足敵萬人，不必益軍也。」克寧至，下令安輯，未幾，民皆完聚。

治兵伐宋，右丞相僕散忠義駐南京節制諸軍，左副元帥紇石烈志寧經略邊事，克寧改益都尹，兼山東路兵馬都總管、行軍都統。四年，元帥府欲遣左都監璋以兵四千由水路進，詔曰：「可付都統徒單習顯，仍益兵二千，擇良將副之。璋可經略山東。」於是，克寧出軍楚、泗之間，與宋將魏勝相拒于楚州之十八里口。魏勝取弊舟鑿其底，貫以大木，列植水中，別以船載巨石貫以鐵鏁，沉之水底，以塞十八里口及淮渡舟路。以步兵四萬人屯於淮渡南岸、運河之間。克寧使斜卯和尚選善游者没水，繫大繩植木上，數百人於岸上引繩曳一植木，皆拔出之，徹去沉船。進至淮口，宋兵來拒，隔水矢石俱發，斜卯和尚以竹編籬捍矢石，復拔去植木沉船，師遂入淮。與宋兵奪渡口，合戰數四，猛安長壽先行薄岸，水淺，先率勁卒數人涉水登岸，敗其津口兵五百人，餘衆皆濟。宋兵四百餘自清河口來，鎮國上將軍蒲察阿离合懣以步兵百人禦之。克寧自與扎也銀朮可五騎先行六七里與戰，銀朮可先登，奮擊敗之。宋大兵整陣來拒，克寧麾兵前戰，自旦至午，宋兵敗，踰運河爲陣，餘衆數千皆走入營中。克寧使以火箭射其營舍，盡焚，踰河撤橋，與其大軍相會。隔水射之，宋兵不能爲陣。猛安鈔兀以六十騎擊宋騎兵千餘，不利，少却。克寧以猛安賽剌九十騎横擊之，宋兵大敗。追至楚州，射殺魏勝，遂取楚州及淮陰縣。是役也，賽剌功居多。是時，宋屢遣使請和，僕散忠義、紇石烈志寧約以世爲叔姪國，割還海、泗、唐、鄧四州。宋人尚遷延有請，及克寧取楚州，宋人乃大懼，一一如約。

兵罷，改大名尹，歷河間、東平尹，召爲都點檢。十一年，從丞相志寧北伐，還師。十一月皇太子生日，世宗置酒東宮，賜克寧金帶。明年，遷樞密副使，兼知大興府事〔七〕，改太子太保，樞密副使如故。拜平章政事，封密國公。

克寧女嫁爲瀋王永成妃，得罪〔八〕，克寧不悅，求致仕，不許，罷爲東京留守。明年，上將復相克寧，改南京留守，兼河南統軍使。遣使者諭之曰：「統軍使未嘗以留守兼之，此朕意也。可過京師入見。」克寧至京師，復拜平章政事，授世襲不扎土河猛安兼親管謀克。

世宗欲以制書親授克寧，主者不知上意，及克寧已受制，上謂克寧曰：「此制朕欲親授與卿，誤授之於外也。」又曰：「朕欲盡徙卿宗族在山東者居之近地，卿族多，官田少，無以盡給之。」乃選其最親者徙之。十九年，拜右丞相〔九〕，徙封譚國公。克寧辭曰：「臣無功，不明國家大事，更內外重任，當自愧。乞歸田里，以盡餘年。」上曰：「朕念衆人之功無出卿右者，卿慎重得大臣體，毋復多讓。」克寧出朝，上使徒單懷忠諭之曰：「凡人醉時醒時處事不同，卿今日親賓慶會，可一飲，過今日可勿飲也。」克寧頓首謝曰：「陛下念臣及此，臣之福也。」

克寧爲相，持正守大體，至於簿書期會，不屑屑然也。世宗嘗曰：「習顯在樞密，未嘗有過舉。」謂克寧曰：「宰相之職，進賢爲上。」克寧謝曰：「臣愚幸得備位宰輔，但不能明於知人，以此爲恨耳。」二十一年，左丞相守道爲尚書令，克寧爲左丞相，徙封定國公，懇求致仕。上曰：「汝立功立事，洊登相位，朝廷是賴，年雖及，未可去也。」後三日，與守道奏事，俱跪而請曰：「臣等齒髮皆衰，幸陛下賜以餘年。」上曰：「上相坐而論道，不惟其官惟其人，豈可屢改易之邪？」頃之，克寧改樞密使，而難其代。復以守道爲左丞相，虚尚書令位者數年，其重如此。未幾，以司徒兼樞密使。二十二年，詔賜今名。二十三年，克寧復以年老爲請。上曰：「卿昔在政府，勤勞夙夜，除卿樞密使亦可以優逸矣。朕念舊臣無幾人，萬一邊隅有警，選將帥，授方略，山川險要，兵道軍謀，舍卿誰可與共者？勉爲朕留！」克寧乃不敢復言。

二十四年，世宗幸上京，皇太子守國，詔左丞相守道與克寧俱留中都輔太子。上謂克寧曰：「朕巡省之後，萬一有事，卿必躬親之，毋忽細微，圖難於其易，可也。」二十五年，左丞相守道賜宴北部，詔克寧行左丞相事。

是時，世宗自上京還，次天平山清暑，皇太子薨於京師，諸王妃主入宫弔哭，奴婢從入者多，頗喧雜不嚴。克寧遣出之，身護宫門，嚴飭殿廷宫門禁衛如法，然後聽宗室外戚入臨，從者有數。謂東宫官屬曰：「主上巡幸，未還宫闕，太子不幸至于大故，汝等此時能以死報國乎？吾亦不敢愛吾生也。」辭色俱厲，聞者肅然敬憚。章宗時爲金源郡王，哀毁過甚，克寧諫曰：「哭泣，常禮也。郡王身居冢嗣，豈以常禮而忘宗社之重乎？」召太子侍讀完顏匡曰：「爾侍太子日久，親臣也。郡王哀毁過甚，爾當固諫。謹視郡王，勿去左右。」世宗在天平山，皇太子訃至，哀慟者屢矣。聞克寧嚴飭宫衛，謹護皇孫，嘉其忠誠而愈重之。

九月，世宗還京師。十一月，克寧表請立金源郡王爲皇太孫，以係天下之望。其略曰：「今宣孝皇太子陵寢已畢，東宫虚位，此社稷安危之事，陛下明聖超越前古，寧不察此，事貴果斷，不可緩也。緩之則起覬覦之心，來讒佞之言。讒佞之言起，雖欲無疑得乎？兹事深可畏、大可慎，而不畏不慎，豈惟儲位久虚，而骨肉之禍，自此始矣。臣愚不避危身之罪，伏願亟立嫡孫金源郡王爲皇太孫，以釋天下之惑，塞覬覦之端，絶搆禍之萌，則宗廟獲安，臣民蒙福。臣備位宰相，不敢不盡言，惟陛下裁察。」

踰月，有詔起復皇孫金源郡王判大興尹，封原王。世宗諸子中趙王永中最長，其母張玄徽女，玄徽子汝弼爲尚書左丞。二十六年，世宗出汝弼爲廣寧尹〔一〇〕。於是，左丞相守道致仕，遂以克寧爲太尉，兼左丞相，原王爲右丞相，因使克寧輔導之。

原王爲丞相方四日，世宗問之曰：「汝治事幾日矣？」對曰：「四日。」「京尹與省事同乎？」對曰：「不同。」上笑曰：「京尹浩穰，尚書省總大體，所以不同也。」數日，復謂原王曰：「宫中有四方地圖，汝可觀之，知遠近阨塞也。」世宗與宰相論錢幣，上曰：「中外皆患錢少，今京師積錢止五百萬貫〔二〕，除屯兵路分其他郡縣錢可運至京師。」克寧曰：「郡縣錢盡入京師，民間錢益少矣。若起運其半，其半變折輕齎，庶幾錢貨流布也。」上嘉納之。

章宗雖封原王，爲丞相，克寧猶以未正太孫之位，屢請於世宗，世宗嘆曰：「克寧，社稷之臣也。」十一月戊午，宰相入見于香閣，既退，原王已出，克寧率宰臣屏左右奏立太孫，世宗許之。庚申，詔立原王右丞相爲皇太孫。

明日，徒單公弼尚息國公主納幣，賜六品以上宴于慶和殿。上謂諸王大臣曰：「太尉忠實明達，漢之周勃也。」稱嘆再三。克寧進酒，上舉觴爲之釂。有詔給太尉假三日。明年正月，復求解機務。上曰：「卿遽求去邪？豈朕用卿有未盡乎？或因喜怒用刑賞乎？其他宰相未有能如卿者，宜勉留以輔朕。卿若思念鄉土〔三〕，可以一往，不必謝政事。三月一日朕之生辰，卿不必到，從容至暑月還京師相見。」四月，克寧還朝，入見上。上問曰：「卿往鄉中，百姓皆安業否？」克寧曰：「生業頗安，然初起移至彼，未能滋殖耳。」未幾，以丞相監修國史。上問史事，奏曰：「臣聞古者人君不觀史，願陛下勿觀。」上曰：「朕豈欲觀此？深知史事不詳，故問之耳。」初，瀘溝河決久不能塞〔三〕，加封安平侯，久之，水復故道。上曰：「鬼神雖不可窺測，即獲感應如此。」克寧奏曰：「神之所佑者正也，人事乖，則弗享矣。報應之來皆由人事。」上曰：「卿言是也。」世宗頗信神仙浮圖之事，故克寧及之。

宋前主殂，宋主遣使進遺留物，上怪其禮物薄。克寧曰：「此非常貢，責之近於好利。」上曰：「卿言是也。」乃以其玉器五事、玻瓈器大小二十事及茶器刀劍等還之。

二十八年十一月癸丑，上幸克寧第。初，上欲以甲第賜克寧，克寧固辭，乃賜錢因其舊居宏大之。畢工，上臨幸，賜金器錦繡重綵，克寧亦有獻。上歓懽甚，解御衣以衣之。詔畫克寧像藏内府。

十二月乙亥，世宗不豫。甲申，克寧率宰執入問起居。上曰：「朕疾殆矣。」謂克寧曰：「皇太孫年雖弱冠，生而明達，卿等竭力輔之。」又曰：「尚書省政務權聽於皇太孫。」克寧奏曰：「陛下幸上京時，宣孝太子守國，許除六品以下官〔一四〕，今可權行也。」上曰：「五品以下亦何不可。」乙酉，詔皇太孫攝行政事，注授五品以下官。詔太孫與諸王大臣俱宿禁中。克寧奏曰：「皇太孫與諸王宜別嫌疑，正名分，宿止同處，禮有未安。」詔太孫居慶和殿東廡。丙戌，詔克寧以太尉兼尚書令，封延安郡王。平章政事襄爲右丞相，右丞張汝霖爲平章政事。戊子，詔克寧、襄、汝霖宿於内殿。

二十九年正月癸巳，世宗崩于福安殿。是日，克寧等宣遺詔立皇太孫爲皇帝，是爲章宗。徙封爲東平郡王。詔克寧朝朔望，朝日設坐殿上。克寧固辭，詔近臣勉諭。克寧涕泣謝曰：「憐憫老臣，幸免常朝，豈敢當坐禮。」其後，每朝必爲克寧設坐，克寧侍立益敬。即位詔文「凡除名開落官吏並量材録用」，張汝霖奏真盜枉法不可恕，克寧曰：「陛下初即位行非常之典，贓吏誤沾恩宥其害小，國之大信不可失也。」章宗深然之。無何，進拜太傅，兼尚書令，賜尚衣玉帶。乞致仕，不許。詔譯諸葛孔明傳賜之。詔尚書省曰：「太傅年高，旬休外四日一居休，大事録之，細事不須親也。」賜金五百兩、銀五千兩、錢千萬、重綵二百端、絹二千匹。

尚書省奏猛安謀克願試進士者聽之，上曰：「其應襲猛安謀克者學於太學可乎？」克寧曰：「承平日久，今之猛安謀克其材武已不及前輩，萬一有警，使誰禦之？習辭藝，忘武備，於國弗便。」上曰：「太傅言是也。」章宗初即位，頗好辭章，而疆埸方有事，故克寧言及之。

明昌二年，克寧屬疾，章宗往視之〔一五〕。克寧頓首謝曰：「臣無似，嘗蒙先帝任使，陛下即位，屬以上相，今臣老病，將先犬馬填溝壑，無以輔明主綏四方。陛下念臣駑怯，親枉車駕臨幸，死有餘罪矣。」是日，即榻前拜太師，封淄王，加賜甚厚。

是歲二月，薨〔一六〕，遺表，其大概言：「人君往往重君子而反疎之，輕小人而終昵之。

願陛下慎終如始，安不忘危，而言不及私。」詔有司護喪事，歸葬于萊州，謚曰忠烈。明昌五年，配享世宗廟廷，圖像衍慶宮。大安元年，改配享章宗廟廷。

贊曰：徒單克寧可謂大臣矣，功高而身愈下，位盛而心愈勞。經曰「在上不驕，高而不危，制節謹度，滿而不溢」，所以長守富貴。故曰忠信匪懈，不施其功，履盛滿而不忘，德之上也。孜孜勉勉，恪守職業，不居不可成，不事不可行，人主知之，次也。諫期必行，言期必聽，爲其事必有其功者，又其次也。

校勘記

〔一〕累東平府司户參軍　疑「累」下脱「遷」字。續通志卷四三一李上達傳有「遷」字。

〔二〕工部郎中移剌道　按，本書卷九〇移剌道傳，「大定二年，除工部郎中。奉詔招撫諸奚。（中略）白撒聞其家人被獲，遂來降。改禮部郎中。（中略）奉使河南，勸課農桑」，「工部」作「禮部」。

〔三〕「詔遣户部侍郎魏子平」至「監察御史夾谷阿里補及望之分道勸農」　按，本書卷六世宗紀上，大定三年三月「壬寅，詔户部侍郎魏子平等九人，分詣諸路猛安謀克，勸農及廉問」。與此處遣魏子平、李滌、李愿、移剌道、完顏兀古出、夾谷阿里補、曹望之等七人分道勸農，人數有異。

〔四〕東京留守完顏穀英家　「東京」，原作「東宮」，據北監本、殿本、局本改。

〔五〕請誅其首亂者十八人　按，上文「縣尉獲盜，得一旗，上圖亢宿」，得知以二十八宿爲號，疑「首亂者」爲二十八人，似脱「二」字。

〔六〕以平章政事僕散忠義兼右副元帥　「右副元帥」，原作「都元帥」。按，本書卷六世宗紀上、卷七〇宗亨傳、卷七二謀衍傳、卷八七僕散忠義傳、卷一三三叛臣移剌窩斡傳記此事皆作「右副元帥」。今據改。

〔七〕明年遷樞密副使兼知大興府事　「明年」，承上「十一年」即「十二年」。按，本書卷七世宗紀中，大定十四年四月「戊子，以樞密副使徒單克寧兼大興尹」。

〔八〕（十一年）克寧女嫁爲瀋王永成妃得罪　按，本書卷八五世宗諸子永成傳，「大定七年，始封瀋王，（中略）十一年，進封豳」。據此，「瀋王」當作「豳王」。

〔九〕十九年拜右丞相　按，本書卷七世宗紀中，大定二十年三月「辛巳，以平章政事徒單克寧爲尚書右丞相」。繫年與此異。

〔一〇〕世宗出汝弼爲廣寧尹　「廣寧」，原作「廣平」。按，本書卷二五地理志中，河北西路有「廣平縣」，無「廣平府」，故金之廣平不得有「尹」。卷八三張汝弼傳作「乃罷爲廣寧尹」。今據改。

〔二〕今京師積錢止五百萬貫　「止」，原作「正」，據南監本、北監本、殿本、局本改。

〔三〕卿若思念鄉土　原作「鄉若思念卿土」，據南監本、北監本、殿本、局本改。

〔三〕濾溝河决久不能塞　「决」，原作「法」，據南監本、北監本、殿本、局本改。

〔四〕許除六品以下官　「許」，原作「詐」，據南監本、北監本、殿本、局本改。

〔五〕明昌二年克寧屬疾章宗往視之　按，本書卷九章宗紀一，明昌元年十二月「甲辰，幸太傅徒單克寧第視疾」。繫年與此異。

〔六〕是歲二月薨　「二月」，本書卷九章宗紀一敍其事作「正月」。

金史卷九十三

列傳第三十一

顯宗諸子

琮　瓌　從彝　從憲　玠

章宗諸子

洪裕　洪靖　洪熙　洪衍　洪輝　忒鄰

衞紹王子

從恪

宣宗三子

莊獻太子　玄齡　守純

獨吉思忠　承裕　僕散揆　抹撚史扢搭　宗浩

顯宗孝懿皇后生章宗，昭聖皇后生宣宗，諸姬田氏生鄆王琮、瀛王瓌、霍王從彝，劉氏生瀛王從憲，王氏生溫王玠。

鄆王琮本名承慶，母田氏，其後封裕陵充華。琮儀觀豐偉，機警清辯，性寬厚，好學。世宗選進士之有名行者納坦謀嘉教之，女直小字及漢字皆通習。及長，輕財好施，無慍色，善吟詠，不喜聞人過，至于騎射繪塑之藝，皆造精妙。大定十八年，封道國公。二十六年，加崇進。章宗即位，遷開府儀同三司，封鄆王。明昌元年，授婆速路獲火羅合打世襲猛安，留京師。五年，薨。上輟朝，親臨奠于殯所。謚曰莊靖，改莊惠。

瀛王瓌本名桓篤，鄆王琮之同母弟也。重厚寡言，內行修飭，工詩，精于騎射、書藝、女直大小字。大定二十二年，封崇國公。二十六年，加崇進。章宗即位，遷開府儀同三司，封瀛王。明昌三年，薨。勑葬事所須皆從官給，命工部侍郎胥持國等典喪事。比葬，帝三臨奠，哭之慟。謚曰文敬。其後帝謂輔臣曰：「王性忠孝，兄弟中最爲善人，故朕嘗令在左右。温王雖幼，亦佳。不二旬俱逝，良可哀悼。」

霍王從彝本名阿憐，母田氏早卒，温妃石抹氏養爲己子。大定二十五年，封宿國公，加崇進。二十六年，賜名瓚。章宗即位，封沂王。明昌元年，諭旨有司曰：「豐、鄆、瀛、沂四王府各賜奴婢七百人。」四年，詔追封故魯王孰輦爲趙王〔一〕，以從彝爲趙王後。承安元年，爲兵部尚書，改封蔡。四年，除祕書監。泰和五年，賜今名。八年，封霍。貞祐二年，薨。

瀛王從憲本名吾里不，母劉氏，後封裕陵茂儀。大定二十六年，賜名琦。章宗即位，加開府儀同三司，封壽王。承安元年，以郊祀恩進封英。四年，改封瀛。泰和五年，更賜今名。六年，授秘書監。八年，薨。

從憲風儀秀峙，性寬厚，善騎射，待府僚以禮，秩滿去者皆有贐。帝尤愛重，初以病聞，即臨問之，賜錢五百萬。還宫，詔府僚上其疾增損狀，仍勑門司夜一鼓即奏，比五更重言之。及薨，上哭之慟，爲輟朝臨奠者再。諭旨判大睦親府事宛王永升曰：「瀛王家事，叔宜規畫。聞其二姬方孕，若生子，即以付之。」以右宣徽使移剌都護其喪葬，斂以内庫之服，其餘所須，亦從官給。謚曰敦懿。

温王玠本名謀良虎，母王氏，後封裕陵婉儀。玠幼穎秀，性温厚，好學。大定二十九年，章宗即位，加開府儀同三司，封温王。明昌三年，薨，年十一。訃聞，上爲輟朝，親臨奠哭之。謚曰悼敏。

章宗欽懷皇后生絳王洪裕，資明夫人林氏生荆王洪靖，諸姬生榮王洪熙、英王洪衍、壽王洪輝。元妃李氏生葛王忒隣。

洪裕，大定二十六年生。是時顯宗薨逾年，世宗深感，及聞皇曾孫生，喜甚。滿三月，宴于慶和殿，賜曾孫金鼎，金香合，重綵二十端，骨覩犀、吐鶻、玉山子、兔兒垂頭一副，名馬二匹。章宗進玉雙馳鎮紙、玉琵琶撥、玉鳳鈎、骨覩犀具佩刀、衣服一襲。世宗御酒歌歡，乙夜方罷。二十八年十月丙寅，薨。明昌三年，追封絳王，賜名。

洪靖本名阿虎懶，明昌三年生。生而警秀，上所鍾愛。四年，薨。承安四年，追封荆王，賜名，加開府儀同三司。

洪熙本名訛魯不，明昌三年生，未彌月薨。承安四年，追封榮王，賜名，加開府儀同三司。

洪衍本名撒改，明昌四年生，未幾薨。承安四年，追封英王，賜名，加開府儀同三司。

洪輝本名訛論，承安二年五月生，彌月，封壽王。閏六月壬午，病急風，募能醫者加宣武將軍，賜錢五百萬。甲申，疾愈，印無量壽經一萬卷報謝，衍慶宫作普天大醮七日，無奏刑名，仍禁屠宰。十月丁亥，薨，備禮葬。

忒隣，泰和二年八月生。上久無皇嗣，祈禱于郊、廟、衍慶宮、亳州太清宮，至是喜甚。彌月，將加封，三等國號無愜上意者，念世宗在位最久，年最高，初封葛王，遂封爲葛王。十二月癸酉，生滿百日，放僧道度牒三千道，設醮玄真觀，宴于慶和殿。百官用天壽節禮儀，進酒稱賀，三品以上進禮物。泰和三年，薨。

衛紹王六子，大定二十六年，賜名猛安曰琚，按出曰瑄，按辰曰璪。泰和七年，詔按辰出繼鄭王永蹈後，詔曰：「朕追惟鄭邸，誤蹈非彝，藁窆原野，多歷歲年，怛然軫懷，有不能已，乃詔追復王爵，備禮改葬。今稽式古典，命汝爲鄭王後，守其祭祀。」

大安元年，封子六人爲王，從恪胙王，有任王、翬王，餘弗傳。是歲，從恪爲左丞相。二年八月，立從恪爲皇太子。至寧末，胡沙虎殺衛王，從恪兄弟皆廢居中都。貞祐二年，徙鄭州。四年，徙居南京。天興元年，崔立以從恪爲梁王，汴京破，死焉。

贊曰：章宗晚年，繼嗣不立，遂屬意衛紹王。衛紹歷年不永，諸子凡禁錮二十餘年，鎬厲王諸子禁錮四十餘年，長女鰥男皆不得婚嫁。天興初，方弛其禁，金亡祚後可知矣。

莊獻太子名守忠，宣宗長子也。其母未詳，説在王后傳。胡沙虎既廢衞王，時上未至，即迎守忠入居東宮。貞祐元年閏九月甲申，立爲皇太子，詔曰：「朕以眇躬，嗣服景命，念祖宗之遺統，方夙夜以靡遑，將上以承九廟之靈，而下以係多方之望。皇太子守忠性秉温良，地居長嫡，以次第言之，則宜升儲嗣，以典禮質之，則足愜羣情，其立爲皇太子。」十月己未，以鎮國上將軍、太子少保阿魯罕爲太子少師。庚申，上遣諭曰：「朕宮中每事裁減，汝亦宜知時難，斟酌撙節也。」又謂曰：「時方多艱，每事當從貶損，吾已放宮人百餘矣，東宮無用者亦宜出之。汝讀書人，必能知此也。」

二年四月，宣宗遷汴〔二〕，留守中京。七月，召至汴〔三〕。三年正月，薨。上臨奠殯所凡四次。四月，葬迎朔門外五里。謚莊獻。五月，立其子鏗爲皇太孫，始二歲。十二月薨，四年正月，賜謚沖懷太孫。

玄齡，或曰莊獻太子母弟，早卒，未封爵。或曰麗妃史氏所生。

荆王守純本名盤都，宣宗第二子也。母曰真妃龐氏。貞祐元年，封濮王。二年，爲殿前都點檢兼侍衛親軍都指揮使，權都元帥。上諭帥府曰：「濮王年幼，公事殊未諳，卿等毋以朕子故不相規戒。凡見將校，令謙和接遇可也。」三年，爲樞密使。四年，拜平章政事。興定元年，授世襲東平府路三屯猛安。三年，以知管差除令史梁瓛，誤書轉運副使張正倫宣命，奏乞治罪。上曰：「令史有犯，宰臣自當治之，何必關朕耶？」是年三月，進封英王〔四〕。時監察御史程震言其不法，宣宗切責，杖司馬及大奴尤不法者數人。四年九月，守純欲發丞相高琪罪，密召知案蒲鮮石魯剌、令史蒲察胡魯、員外郎王阿里謀之，且屬令勿泄，而石魯剌、胡魯輒以告都事僕散奴失不，奴失不白高琪。及高琪伏誅〔五〕，守純劾三人者泄密事，奴失不處死，除名〔六〕，石魯剌、胡魯各杖七十，勒停。

元光二年三月壬子，上戒諭守純曰：「始吾以汝爲相者，庶幾相輔，不至爲人譏病耳。汝乃惟飲酒耽樂，公事漫不加省，何耶？吾常聞人言已過，雖自省無之，亦未敢容易去懷也。」又曰：「吾所以責汝者，但以崇飲不事事之故，汝勿過慮，遂至奪權。今諸相皆老臣，每事與之商略，使無貽物議足矣。」

是年十二月庚寅，宣宗病喉痹，危篤，將夕，守純趣入侍。哀宗後至，東華門已閉，聞守純在宮，分遣樞密院官及東宮親衛軍總領移剌蒲阿集軍三萬餘屯東華門外。部署定，扣門求見。都點檢駙馬都尉徒單合住奏中宮，得旨，領符鑰開門。哀宗入，宰相把胡魯已遣人止丞相高汝礪，不聽入宮，以護衛四人監守純於近侍局。是夕，宣宗崩。明日，哀宗即位。

正大元年正月，進封荆王，罷平章政事、判睦親府，封真妃龐氏爲荆國太妃。三月，或告守純謀不軌，下獄推問。慈聖宮皇太后有言於帝，由是獲免，語在皇后傳。守純三子，長曰訛可，封肅國公〔七〕，天興元年三月進封曹王，出質於軍前。次曰某，封戴王。次曰孛德，封鞏王。

天興初，守純府第產肉芝一株，高五寸許，色紅鮮可愛，既而枝葉津流，濡地成血，臭不可聞，剷去復生者再。夜則房榻間羣狐號鳴，秉燭逐捕則失所在。未幾，訛可出質，哀宗遷歸德。明年正月，崔立亂。四月癸巳，守純及諸宗室皆死青城。

贊曰：詩云「天難忱斯，不易維王，天位殷適，使不挾四方」。信哉。守忠立爲太子，未幾而薨，其子鏗立，又薨，哀宗復乏嗣，豈非天乎。正大間，國勢日蹙，本支殆盡，哀宗尚且疎忌骨肉，非明惠之賢，荆王幾不能免，豈「宗子維城」之道哉。

獨吉思忠本名千家奴。明昌六年，爲行省都事，累遷同簽樞密院事。承安三年，除興平軍節度使，改西北路招討使。

初，大定間修築西北屯戍，西自坦舌，東至胡烈么〔八〕，幾六百里。中間堡障，工役促迫，雖有墻隍，無女墻副堤。思忠增繕，用工七十五萬，止用屯戍軍卒，役不及民。上嘉其勞，賜詔獎諭曰：「直乾之維，扼邊之要，正資守備，以靖翰藩，垣壘弗完，營屯未固。卿督茲事役，唯用戍兵，民不知勞，時非淹久，已臻休畢，仍底工堅。賴爾忠勤，辦茲心畫，有嘉乃力，式副予懷。」賜銀五百兩、重幣十端。入爲簽樞密院事，轉吏部尚書，拜參知政事。

泰和五年，宋渝盟有端，平章政事僕散揆宣撫河南。揆奏宋人懦弱，韓侂胄用事，請遣使詰問。上召大臣議。左丞相崇浩曰〔九〕：「宋久敗之國，必不敢動。」思忠曰：「宋雖羈栖江表，未嘗一日忘中國，但力不足耳。」其後，果如思忠策。六年四月，上召大臣議伐宋事，大臣猶言無足慮者。或曰：「鼠竊狗盜，非用兵也。」思忠執前議曰：「不早爲之所，彼將誤也。」上深然之。

七年正月，元帥左監軍紇石烈執中圍楚州，久不能下，宰臣奏請命大臣節制其軍，及益兵攻之。思忠請行。上曰：「以執政將兵攻一小州，克之亦不武。」乃用唐宰相宣慰諸軍故事，以思忠充淮南宣慰使，持空名宣勑賞立功者。詔大臣宿于祕書監，各具奏帖以聞。明日，詔百官集議于廣仁殿，問對者久之。既而宋人來請和，議遂寢。

頃之，進拜尚書右丞。大安初，拜平章政事。三年，與參知政事承裕將兵屯邊，方繕完烏沙堡，思忠等不設備，大元前兵奄至，取烏月營，思忠不能守，乃退兵，思忠坐解職。衞紹王命參知政事承裕行省，既而敗績于會河堡云。

承裕本名胡沙，頗讀孫、吴書，以宗室子充符寶祗候。除中都左警巡副使，通括户籍，百姓稱其平。遷殿中侍御史，改右警巡使、彰德軍節度副使、刑部員外郎，轉本部郎中。歷會州、惠州刺史，遷同知臨潢府事，改東北路招討副使。以病免，起爲西南招討副使。

泰和六年，伐宋，遷陝西路統軍副使，俄改通遠軍節度使、陝西兵馬都統副使，與秦州防禦使完顔璘屯成紀界〔一〇〕。宋吴曦兵五萬由保岔、姑蘇等谷襲秦州，承裕、璘以騎兵千餘人擊走之，追奔四十里，凡六戰，宋兵大敗，斬首四千餘級。詔承裕曰：「昔乃祖乃父，戮力戎旅，汝年尚少，善於其職，故命汝與完顔璘同行出界。昔汝自言得兵三萬足以辦事，今以石抹仲温、朮虎高琪及青宜可與汝軍相合，計可六萬，斯亦足以辦矣。仲温、高琪兵道險阻，汝兵道甚易也。自秦州至仙人關纔四百里耳，從長計畫，以副朕意。」詔完顏璘曰：「汝向在北邊，以幹勇見稱，頃以過失，逮問有司。近知與宋人奮戰，故特赦免，仍充副統，如能佐承裕立功業，朕於官賞，豈復吝惜。聞汝臨事頗黠，若復自速罪，且不赦汝矣。」

宋吴曦使其將馮興、楊雄、李珪以步騎八千入赤谷，承裕、璘及河州防禦使蒲察秉鉉逆擊破之。宋步兵保西山，騎兵走赤谷。承裕遣部將唐括按荅海率騎二百馳擊宋步兵，甲士蒙括挺身先入乘之，宋步兵大潰，追奔至皂郊城，斬二千餘級。猛安把添奴追宋騎兵，殺千餘人，斬楊雄、李珪于陣〔一二〕，馮興僅以身免。承裕進兵克成州。

八年，罷兵，遷河南東路統軍使，兼知歸德府事，俄改知臨潢府事。賜金帶、重幣十端、銀百五十兩。大安初，召爲御史中丞。三年，拜參知政事，與平章政事獨吉思忠行省戍邊。烏沙堡之役不爲備，失利，朝廷獨坐思忠，詔承裕主兵事。

八月，大元大兵至野狐嶺，承裕喪氣，不敢拒戰，退至宣平。縣中土豪請以土兵爲前鋒，以行省兵爲聲援，承裕畏怯不敢用，但問此去宣德間道而已。土豪嗤之曰：「溪澗曲折，我輩諳知之。行省不知用地利力戰，但謀走耳，今敗矣。」其夜，承裕率兵南行，大元兵踵擊之。明日，至會河川，承裕兵大潰。承裕僅脱身，走入宣德。大元游兵入居庸關，中都戒嚴。識者謂金之亡決於是役。衞紹王猶薄其罪，除名而已。

崇慶元年，起爲陝西安撫使。至寧元年，遷元帥右監軍，兼咸平府路兵馬都總管，與契丹留可戰，敗績〔一二〕。改同判大睦親府事、遼東宣撫使。貞祐初，改臨海軍節度使，卒。

贊曰：曹劌有言：「一鼓作氣，再而衰，三而竭。」夫兵以氣爲主，會河堡之役，獨吉思忠、承裕沮喪不可復振，金之亡國，兆於此焉。

僕散揆本名臨喜，其先上京人，左丞相兼都元帥沂國武莊公忠義之子也。少以世胄，選爲近侍奉御。大定十五年，尚韓國大長公主〔一三〕，擢器物局副使，特授臨潢府路赫沙阿世襲猛安。歷近侍局副使、尚衣局使、拱衞直副都指揮使，爲殿前左衞將軍。罷職，世宗諭之曰：「以汝宣獻皇后之親，故令尚主，置之宿衞，謂當以忠孝自勵。日者乃與外人竊議，汝腹中事，朕不能測，其罷歸田里。」尋起爲灤州刺史，改蠡州，入爲兵部侍郎、大理卿、刑部尚書。

章宗即位，出爲泰定軍節度使，改知臨洮府事。以政蹟聞。升河南路統軍使。陝西提刑司舉揆「剛直明斷，獄無冤滯。禁戢家人，百姓莫識其面。積石、洮二州舊寇皆遁，商旅得通」。於是，進官一階，仍詔褒諭。

明昌四年，鄭王永蹈謀逆，事覺，揆坐嘗私品藻諸王，獨稱永蹈性善，靜不好事〔一四〕，乃免死，除名。未幾，復五品階，起爲同知崇義軍節度使事。以戰功遷西北路副招討，進官七階，賜金馬盂一、銀二百兩、重綵一十端。復以戰功升西南路招討使兼天德軍節度使，賜金五十兩、重綵一十端。復出禦邊，嘗轉戰出塞七百里，至赤胡覩地而還。優詔褒諭，遷一官，仍許其子安貞尚邢國長公主，且許揆入謝，禮成，歸鎮。

會韓國大長公主薨，揆來赴，上諭之曰：「北邊之事，非卿不能辦。」乃賜戰馬二，即日遣還。揆沿徼築壘穿塹，連亘九百里，營柵相望，烽候相應，人得恣田牧，北邊遂寧。復以手詔褒諭，且欲大用，以知興中府事紇石烈子仁代之，勑盡以方略授子仁。既入，拜參知政事，改授中都路胡土愛割蠻世襲猛安。進拜尚書右丞。尋出經略邊事，還拜平章政事，封濟國公。

泰和五年，宋人渝盟，以揆爲宣撫河南軍民使。上諭之曰：「朕即位以來，任宰相未有如卿之久者，若非君臣道合，一體同心，何以及此。先丞相亦嘗總師南邊，效力先朝，今復委卿，諒無過舉。朕非好大喜功，務要寧靜內外。宋人屈服，無復可議，若怙不改，可整兵渡淮，掃蕩江左，以繼爾先公之功。」即以尚廄名馬、玉束帶、內府重綵及御藥賜之。揆至汴，蒐練將士，軍聲大振。會天壽節，特遣其子安貞賜宴，且命持白玉杯以飲揆，及上秋獮所親獲鹿尾舌爲賜。宋人服罪，即罷宣撫使，召揆還。

六年春，宋人復數路來侵，取泗州，取靈壁，圍壽春。命揆爲左副元帥以討之〔一五〕。揆至軍前，集諸將校告以朝廷弔伐之意，分遣將士禦敵。復取臨淮、蘄縣，而符離、壽春之圍亦解去。敵屢敗衄，悉遁出境。上即遣提點近侍局烏古論慶壽持手詔勞問征討事宜，仍賜玉具劍一、玉荷蓮盞一、金器一百兩、重綵一十端。尋復以詔褒諭，賜玉鞍勒馬二及玉具佩刀、內府重綵、御藥，以旌其功。

宋人既敗退，上欲進討，乃召揆赴闕，戒以師期，宴于慶和殿，親諭之曰：「朕以趙擴背盟，侵我疆埸，命卿措畫。曾未期月，諸處累報大捷。振我國威，挫彼賊鋒，皆卿之力，朕不能忘。」是日寵錫甚厚，特收其次子寧壽爲奉御，乃密授以成算，俾還軍。

十月，揆總大軍南伐〔一六〕，分兵爲九路進。揆以行省兵三萬出潁、壽，至淮，宋人旅拒于水南。揆密遣人測淮水，惟八疊灘可涉，即遣奧屯驤揚兵下蔡，聲言欲渡。宋帥何汝礪、姚公佐悉銳師屯花靨以備。揆乃遣右翼都統完顏賽不、先鋒都統納蘭邦烈潛渡八疊，駐南岸。揆麾大軍直壓其陣。敵不虞我卒至，皆潰走，自相蹂踐，死于水者不可勝計。進奪潁口，下安豐軍，遂攻合肥，取滁州，盡獲其軍實。上遣使諭之曰：「前得卿奏，先鋒已奪潁口，偏師又下安豐，斬馘之數，各以萬計。近又西帥奏捷，棗陽、光化既爲我有，樊城、鄧城亦自潰散。又聞隨州闔城歸順，山東之衆久圍楚州，隴右之師剋期出界。卿提大兵攻合肥，趙擴聞之，料已破膽，失其神守。度彼之計，乞和爲上。昔嘗畫三事付卿，以今事勢計之，徑渡長江，亦其時矣。淮南既爲我有，際江爲界，理所宜然。如使趙擴奉表稱臣，歲增貢幣，縛送賊魁，還所俘掠，一如所諭，亦可罷兵。卿宜廣爲渡江之勢，使彼有必死之憂，從其所請而縱之，僅得餘息偷生，豈敢復萌他慮。卿於此時，經營江北，勞倈安集，除其虐政横賦，以良吏撫字疲民，以精兵分守要害，雖未係趙擴之頸，而朕前所畫三事，上功已成矣。前入見時，已嘗議定，今復諄諄者，欲決卿成功爾。機會難遇，卿其勉之。」

既而，宋帥丘崈果奉書乞和，揆以前五事諭而遣之。復進軍圍和州，敵以騎萬五千駐六合，揆偵知之，即以右翼掩擊，斬首八千級，進屯于瓦梁河以控真、揚諸路之衝。乃整列軍騎，畢張旗幟，沿江上下，皆金兵焉。於是江表震恐。宋真州兵數萬保河橋，復遣統軍紇石烈子仁往攻之，分軍涉淺，潛出敵後。敵見之大驚，不戰而潰，斬首二萬餘級，生擒其帥劉侹、常思敬、蕭從德、莫子容，皆宋驍將也。遂下真州。宋復遣陳璧來告和，揆以乞辭未誠，徒欲緩師，卻之。宋人既喪敗，不獲請成，乃決巨勝、成公、雷塘渚積水以爲阻，盡焚其廬舍儲積，過江遁去。

揆以方春地濕，不可久留，且欲休養士馬，遂振旅而還。次下蔡，遇疾。詔遣宣徽使李仁惠及其子寧壽引太醫診視，仍遣中使撫問。泰和七年二月，薨。訃聞，上哀悼之，輟朝，遣使迎喪，殯于都城之北。百官會弔，車駕臨奠哭之，賻銀一千五百兩、重幣五十端、絹五百疋，其葬祭物皆從官給。謚曰武肅。

揆體剛内和，與物無忤，臨民有惠政。其爲將也，軍門鎮靜，賞罰必行。初渡淮，即命徹去浮梁。所至皆因糧于敵，無餽運之勞。未嘗輕用士卒，而與之同甘苦，人亦樂爲之用。故南征北伐，爲一名將云。

抹撚史扢搭，臨潢路人也。其先以功授世襲謀克。史扢搭幼襲爵，守邊有勞。泰和六年，南鄙用兵，授同知蔡州防禦使事。

五月，宋將李爽圍壽州，田俊邁陷蘄縣，平章政事僕散揆謂諸將曰：「符離、彭城，齊魯之蔽，符離不守，是無彭城，彭城陷則齊魯危矣。」乃遣安國軍節度副使納蘭邦烈與史扢搭以精騎三千戍宿州。俊邁果率步騎二萬來襲，邦烈、史扢搭逆擊，大破之。邦烈中流矢。宋郭倬、李汝翼以衆五萬繼至〔一七〕，遂圍城，攻之甚力，城中叢射，敵不能逼。會淫雨潦溢，敵露處勞倦，邦烈遣騎二百潛出敵後突擊之。敵亂，史扢搭率騎蹂之，殺傷數千人。敵復聞援軍將至，遂夜遁。邦烈、史扢搭躡其後，黎明合擊，大破之，獲田俊邁。十月，揆以行省兵三萬出潁、壽，史扢搭爲驍騎將、中軍副統，克安豐軍，戰霍丘、花靨，功居多。十二月，從攻和州，中流矢卒。

史扢搭形不過中人，而拳勇善鬬，所用槍長二丈，軍中號爲「長槍副統」。又工用手箭，箭長不盈握，每用百數，散置鎧中，遇敵抽箭，以鞭揮之，或以指鉗取飛擲，數矢齊發，無不中，敵以爲神。其箭皆以智創，雖子弟亦不能傳其法。在北部守厭山營，敵尤畏之，不敢近。及死，將士皆惋惜之。

內族宗浩字師孟，本名老，昭祖四世孫，太保兼都元帥漢國公昂之子也。貞元中，爲海陵庶人入殿小底。世宗即位遼陽，昂遣宗浩馳賀。世宗見之喜，命充符寶祇候。大定二年冬，昂以都元帥置幕山東，宗浩領萬户從行，仍授山東東路兵馬都總管判官。丁父憂，起復，承襲因閔斡魯渾猛安，授河南府判官。以母喪解，服闋，授同知陝州防禦使事。察廉能第一等，進官一階，陞同知彰化軍節度使事，累遷同簽樞密院事，改曷蘇館節度使。

世宗謂宰臣曰：「宗浩有才幹，可及者無幾。」二十三年，徵爲大理卿，踰年授山東路統軍使，兼知益都府事。陛辭，世宗諭之曰：「卿年尚少，以卿近屬，有治迹，故以此授卿，宜體朕意。」因賜金帶遣之。二十六年，爲賜宋主趙昚生日使。還，授刑部尚書，俄拜參知政事。

章宗即位，出爲北京留守，三轉同判大睦親府事。北方有警，命宗浩佩金虎符駐泰州便宜從事。朝廷發上京等路軍萬人以戍。宗浩以糧儲未備，且度敵未敢動，遂分其軍就食隆、肇間。是冬，果無警。

北部廣吉剌者尤桀驁，屢脅諸部入塞。宗浩請乘其春暮馬弱擊之。時阻轐亦叛，内族襄行省事于北京，詔議其事。襄以謂若攻破廣吉剌，則阻轐無東顧憂，不若留之，以牽其勢。宗浩奏：「國家以堂堂之勢，不能掃滅小部，顧欲藉彼爲捍乎？臣請先破廣吉剌，然後提兵北滅阻轐。」章再上，從之。詔諭宗浩曰：「將征北部，固卿之誠，更宜加意，毋致後悔。」宗浩覘知合底忻與婆速火等相結，廣吉剌之勢必分，彼既畏我見討，而復掣肘仇敵，則理必求降，可呼致也。因遣主簿撒領軍二百爲先鋒，戒之曰：「若廣吉剌降，可就徵其兵以圖合底忻，仍偵餘部所在，速使來報，大軍當進，與汝擊破之必矣。」合底忻者，與山只昆皆北方别部，恃强中立，無所羈屬，往來阻𨏵，廣吉剌間，連歲擾邊，皆二部爲之也。撒入敵境，廣吉剌果降，遂徵其兵萬四千騎，馳報以待。

宗浩北進，命人齎三十日糧，報撒會于移米河共擊敵，而所遣人誤入婆速火部，由是東軍失期。宗浩前軍至忒里葛山，遇山只昆所統石魯、渾灘兩部，擊走之，斬首千二百級，俘生口車畜甚衆。進至呼歇水，敵勢大蹙，於是合底忻部長白古帶、山只昆部長胡必剌及婆速火所遣和火者皆乞降。宗浩承詔，諭而釋之。胡必剌因言，所部迪列土近在移米河不肯偕降，乞討之。乃移軍趨移米，與迪列土遇，擊之，斬首三百級，赴水死者十四五，獲牛羊萬二千，車帳稱是。合底忻等恐大軍至，西渡移米，棄輜重遁去。撒與廣吉剌部長忒里虎追躡及之〔一八〕，於窊里不水縱擊大破之。婆速火九部斬首、溺水死者四千五百餘人，獲駞馬牛羊不可勝計。軍還，婆速火乞内屬，并請置吏。上優詔褒諭，遷光禄大夫，以所獲馬六千置牧以處之。明年，宴賜東北部，尋拜樞密使，封榮國公。

初，朝廷置東北路招討司泰州，去境三百里，每敵入，比出兵追襲，敵已遁去。至是，宗浩奏徙之金山，以據要害，設副招討二員，分置左右，由是敵不敢犯。

會中都、山東、河北屯駐軍人地土不贍，官田多爲民所冒占，命宗浩行省事，詣諸道括籍，凡得地三十餘萬頃。還，坐以倡女自隨，爲憲司所糾，出知真定府事。徙西京留守，復爲樞密使，進拜尚書右丞相，超授崇進。時徵北邊不寧，議築壕壘以備守戍，廷臣多異同。平章政事張萬公力言其不可，宗浩獨謂便，乃命宗浩行省事，以督其役。功畢，上賜詔褒賚甚厚。

撒里部長陁括里入塞，宗浩以兵追躡，與僕散揆軍合擊之，殺獲甚衆，敵遁去。詔徵還，入見，優詔奬諭，躐遷儀同三司，賜玉束帶一、金器百兩、重幣二十端，進拜左丞相。

宋人畔盟，王師南伐，會平章政事揆病，乃命宗浩兼都元帥往督進討。宗浩馳至汴，大張兵勢，親赴襄陽巡師而還。宋人大懼，乃命知樞密院事張巖以書乞和。宗浩以辭旨未順却之，仍諭以稱臣、割地、縛送元謀姦臣等事。巖復遣方信孺齎其主趙擴誓藁來，且言擴併發三使，將賀天壽節及通謝，仍報其祖母謝氏殂，致書于都元帥宗浩曰：

方信孺還，遠貽報翰及所承鈞旨，仰見以生靈休息爲重，曲示包容矜軫之意。聞命踊躍，私竊自喜，即具奏聞，備述大金皇帝天覆地載之仁，與都元帥海涵春育之德。旋奉上旨，亟遣信使通謝宸庭，仍先令信孺再詣行省，以請定議。區區之愚，實恃高明，必蒙洞照，重布本末，幸垂聽焉。

兵端之開，雖本朝失于輕信，然痛罪姦臣之蔽欺，亦不爲不早。自去歲五月，編竄鄧友龍，六月又誅蘇師旦等，是時大國尚未嘗一出兵也，本朝即捐已得之泗州，諸軍屯于境外者盡令徹戍而南，悔艾之誠，于兹可見。惟是名分之諭，今昔事殊，本朝皇帝本無佳兵之意，況關繫至重，又豈臣子之所敢言？

江外之地，恃爲屏蔽，儻如來諭，何以爲國？大朝所當念察。至于首事人鄧友龍等誤國之罪，固無所逃，若使執縛以送，是本朝不得自致其罰于臣下。所有歲幣，前書已增大定所減之數，此在上國初何足以爲重輕，特欲藉手以見謝過之實。儻上國諒此至情，物之多寡，必不深計。矧惟兵興以來，連歲創殘，賦入屢蠲，若又重取于民，豈基元元無窮之困，竊計大朝亦必有所不忍也。於通謝禮幣之外，別致微誠，庶幾以此易彼。

其歸投之人，皆雀鼠偷生，一時竄匿，往往不知存亡，本朝既無所用，豈以去來爲意。當隆興時，固有大朝名族貴將南來者，洎和議之定，亦嘗約各不取索，況兹瑣瑣，誠何足云。儻大朝必欲追求，尚容拘刷。至如泗州等處驅掠人，悉當護送歸業。

夫締新好者不念舊惡，成大功者不較小利。欲望力賜開陳，捐棄前過，闊略他事，玉帛交馳，歡好如初，海内寧謐，長無軍兵之事。功烈昭宣，德澤洋溢，鼎彝所紀，方册所載，垂之萬世，豈有既乎。重惟大金皇帝誕節將臨，禮當修賀，兼之本國多故，又言合遣人使，接續津發，已具公移，企望取接。伏冀鑒其至再至三有加無已之誠，亟踐請盟之諾，即底于成，感戴恩德，永永無極。誓書副本慮往復遷延，就以録呈。

初，信孺之來，自以和議遂成，輒自稱通謝使所參議官。大定中，宋人乞和，以王抃爲通問使所參議官，信孺援以爲例。宗浩怒其輕妄，囚之以聞。朝廷亦以其爲行人而不能乎兩國之情，將留之，遣使問宗浩。宗浩曰：「今信孺事既未集，自知還必得罪，拘之適使他日有以藉口。不若數其恌易，而釋遣之使歸，自窮無辭以白其國人，則擴、侂胄必擇謹厚者來矣。」於是遣之。而復張巖書曰：

方信孺重以書來，詳味其辭，於請和之意雖若婉遜，而所畫之事猶未悉從，惟言當還泗州等驅掠而已。至於責貢幣，則欲以舊數爲增，追叛亡，則欲以横恩爲例，而稱臣、割地、縛送姦臣三事，則並飾虚説，弗肯如約。豈以爲朝廷過求有不可從，將度德量力足以背城借一，與我軍角一日勝負者哉？既不能彊，又不能弱，不深思熟慮以計將來之利害，徒以不情之語，形于尺牘而勤郵傳，何也？

兵者凶器，佳之不祥，然聖人不得已而用之，故三皇、五帝所不能免。夫豈不以生靈爲念，蓋犯順負義有不可恕者。乃者彼國犯盟，侵我疆埸，帥府奉命征討，雖未及出師，姑以逐處戍兵隨宜捍禦，所向摧破，莫之敢當，執俘折馘不可勝計，餘衆震懾靡然奔潰。是以所侵疆土，旋即底平，爰及泗州亦不勞而復。今乃自謂捐其已得，斂軍徹戍，以爲悔過之效，是豈誠實之言！據陝西宣撫司申報，今夏宋人犯邊者十餘次，並爲我軍擊退，梟斬捕獲，蓋以億計。夫以悔艾罪咎，移書往來丐和之間，乃暗遣賊徒突我守圉〔一九〕，冀乘其不虞，以徼倖毫末，然則所爲來請和者，理安在哉！

其言名分之諭，今昔事殊者，蓋與大定之事固殊矣。本朝之於宋國，恩深德厚，莫可殫述，皇統謝章可概見也。至于世宗皇帝俯就和好，三十年間恩澤之渥，夫豈可忘。江表舊臣于我，大定之初，以失在正隆，致南服不定，故特施大惠，易爲姪國，以鎮撫之。今以小犯大，曲在於彼，既以絶大定之好，則復舊稱臣，於理爲宜。若爲非臣子所敢言，在皇統時何故敢言而今獨不敢，是又誠然乎哉！又謂江外之地將爲屏蔽，割之則無以爲國。夫藩籬之固，當守信義，如不務此，雖長江之險，亦不可恃，區區兩淮之地，何足屏蔽而爲國哉！昔江左六朝之時，淮南屢嘗屬中國矣。至後周顯德間，南唐李景獻廬、舒、蘄、黄，畫江爲界，是亦皆能爲國。既有如此故實，則割地之事，亦奚不可！

自我師出疆，所下州軍縣鎮已爲我有，未下者即當割而獻之。今方信孺齎到誓書，乃云疆界並依大國皇統、彼之隆興年已畫爲定，若是則既不言割彼之地，又翻欲得我之已有者，豈理也哉！又來書云通謝禮幣之外，別備錢一百萬貫，折金銀各三萬兩，專以塞再增幣之責，又云歲幣添五萬兩疋，其言無可准。況和議未定，輒前具載約，擬爲誓書，又直報通謝等三番人使，其自專如是，豈協禮體。此方信孺以求成自任，臆度上國，謂如此徑往，則事必可集，輕瀆誑紿，理不可容。

尋具奏聞，欽奉聖訓：「昔宣、靖之際，棄信背盟，我師問罪，嘗割三鎮以乞和。今既無故興兵，蔑棄信誓，雖盡獻江、淮之地，猶不足以自贖。況彼國嘗自言，叔父姪子與君臣父子略不相遠，如能依應稱臣〔二〇〕，即許以江、淮之間取中爲界。如欲世爲子國，即當盡割淮南，直以大江爲界。陝西邊面並以大軍已占爲定據。元謀姦臣必使縛送，緣彼懇欲自致其罰，可令函首以獻。外歲幣雖添五萬兩、疋，止是復皇統舊額而已，安得爲增？可令更添五萬兩、疋，以表悔謝之實。向汴陽乞和時嘗進賞軍之物〔二一〕，金五百萬兩、銀五千萬、表段裏絹各一百萬、牛馬騾各一萬、駞一千、書五監。今即江表一隅之地，與昔不同，特加矜憫，止令量輸銀一千萬兩以充犒軍之用。方信孺言語反覆不足取信，如李大性、朱致知、李壁、吴琯輩似乎忠實，可遣詣軍前稟議。據方信孺詭詐之罪，過於胡昉，然自古兵交，使人容在其間，姑放令回報。」伏遇主上聖德寬裕光大，天覆地容，包荒宥罪，其可不欽承以仰副仁恩之厚！儻猶有所稽違，則和好之事，勿復冀也。夫宋國之安危存亡，將繫于此，更期審慮，無貽後悔！

泰和七年九月，薨于汴。其後宋人竟請以叔爲伯，增歲幣，備犒軍銀，函姦臣韓侂胄、蘇師旦首以獻而乞盟焉。訃聞，上震悼，輟朝，命其子宿直將軍天下奴奔赴喪所，仍命葬畢持繪像至都，將親臨奠。以南京副留守張巖叟爲勑祭兼發引使，莒州刺史女奚列孛葛速爲勑葬使，仍摘軍前武士及旗鼓笛角各五十人，外隨行親屬官員親軍送至葬所，賻贈甚厚。謚曰通敏。

贊曰：金自宗弼渡江而還，既而畫淮爲界。厥後海陵咈衆舉兵，國用虛耗，上下離心，内難先作。故世宗之初，章宗之末，有事于南，皆非得已，而詳問之使每先發焉。侂胄狂謀誤國，動非其時，取敗宜也。揆、宗浩雖師出輒捷，而行成之使，不拒其來。儀幣書辭，抑揚增損之際，有可藉口，即許其平矣。函首之事，宋人亦欲因是以自除其禍耳。雖然，撲、宗浩常勝之家，史扢搭驍勇之將，三人相繼而死，和議亦成，天意蓋已休息南北之人歟？

校勘記

〔一〕詔追封故魯王孰輦爲趙王　「孰輦」，原作「永功」。按，本書卷八五世宗諸子永功傳，永功死於興定五年，不能有預在明昌四年「追封」事。又同卷云，「世宗昭德皇后生顯宗、趙王孰輦、越王斜魯。（中略）孰輦、斜魯皆早卒」。卷五九宗室表記世宗子孰輦封趙王。蓋孰輦爲章宗胞叔，故雖已早卒，仍爲立後。今據改。

〔二〕二年四月宣宗遷汴　「四月」，局本作「五月」。按，本書卷一四宣宗紀上，貞祐二年五月，「上決意南遷，詔告國內。（中略）壬午，車駕發中都」。此作「四月」疑誤。

〔三〕留守中京七月召至汴　按，本書卷一四宣宗紀上，貞祐二年八月「庚子，皇太子至自中都」。卷一〇一承暉傳：「宣宗遷汴，進拜右丞相，兼都元帥，徙封定國公，與皇太子留守中都。」又卷一〇九完顏素蘭傳，貞祐二年，「宣宗遷汴，留皇太子於燕都，既而召之」。則「中京」當作「中都」，「七月」當作「八月」。

〔四〕是年三月進封英王　本書卷一五宣宗紀中繫其事於閏三月。

〔五〕「四年九月守純欲發丞相高琪罪」至「及高琪伏誅」　按，本書卷一五宣宗紀中、卷一〇六朮虎高琪傳記高琪被誅事在興定三年十二月。當是。

〔六〕奴失不處死除名　按，本書卷一〇六朮虎高琪傳，興定三年十二月，「尚書省都事僕散奴失不以英王謀告高琪，論死」，所述奴失不處死原因與此同，但時間有異。本書卷一六宣宗紀下，興定四年九月「己酉，夏人陷西寧州，尚書省都事僕散奴失不坐誅」，所述奴失不處死原因與此相異。

〔七〕肅國公　疑當作「蕭國公」。按，集禮卷九親王條無「肅」，小國號作「蕭」。本書卷五五百官志一封王條，小國亦作「蕭」。

〔八〕東至胡烈么　按，本書卷一一章宗紀三，承安五年九月己未，記獨吉思忠言，「各路邊堡墻隍，西自坦舌，東至胡烈公」。

〔九〕左丞相崇浩　「崇浩」，即「宗浩」，避金睿宗諱所改。參見本書卷八校勘記〔九〕。

〔一〇〕與秦州防禦使完顔璘屯成紀界　「秦州防禦使」，本書卷九八完顔綱傳同，卷一二章宗紀四泰和六年十月作「隴州防禦使」。

〔一一〕斬楊雄李珪于陣　「李珪」，北監本、殿本作「李瑾」。按，宋史卷四七五叛臣傳上吴曦傳，宋寧宗開禧三年（金泰和七年）二月甲戌夜，宋李貴斬吴曦，「賊黨姚淮源、李珪、郭仲、米脩之、郭澄等皆誅之」，謂後一年李珪爲宋人所誅。記事與此異。

〔一二〕與契丹留可戰敗績　按，元史卷一四九耶律留哥傳，「金人遣胡沙帥軍六十萬，號百萬，來攻留哥，（中略）橫衝胡沙軍，大敗之」。「留可」當爲「留哥」之誤。

〔一三〕尚韓國大長公主　按，本書卷八五世宗諸子永蹈傳，「河南統軍使僕散揆尚永蹈妹韓國公主」。又卷一〇二僕散安貞傳，「父揆，尚韓國公主，鄭王永蹈同母妹也」。大定十五年僕散揆尚主，則作「韓國公主」是，作「韓國大長公主」非是。

〔一四〕獨稱永蹈性善靜不好事　「不」字原脫。金史詳校卷八下，「『好』上當加『不』」。今據補。

〔一五〕命揆爲左副元帥以討之　「左副元帥」，原作「右副元帥」。按，本書卷一二章宗紀四，泰和六年五月「戊子，平章政事僕散揆兼左副元帥」；七年二月「戊辰，平章政事兼左副元帥僕散揆薨于軍」。今據改。

〔一六〕十月揆總大軍南伐　「十月」，原作「十一月」。按，本書卷一二章宗紀四，泰和六年「冬十月戊申朔，平章政事僕散揆督諸道兵伐宋」。卷六二交聘表下，泰和六年「十月庚戌，僕散揆出潁、壽」。今據改。

〔一七〕宋郭倬李汝翼以衆五萬繼至　「宋」字原脫。按，本書卷一二章宗紀四，泰和六年五月癸巳，「宋田俊邁攻宿州，（中略）宋郭倬、李汝翼以衆繼至，遂圍宿州」。今據補。

〔一八〕撒與廣吉剌部長忒里虎追躡及之　「廣吉剌」，原作「廣吉利」，據局本及本卷上文改。

〔一九〕乃暗遣賊徒突我守圉　「圉」，原作「圍」。金史詳校卷八下，「『圍』當作『圉』」。今據改。

〔二〇〕如能依應稱臣　「應」，南監本、北監本、殿本、局本作「舊」。

〔三〕向汴陽乞和時嘗進賞軍之物　「汴陽」，疑當作「汴州」。按，汴州指北宋京師，各傳常見，如本書卷六六始祖以下諸子勗傳，「宗翰、宗望定汴州，受宋帝降」。又卷七四宗翰傳，「丙辰，銀术可等克汴州。辛酉，宋少帝詣軍前，舍青城。十二月癸亥，少帝奏表降」。

金史卷九十四

列傳第三十二

夾谷清臣　内族襄　夾谷衡　完顏安國　瑶里孛迭

夾谷清臣本名阿不沙，胡里改路桓篤人也。姿狀雄偉，善騎射。皇統八年，襲祖駮達猛安。大定元年，聞世宗即位，率本部軍六千赴中都會之，以功遷昭武大將軍。從右副元帥紇石烈志寧爲管押萬户，接應左都監完顏思敬，逐窩斡餘黨，敗之柔遠，至抹拔里達悉獲之。賊平，遷鎮國上將軍，知潁順軍事。

會宋兵二萬襲陷汝州，殺刺史烏古孫麻發及漢軍二千。河南統軍宗尹遣萬户孛术魯定方與清臣等領騎兵四千往擊之〔一〕。宋人棄城遁，遂復汝州。三年五月，從志寧復取宿州，宋將李世輔大敗遁去，志寧復遣清臣等以兵追襲，又敗之。捷聞，授宿州防禦使。

移博州，改西北路招討都監，遷烏古十壘部族節度使。十二年，授右副都點檢，遷左副都點檢，出爲陝西路統軍使，兼知京兆府事。朝辭，賜以金帶厩馬，仍諭之曰：「卿典禁兵，日侍左右，勤勞久矣，故以是授卿，宜益思勉。」二十六年，改西京留守。閱三歲，遷樞密副使。

明昌元年，初議出師，以本職充東北路兵馬都統制使，既而詔止之。俄以其女爲昭儀，眷倚益重。二年，拜尚書左丞。頃之，進平章政事，封芮國公，賜同本朝人。四年，遷右丞相，監修國史。

時議簽軍戍邊，上問：「漢人與夏人孰勇？」清臣曰：「漢人勇。」上曰：「昔元昊擾邊，宋終不能制，何也？」清臣曰：「宋馭軍法不可得知，今西南路人殊勝彼也。」未幾，遷崇進，改封戴。一日，上謂宰臣曰：「人有以八陣圖來上者，其圖果何如？朕嘗觀宋白所集武經，然其載攻守之法亦多難行。」清臣曰：「兵書皆定法，難以應變。本朝行兵之術，惟用正奇二軍，臨敵制變，以正爲奇，以奇爲正，故無往不克。」上曰：「自古用兵亦不出奇正二法耳。且學古兵法如學奕碁，未能自得於心，而欲用舊陣勢以接敵，亦以踈矣。」

尋上表丐閒，不許。固請，乃賜告省親，諭之曰：「聞卿母老，欲令歸省，故特給假五十日，馳驛以往，至彼可爲一月留也。」五年二月，上御凝和殿，清臣省覲還，謁上。上問：

「卿母健否？其壽幾何？相別幾年矣？」清臣對曰：「臣母年八十三矣，别十年，幸頗强健。」上曰：「何不來此？」曰：「急於家務，故不欲離耳。」上曰：「老人多如是，所謂『血氣既衰，戒之在得』也。」復謂清臣：「胡里改路風俗何如？」對曰：「視舊則稍知禮貌，而勇勁不及矣。」因言西南、西北等路軍人，其閑習弓矢，亦非復曩時。

六年，遷儀同三司，進拜左丞相，改封密。受命出師，行尚書省事於臨潢府。清臣遣人偵知虛實，以輕騎八千，令宣徽使移剌敏爲都統〔二〕，左衛將軍充〔三〕、招討使完顏安國爲左右翼，分領前隊，自選精兵一萬以當後隊。進至合勒河，前隊敏等於栲栳濼攻營十四，下之，回迎大軍，屬部斜出掩其所獲羊馬資物以歸。清臣遣人責其賧罰，北阻轐由此叛去，大侵掠。上遣責清臣，命右丞相襄代之。承安五年，降授横海軍節度使兼滄州管内觀察使。

初，上諭宰臣曰：「清臣舊有勞效，罪狀未甚明，若降授，應須告致仕耳。」初擬知廣寧府，上曰：「姑與滄州。」既而又曰：「與則與之，第恐有人言也。」尋復致仕。泰和二年薨，年七十。子么查剌襲猛安。初議征討，清臣主其事，既而領軍出征，雖屢獲捷而貪小利，遂致北邊不寧者數歲，天下尤之。

丞相襄本名唵，昭祖五世孫也。祖什古乃從太祖平遼〔四〕，以功授上京世襲猛安，歷東京留守。父阿魯帶，皇統初北伐有功，拜參知政事。

襄幼有志節，善騎射，多勇略，年十八襲世爵。大定初，契丹叛，從右副元帥謀衍以本部兵討賊〔五〕，戰于肇州之長濼。襄先登鏖擊，足中流矢，裹創以戰，氣愈厲，七戰皆勝。謀衍握其手曰：「今日之捷，皆公力也。」賊走渡霧淞河，追及之，所駐地多草，賊乘風縱火，襄亦縱火，立空地以俟，戰十餘合，賊益困。襄謂謀衍曰：「今不乘此平殄，後將有悔。」謀衍然之。襄率衆搏戰。大敗之，俘獲萬計。會朝廷遣平章政事僕散忠義代謀衍將，襄復從忠義追賊至裊嶺西之陷泉，及之，率右翼身先奮擊，賊大潰，人馬相蹂而死，陷泉幾平。賊酋窩斡僅與數十騎遁去，卒就擒，論功爲第一。有司擬淄州刺史，詔特授亳州防禦使，時年二十三。

宋人犯南鄙，襄爲潁、壽都統，率甲士二千人渡潁水，敗敵兵五千，復潁州，生擒宋帥楊思。次濠州，宋將郭太尉退保橫澗山，襄攻之，伏弩射中其膝，督攻愈急，拔之，獲郭太尉。既而趨滁州，襄爲先鋒，將至清流關，得宋偵者，知敵欲三道夜出，掩我不備。左副元帥紇石烈志寧問計。襄曰：「今兵少地隘，儻不得關，敵至，我無所據，必先取之。」曰：「我與若孰往？」襄曰：「元帥國家大臣，詎宜輕動？襄當爲公往取。」志寧韙之。襄率騎二千，分二道，一由衡路，自以千兵間道潛登。既近，敵始覺。襄攻克之，據其關，志寧履行戰地，顧謂曰：「克敵於不可勝之地，真天下英傑也。」及宋乞盟，班師，召爲拱衛直都指揮使，改殿前右衛將軍，轉左衛，出爲東北路招討都監，遷速頻路節度使，移曷懶路兵馬都總管。

左丞相志寧疾甚，世宗臨問之，志寧薦襄「智勇兼濟，有經世才，他人莫及，異時任用，殆勝于臣」。即召授殿前左副都點檢。爲宋生日使，宋方祈免親接國書，襄至，宋人屢來議，皆折之，迄成禮而還。授陝西路統軍使，賜之尚服、廐馬、鞍勒、佩刀。改河南統軍使。入爲吏部尚書，轉都點檢，賜錢千萬。世宗謂宰執曰：「襄爲人甚藴藉，非直日，亦入宮規畫諸事，事有所付乃退，其公勤如此。若襄之才豈多得哉！」擢御史大夫，踰月，拜尚書右丞，諭之曰：「卿在河南經制邊事，甚有統紀，及在吏部，至爲點檢，尤奉公守法，朕甚嘉之。近長憲臺，亦以剛直聞，是用委以政機，其益勉之！」未幾，進拜左丞。襄在外任，治有異效，至是朝廷以褒賞廉吏詔天下，列其名以示獎厲。二十三年，進拜平章政事，封蕭國公。

世宗以金源郡王世嫡皇孫，將加王爵，詔擇國號。襄曰：「爲天下大計，必先正其本，原者本也，請封原。」從之。故事，諸部族節度使及其僚屬多用糺人，而頗有私縱不法者，議改用諸色人。襄曰：「北邊雖無事，恒須經略之，若杜此門，其後有勞績何以處之？請如舊。」他日，議及古有監軍之事。襄曰：「漢、唐初無監軍，將得專任，故戰必勝，攻必克。及叔世始以内臣監其軍，動爲所制，故多敗而少功。若將得其人，監軍誠不必置。」並嘉納之。詔受北部進貢。使還，世宗問邊事，具圖以進，因上羈縻屬部、鎮服大石之策，詔悉行之。進拜右丞相，徙封戴。

世宗不豫，與太尉徒單克寧、平章政事張汝霖宿内殿，同受顧命。章宗初即政，議罷僧道奴婢。太尉克寧奏曰：「此蓋成俗日久，若遽更之，於人情不安。陛下如惡其數多，宜嚴立格法，以防濫度，則自少矣。」襄曰：「出家之人安用僕隸？乞不問從初如何所得，悉放爲良。若寺觀物力元係奴婢之數推定者，並合除免。」詔從襄言。由是二稅户多爲良者。

明昌元年，同知棣州防禦使暠上封事，歷詆宰執。太傅克寧奏，暠所言襄預知之。於是詔暠還本猛安，而襄出知平陽府事。移知鳳翔，歷西京留守，召授同判大睦親府事，進樞密使，復拜右丞相，改封任。

時左丞相夾谷清臣北禦邊，措畫乖方，屬邊事急，命襄代將其衆，佩金牌，便宜從事。臨宴慰遣，賜以貂裘、安山、細鎧及戰馬二。時胡疋糺亦叛，嘯聚北京、臨潢之間。襄至，遣人招之，即降，遂屯臨潢。頃之，出師大鹽濼，復遣右衛將軍完顏充進軍斡魯速城，欲屯守，俟隙進兵。繪圖以聞，議者異同，即召面論，厚賜遣還。

未幾，遣西北路招討使完顏安國等趨多泉子。密詔進討，乃命支軍出東道，襄由西道。而東軍至龍駒河爲阻轐所圍，三日不得出，求援甚急，或請俟諸軍集乃發。襄曰：「我軍被圍數日，馳救之猶恐不及，豈可後時？」即鳴鼓夜發。或請先遣人報圍中，使知援至。襄曰：「所遣者儻爲敵得，使知我兵寡而糧在後，則吾事敗矣。」乃益疾馳。遲明，距敵近，衆請少憩。襄曰：「吾所以乘夜疾馳者，欲掩其不備爾。緩則不及。」嚮晨壓敵，突擊之，圍中將士亦鼓譟出，大戰，獲輿帳牛羊。衆皆奔斡里札河。遣安國追躡之。衆散走，會大雨，凍死者十八九，降其部長，遂勒勳九峯石壁。捷聞，上遣使厚賜以勞之，别詔許便宜賞賚士卒。九月，赴闕，拜左丞相，監修國史，封常山郡王。宴慶和殿，上親舉酒飲，解所服玉具佩刀以賜，俾即服之。

十月，阻轐復叛，襄出屯北京，會羣牧契丹德壽、陁鎖等據信州叛，僞建元曰身聖，衆號數十萬，遠近震駭。襄閑暇如平日，人心乃安。初，襄之出鎮也，至石門鎮，密謂僚屬曰：「北部犯塞奚足慮。第恐姦人乘隙而動。北京近地軍少，當預爲之備。」即遣官發上京等軍六千，至是果得其用。臨潢總管烏古論道遠、咸平總管蒲察守純分道進討，擒德壽等送京師。

契丹之亂，廷臣議罷郊祀，又欲改用正月上辛，上遣使問之，對曰：「郊爲重禮，且先期詔天下，又藩國已報表賀，今若中罷，何以副四方傾望之意？若改用正月上辛，乃祈穀之禮，非郊見上帝之本意也。大禮不可輕廢，請決行之，臣乞於祀前滅賊。」既而賊破，果如所料。郊禮成，進封南陽郡王。始討契丹，自龍虎衞上將軍、節度使以下許承制授之。襄以爲賞罰之柄非人臣所預，不敢奉詔。賊平，請委近臣諭旨將士，使知上恩。乃遣李仁惠持宣三十、勑百五十，視功給之。

方德壽之叛，諸乣亦剽略爲民患，襄慮其與之合，乃移諸乣居之近京地，撫慰之。或曰：「乣人與北俗無異，今置内地，或生變柰何？」襄笑曰：「乣雖雜類，亦我之邊民，若撫以恩，焉能無感？我在此，必不敢動。」後果無患。尋詔參知政事裔代領其軍。入見，賜錢五千萬。明年，以内艱免。翌日，起復視事。時議以契丹户之驅奴尚衆，乞盡鬻以散其黨，襄以爲非便，奏請量存口數，餘悉官贖爲良，上納之。

北部復叛，裔戰失律，復命襄爲左副元帥莅師，尋拜樞密使兼平章政事，屯北京。民方艱食，乃減價出糶倉粟以濟之。或以兵食方闕爲言，襄曰：「烏有民足而兵不足者？」卒行之，民皆悦服。時議北討，襄奏遣同判大睦親府事宗浩出軍泰州，又請左丞衡於撫州行樞密院〔六〕，出軍西北路以邀阻轐，而自帥兵出臨潢。上從其策，賜内庫物即軍中用之。其後斜出部族詣撫州降，上專使問襄，襄以爲受之便。賜寶劍，詔度宜窮討。乃令士自賫糧以省輓運，進屯於沔移剌烈、烏滿掃等山以逼之。因請就用步卒穿壕築障，起臨潢左界北京路以爲阻塞。言者多異同，詔問方略。襄曰：「今茲之費雖百萬貫，然功一成則邊防固而戍兵可減半，歲省三百萬貫，且寬民轉輸之力，實爲永利。」詔可。襄親督視之，軍民並役，又募飢民以傭即事，五旬而畢。於是西北、西南路亦治塞如所請。無何，泰州軍與敵接戰，宗浩督其後，殺獲過半，諸部相率送款，襄納之。自是北陲遂定。

襄還臨潢，減屯兵四萬、馬二萬疋。上以信符召還，遣近臣迎勞于途。既至，復撫問于第，入獻邊機十事，皆爲施行，仍厚賜之，復拜左丞相。初，襄至自軍，上諭宰臣曰：「樞密使襄築立邊堡完固。古來立一城一邑，尚有賞賚，即欲拜三公，三公非賞功官，如左丞相亦非賞功者，雖然，可特授之。」遣左司郎中阿勒根阿海降詔褒諭。四年正月，進拜司空，領左丞相如故。

襄重厚寡言，務以鎮靜守法。每掾有所禀，必問曰：「諸相云何？」掾對某相如是，某相如是。襄曰：「從某議。」其事無有異者。識者謂襄誠得相體。時上頗更定制度，初置提刑司，又議設清閑職位，如宋朝宫觀使，以待年高致仕之官。襄言：「年老致仕，朝廷養以俸廩，恩禮至渥。老不爲退，復有省會之法，所以抑貪冒，長廉節。若擬別設，恐涉于濫。」又言：「省事不如省官，今提刑官吏，多無益於治，徒亂有司事。議者以謂斯乃外臺，不宜罷。臣恐混淆之辭，徒煩聖聽。且憲臺所掌者察官吏非違，正下民冤枉，亦無提點刑獄、舉薦之權。若已設難以遽更，其採訪廉能不宜隸本司，宜令監察御史歲終體究，仍不時選官廉訪。」上皆聽納。俄乞致仕，不許。

時方旱，命有司祈雨，襄及平章政事張萬公、參政僕散揆等上表待罪。上召翰林學士党懷英草罪己詔，仍慰諭襄等視事。泰和元年春，承命馳禱于亳州太清宮及后土方嶽。以其世封遠，特改授河間府路筭朮海猛安。明年，皇子生，襄復自請報謝。既祀嵩嶽，還次芝田之府店，遂以疾薨，年六十三。訃聞，輟朝，遣使祭于路，葬禮依太師淄王克寧。謚曰武昭。命張行簡銘其碑。

襄明敏，才武過人，上親待之厚，故所至有功。其駐軍臨潢也，有以僞書遺西京留守徒單鎰，欲構以罪。書聞，上以書還畀襄，其明信如此。既而果獲爲僞書者。在政府二十年，明練故事，簡重能斷，器局尤寬大，待掾吏盡禮，用人各得所長，爲當世名將相。大安間，配享章宗廟庭。

夾谷衡本名阿里不，山東西路三土猛安益打把謀克人也。大定十三年，剏設女直進士舉，衡中第四人，補東平府教授。調范陽簿，選充國史院編脩官，改應奉翰林文字。世宗嘗謂宰臣曰：「女直進士中才傑之士蓋亦難得，如徒單鎰、夾谷衡、尼厖古鑑皆有用材也。」遷修起居注。章宗立，爲侍御史，轉右司員外郎，敷奏稱旨，升左司郎中。明昌二年，擢御史中丞，未幾，拜參知政事。三年八月，以病，表乞致仕，詔撫慰不許。

衡久在告，承詔始出，上見其羸瘠，復賜告一月。四年，詔賜今名，諭之曰：「朕選大臣，俾參機務，必資謀畫，協贊治平。其或得失晦而未形，利害膠而未決，正須識見純直，方能去取合公。比來議事之臣，鮮有一定之論，蓋以内無所守，故臨事而惑，致有中失，朕將何賴？卿忠實公方，審其是則執而不回，見其非則去而能果，度其事勢，有若權衡。汝之所長，衡實似之，可賜名『衡』。古者命名將以責實，汝先有實，可謂稱名，行之克終，乃副朕意。」

參知政事胥持國言區種法。衡曰：「若苟有利，古已行之，且用功多而所種少，復恐荒廢土田，徒勞民，無益也。」進尚書右丞。舊制，久歷隨朝職任者，得奉使江表。衡未使而拜執政，特賜錢六千貫。六年，遷尚書左丞，尋出行省于撫州。洎還入朝，聞父憂去，上亟召回，起復本職。

承安二年，出爲上京留守，尋改樞密副使，行院規畫邊事。三年，以修完封界，賜詔褒諭。四年正月，就拜平章政事，封英國公。薨，年五十一。上聞之惻然，爲輟朝，命官致祭，賻贈有加。遣使勑葬，謚曰貞獻。

完顏安國字正臣，本名閹母。其先占籍上京，世有戰功。祖斜婆，授西南路世襲合札謀克。

安國沉雄有謀畫，尤善騎射。正隆元年，從軍爲謀克，常以少擊衆。大定中，爲常山簿，轉虹縣令。會王府新建，選充虞王府掾。再遷儀鸞局副使。明昌元年，改本局使。會大石部長有乞修歲貢者，朝廷許其請，詔安國往使之。至則率衆遠迓至帳，望闕羅拜，執禮無惰容。

時北阻轐迫近塞垣，隣部欲立功以誇雄上國，議邀安國俱行討之。安國以未奉詔爲辭。强之，不可。或以危言怵之，安國曰：「大丈夫豈以生死易節。暴骨邊庭，不猶愈於病死牖下。」衆壯其言，餽贐如禮。既還，以奉使稱旨，升武衛軍都指揮使。出爲東北路副招討，未赴，改西北路副招討。

六年，左丞相夾谷清臣用兵，以安國爲先鋒都統。適臨潢、泰州屬部叛，安國先討定之，以功遷本路招討使，兼威遠軍節度使。承安元年，大鹽濼之戰，殺獲甚衆，詔賜金幣。既而右丞相襄總大軍進，安國爲兩路都統，大捷於多泉子。襄遣安國追敵，僉言糧道不繼，不可行也。安國曰：「人得一羊可食十餘日，不如驅羊以襲之便。」遂從其計。安國統所部萬人疾驅以薄之，降其部長。捷聞，進官四級，遷左翼都統。

承安二年，以營邊堡功，召簽樞密院事。賜虎符還邊，得以便宜從事。時並塞諸部降，諭使輸貢如初。進拜樞密副使。泰和元年，特授世襲西南路延晏河猛安，兼合札謀克。帝幸慶寧宮，命安國嚴飭邊備。奏西南路邊戍私竄者乞招誘以安人心，上是其言。三年，以疾致仕，封道國公。四年，起復前職，卒。上聞之，輟朝。勑有司葬以執政禮，贈特進。

安國在軍旅幾十五年，號令嚴明，指麾卒伍如左右手。又善伺知敵人虛實及山川險易，戰必身先士卒，故所向輒克。諸部入貢，安國能一一呼其祖先弟姪名字以戒諭之，諸部皆震悚，甚爲隣國所畏服。

瑶里孛迭，北京路窟白猛安陀羅山謀克人也。以軍功歷海濱令，遷徐王府掾，以稱職，再任御史臺。察廉，升同知震武軍節度使事。明昌初，爲唐州刺史，尋授西北路招討副使。未幾，改東北路。六年正月，北邊有警，聚兵圍慶州急，孛迭率本路軍往救，敵解去，州竟無患。

承安元年，丞相襄北伐，孛迭爲先鋒副統，進軍至龍駒河，受圍，會襄引大軍至，得解。後授鎮寧軍節度使，以六羣牧人叛，改寧昌軍。孛迭爲都統，領步騎萬次懿州，敵數萬來逆戰，兵勢甚張，孛迭親陷陣，奮力鏖擊却之，身中二創，捷聞，遷一官。

承安二年，乣軍千餘出没剽掠錦、懿間，孛迭追敗之，復獲所掠，悉還本户。三年，從同判大睦親府事宗浩爲左翼都統，戰移密河，勝；戰骨堡子西，殺獲甚衆。五年，授知廣寧府事，俄改東北路招討使。以捍邊有功，賜詔褒諭，三遷爲崇義軍節度使。泰和六年，卒。訃聞，遣官致祭，賜銀五百兩，贈金紫光禄大夫。

孛迭勇決善戰，自幼以軍功顯，任兵鎮十餘年，所向克捷，凡再遷官，賜金幣，甚爲上倚注云。

贊曰：易師之初六：「師出以律，否臧凶。」蓋初爲師之始，出師之道，當慎其始。清臣首議出師，遽以貪小利敗。襄雖賢，竭力而後勝其任。衡、安國、孛迭之功又亞於襄者也。然而，兵連禍結，以終金世。故兵無常勝，制勝在勢。勢制兵者强，兵制勢者亡。迹襄之開築壕塹以自固，其猶元魏、北齊之長城歟？金之勢可知矣。勢屈而兵勝，亡國之道也。金以兵始，亦以兵終。嗚呼！用兵之始，可不慎歟，可不慎歟！

校勘記

〔一〕河南統軍宗尹遣萬户孛术魯定方與清臣等領騎兵四千往擊之　「宗尹」，原作「宗正」，據局本改。按，本書卷六世宗紀上，大定二年九月癸亥，「河南統軍使宗尹復取汝州」。卷七三宗尹傳亦記此事。

〔二〕令宣徽使移剌敏爲都統　按，本書卷五六百官志二，宣徽院置左、右宣徽使。又卷一〇章宗紀二，明昌五年十一月「庚子，以右宣徽使移剌敏等爲賀宋正旦使」。疑此處脱「右」字。

〔三〕左衛將軍充　「左衛將軍」，本卷襄傳作「右衛將軍」。

〔四〕祖什古迺從太祖平遼　「什古迺」，本書卷五九宗室表「什古」兩見，無「迺」字。

〔五〕從右副元帥謀衍以本部兵討賊　「右副元帥」，原作「左副元帥」。按，本書卷六世宗紀上，大定二年「四月己巳，右副元帥完顏謀衍等敗窩斡于長濼」。卷七二謀衍傳、卷一三三叛臣移剌窩斡傳皆作「右副元帥」。今據改。

〔六〕又請左丞衡於撫州行樞密院　按，本卷夾谷衡傳，明昌「六年，遷尚書左丞，尋出行省于撫州」，「承安二年，出爲上京留守，尋改樞密副使，行院規畫邊事」。「左丞」或爲「樞密副使」之誤。

金史卷九十五

列傳第三十三

移剌履　張萬公　蒲察通　粘割斡特剌　程輝　劉瑋
董師中　王蔚〔一〕　馬惠迪　馬琪　楊伯通　尼厖古鑑〔二〕

移剌履字履道，遼東丹王突欲七世孫也。父聿魯，早亡。聿魯之族兄興平軍節度使德元無子，以履爲後。方五歲，晚卧廡下，見微雲往來天際，忽謂乳母曰：「此所謂『卧看青天行白雲』者耶？」德元聞之，驚曰：「是子當以文學名世。」及長，博學多藝，善屬文。初舉進士，惡搜檢煩瑣，去之。廕補爲承奉班祗候、國史院書寫。

世宗方興儒術，詔譯經史，擢國史院編修官，兼筆硯直長。一日，世宗召問曰：「朕比讀貞觀政要，見魏徵嘉謀忠節，良可稱歎。近世何故無如徵者？」履曰：「忠嘉之士，何代無之，但上之人用與不用耳。」世宗曰：「卿不見劉仲誨〔三〕、張汝霖耶，朕超用二人者，以嘗居諫職，屢有忠言故也。安得謂之不用，第人材難得耳。」履曰：「臣未聞其諫也。且海陵杜塞言路，天下緘口，習以成風。願陛下懲艾前事，開諫諍之門，天下幸甚。」

初議以時務策設女直進士科，禮部以所學不同，未可概稱進士，詔履定其事，乃上議曰：「進士之科，起于隋大業中，始試以策。唐初因之，高宗時雜以箴銘賦詩，至文宗始專用賦。且進士之初，本專試策，今女直諸生以試策稱進士，又何疑焉。」世宗大悦，事遂施行。十五年，授應奉翰林文字，兼前職，俄遷修撰。二十年，詔提控衍慶宮畫功臣像，過期，降應奉。踰年，復爲修撰，轉尚書禮部員外郎。

章宗爲金源郡王，喜讀春秋左氏傳，聞履博洽，召質所疑。履曰：「左氏多權詐，駁而不純。尚書、孟子皆聖賢純全之道，願留意焉。」王嘉納之。二十六年，進本部郎中，兼同修國史、翰林修撰，表進宋司馬光古文孝經指解曰：「臣竊觀近世，皆以兵刑財賦爲急，而光獨以此進其君。有天下者，取其辭施諸宇内，則元元受賜。」俄以疾，乞補外，世宗曰：「履多病，可與便州。」遂授薊州刺史。無幾，召爲翰林待制，同修國史。明年，擢尚書禮部侍郎，兼翰林直學士。

世宗崩，遺詔移梓宮壽安宮。章宗詔百官議，皆謂當如遺詔，履獨曰：「非禮也。天子七月而葬，同軌畢至。其可使萬國之臣朝大行於離宮乎？」上曰：「朕日夜思之，捨正殿而奠於别宮，情有所不忍，且於禮未安。」遂殯於大安殿。二十九年三月，進禮部尚書，兼翰林直學士，賜大定三年孟宗獻牓下進士及第。七月，拜參知政事，提控刊修遼史。明昌元年，進尚書右丞。

初，河溢曹州，帝問曰：「春秋二百四十二年，不言河決，何也？」履曰：「春秋止是魯史，所以鮮及他國事。」二年六月，薨，年六十一。是日，履所生也。謚曰文獻。

履秀峙通悟，精曆筭書繪事。先是，舊大明曆舛誤，履上乙未曆，以金受命于乙未也，世服其善。初，德元未有子，以履爲後，既而生子震，德元殁，盡推家貲與之。其自禮部兼直學士爲執政，乃舉前代光院故事，以錢五十萬送學士院，學者榮之。

張萬公字良輔，東平東阿人也。幼聰悟，喜讀書。父彌學，夢至一室，牓曰「張萬相公讀書堂」，已而萬公生，因以名焉。登正隆二年進士第，調新鄭簿。以憂去。服闋，除費縣簿。大定四年，爲東京辰渌鹽副使〔四〕，課增，遷長山令。時土寇未平，一日至城下者幾萬人，萬公登陴諭以鄉里親舊意，衆感悟相率而去，邑人賴之，爲立生祠。久之，補尚書省令史，擢河北西路轉運司都勾判官，改大理評事，就陞司直，四遷侍御史、尚書右司員外郎。

丞相徒單克寧嘗謂曰：「後代我者必汝也。」俄授郎中，敷奏明敏，世宗嘉之，謂侍臣曰：「張萬公純直人也。」尋遷刑部侍郎。

章宗即位，初置九路提刑司，選爲南京路提刑使。以治最，遷御史中丞。會北邊屢有警，上命樞密使夾谷清臣發兵擊之〔五〕。萬公言：「勞民非便。」詔百官議於尚書省，遂罷兵。尋爲彰國軍節度使。

明昌二年，知大興府事，拜參知政事。踰年，以母老乞就養，詔不許，賜告省親。還，上問山東、河北粟貴賤，今春苗稼，萬公具以實對。上謂宰臣曰：「隨處雖得雨，尚未霑足，柰何？」萬公進曰：「自陛下即位以來，興利除害，凡益國便民之事，聖心孜孜，無不舉行。至於旱災，皆由臣等，若依漢典故，皆當免官。」上曰：「卿等何罪，殆朕所行有不逮者。」對曰：「天道雖遠，實與人事相通，唯聖人言行可以動天地。昔成湯引六事自責，周宣遇災而懼，側身修行，莫不修飾人事。方今宜崇節儉，不急之務、無名之費，可俱罷去。」上曰：「災異不可專言天道，蓋必先盡人事耳，故孟子謂王無罪歲。」左丞完顏守貞曰：「陛下引咎自責，社稷之福也。」上由是以萬公所言下詔罪己。

進士李邦乂者上封事，因論世俗侈靡，譏涉先朝，有司議言者罪，上謂宰臣曰：「昔唐張玄素以桀、紂比文皇。今若方我爲桀、紂，亦不之罪。至於世宗功德，豈容譏毀。」顧問萬公曰：「卿爲何如？」萬公曰：「譏斥先朝，固當治罪，然舊無此法。今宜定立，使人知之。」乃命免邦乂罪，惟殿三舉。其奏對詳敏，多類此。

四年，復申前請，授知東平府事，諭之曰：「卿在政府，非不稱職，以卿母老，乞侍養，特畀鄉郡，以遂孝養。朕心所屬，不汝忘也。」萬公謝，且捧書言曰：「臣狂妄，有一言欲今日以聞，會受除未及耳。夫内外之職，憂責如一，畎畝之臣猶不忘君，芻蕘之言，明主所擇，伏望聖聰省察。」上嘉納之。六年，改知河中府，時軍興，調發叢劇，悉爲寬假，使民力易辦。人爲繪像於薰風樓，又建「去思堂」。

移鎮濟南，以母憂去職。卒哭，詔起復，拜平章政事，躐遷資善大夫，封壽國公。時李淑妃有寵，用事，帝意惑之，欲立爲后，大臣多不可。御史姬端脩上書論之，帝怒，御史大夫張暐削一官，侍御史路鐸削兩官，端脩杖七十，以贖論。淑妃竟進封元妃。又大兵雖罷，而邊事方殷，連歲旱暵，災異數見。又多變更制度，民以爲弗便而又改之，紛紛無定。萬公素沉厚深謹，務安靜少事以爲治，與同列議多不合，然頗嫌畏，不敢犯顏强諫，須帝有問，然後審畫利害而質言之，帝雖從而弗行也。萬公於是兩上表以衰病匄閒，詔諭曰：「近卿言數事，朕未嘗行，乃朕之過。卿年未老，而遽告病，今特賜告兩月，復起視事。」

初，明昌間，有司建議，自西南、西北路，沿臨潢達泰州，開築壕塹以備大兵，役者三萬人，連年未就。御史臺言：「所開旋爲風沙所平，無益於禦侮，而徒勞民。」上因旱災，問萬公所由致。萬公對以「勞民之久，恐傷和氣，宜從御史臺所言，罷之爲便」。後丞相襄師還，卒爲開築，民甚苦之。主兵者又言：「比歲征伐，軍多敗衄，蓋屯田地寡，無以養贍，至有不免飢寒者，故無鬭志。願括民田之冒税者分給之，則戰士氣自倍矣。」朝臣議已定，萬公獨上書，言其不可者五，大略以爲：「軍旅之後，瘡痍未復，百姓拊摩之不暇，何可重擾，一也。通檢未久，田有定籍，括之必不能盡，適足以增猾吏之敝，長告訐之風，二也。浮費侈用，不可勝計，推之以養軍，可斂不及民而足〔六〕，無待於奪民之田，三也。兵士失於選擇，强弱不别，而使同田共食，振厲者無以盡其力，疲劣者得以容其姦，四也。奪民而與軍，得軍心而失天下心，其禍有不可勝言者，五也。必不得已，乞以冒地之已括者，召民蒔之，以所入贍軍，則軍有坐獲之利，而民無被奪之怨矣。」皆不報。一日奏事，上謂萬公曰：「卿昨言天久陰晦，亦由人君用人邪正不分。君子當在内，小人當在外，甚有理也，然孰謂小人？」萬公奏「張煒、田櫟、張嘉貞等，雖有才幹，無德可稱」。上即命三人補外。

泰和元年，連章請老，不許，遷榮禄大夫，賜其子進士及第。明年，章再上，有旨：「得非卿有所言，朕有不從者乎？或同列情見不一，而多違卿意邪？不然，何求去如是之數也。」萬公謝無他，第以病言。三年正月，章再上，不允，加銀青光禄大夫。三月，歷舉朝臣有名者以自代，求去甚力，上知其不能留，諭曰：「朕初即位，擢卿執政，繼遷相位，以卿先朝舊人，練習典故，朕甚重之。且年雖高而精力未衰，故以機務相勞。爲卿屢求退去，故勉從之，甚非朕意也。」加金紫光禄大夫，致仕。

六年，南鄙用兵，上以山東重地，須大臣鎮撫之，先任完顏守貞卒，於是特起萬公知濟南府、山東路安撫使。山東連歲旱蝗，沂、密、萊、莒、濰五州尤甚。萬公慮民飢盜起，當預備賑濟。時兵興，國用不給，萬公乃上言乞將僧道度牒、師德號、觀院名額并鹽引，付山東行部，於五州給賣，納粟易换。又言督責有司禁戢盜賊之方。上皆從之。宋人請和，復乞致仕，許之，加崇進，仍給平章政事俸之半。泰和七年，薨。命依宰臣故事，燒飯，賻葬。贈儀同三司，謚曰文貞。

萬公淳厚剛正，門無雜賓，典章文物，多所裁正。上嘗與司空襄言秋山之樂，意將有事於春蒐也。顧視萬公，萬公曰：「動何如静。」上改容而止。輔政八年，其所薦引，多廉讓之士焉。大安元年，配享章宗廟庭。

蒲察通本名蒲魯渾，中都路胡土愛割蠻猛安人也。熙宗選護衛，見通名，以筆識之。通以父老，懇乞就養。衆訝之曰：「得充侍衛，終身榮貴，今乃辭，過人遠矣。」朝廷義而從之。後因會葬宋王宗望於房山，以門閥，加昭信校尉，授頓舍。改御院通進。海陵伐宋，隆州諸軍尤精鋭，付通總之。兵壓淮，令通率騎二百先濟覘敵。及弁中，敵兵躍出，通按兵直前，傍有舞槊來刺者，回身射之，應弦而斃。諸軍併擊，敗之。海陵召見，喜形於色，曰：「兵事定，汝勿憂爵賞。」至揚州，通營別屯。是夜，海陵遇弑，有來告者，通欲執而殺之，續聞其實，哀悶仆地，衆掖而起，徑入營門哭之。

軍還，入見，世宗顧謂近臣曰：「朕素知是人，幼嘗從游，性温厚，有識慮，又精騎射。」授尚廐局副使。又諭近臣曰：「常令見朕，欲問以事而考其言，朕將用之。」窩斡反，命通佩金符，詣軍前督戰。賊破，以功授世襲謀克。奚人亂，承詔繼往涖軍。還本局使，以母喪免，起爲殿前右衛將軍，兼領閑廐。尋命其子蒲速烈尚衛國公主。出爲肇州防禦使，賜以金帶〔七〕，仍諭以補外之意，因戒敕之，語在世宗紀中。尋擢蒲與路節度使，移鎮歸德軍，還西南路招討，入知大興府事，除殿前都點檢。初，大理卿闞，世宗欲令通爲之，問宰臣，對曰：「通，點檢器也。」上曰：「點檢繁冗，無由顯其能。通明敏才幹，正掌法之官。」又曰：「通之機識，崇尹不及也〔八〕。」

大定十七年，拜尚書右丞，轉左丞。詔議推排猛安謀克事，大臣皆以爲止驗見在産業，定貧富，依舊科差爲便。通言：「必須通括各謀克人户物力多寡，則貧富自分。貧富分，則版籍定，如有緩急，驗籍科差，富者不得隱，貧者不重困。與一例科差者，大不侔矣。」上是通言，謂宰臣曰：「議事當如通之盡心也。」閱三歲，進平章政事，封任國公。

世宗將幸上京，以通朝廷舊人，命爲上京留守，先往鎮撫之。二十五年，除知真定府事，世宗曰：「朕復欲相卿，惜卿老矣，故以此授卿。」仍賜錢千貫。未幾，改知平陽府事，移鳳翔，致仕。明昌四年，上諭宰臣曰：「通先朝重臣，年雖高而未衰。」因命知廣寧府事。累表請老，復以開府儀同三司致仕。

承安三年薨。諭旨於其弟曰：「舊制，致仕宰相，無祭葬禮，通舊臣懿戚，故特命勑祭及葬。」初，通在政府，舉太子率府率完顏守貞〔九〕、監察御史裔俱可大用，其後皆爲名臣，世多其知人云。

粘割斡特剌，蓋州別里賣猛安奚屈謀克人也。貞元初，以習女直字試補户部令史，轉尚書省令史。大定七年，選授吏部主事，歷右補闕、修起居注。

九年，河南路統軍使宗敍以宋人欲啓兵釁，上言求入見，世宗遣斡特剌就問之，仍究其實。至汴，問宗敍，及召凡嘗言邊事者詰之，皆無狀。還報，世宗喜曰：「朕固知妄也。」授左司員外郎。

十年，以夏國發兵築祁安城及襲殺喬家族首領結什角，又諜者言夏與宋人通謀犯邊，詔大理卿李昌圖與斡特剌往按其事。夏人報言，結什角以兵犯夏境故殺之，祁安城本上國所賜舊積石地，發兵修築以備他盜耳。又察知宋、夏無交通狀，及喬家族民户願令結什角姪趙師古爲首領，具以聞。世宗甚悅，轉右衞將軍〔一〇〕，賜衣馬車牛弓矢鎧仗〔一一〕。十二年，爲夏國生日使，還授右司郎中，遷右副都點檢。久之，出爲河南路統軍都監，賜金帶及具裝馬。

十七年，授昌武軍節度使，兼領前職。明年，入爲刑部尚書，拜參知政事。世宗嘗諭平章政事唐括安禮曰：「朕思爲治之道，考擇人材最爲難事，其餘常務各有程式，非此比也。如斡特剌所舉者，頗稱朕意。」時右三部檢法蒙括鑾都告斡特剌與招討哲典朋黨，乞付刑部詰問，世宗曰：「若哲典免死，則可謂朋黨。今已伏誅，乃誣謗耳。」又謂宰臣曰：「朕素知此人極有識慮，貌雖柔而心甚剛直，所行不率易也。」二十二年，委提控代州阜通監，召見諭之曰：「朕自任卿以來，悉卿材幹，故擢爲執政。卿亦體朕待遇之意，能勉盡所職，凡謀議奏對多副朕心，莫倚上有宰相而自嫌外。蓋舊人年老，新人未苦經練，是以委責於卿，但有所見悉心以言，勿持嫌以爲不知也。」二十三年，進尚書右丞，兼樞密副使，表乞解一職，詔許解樞密。世宗以猛安謀克拋留土田，責宰臣曰：「此事皆卿輩所當陳舉，乃俟朕言而後行，蓋卿輩以爲細務非天子所親。朕嘗思之，獄訟簿書有斡特剌在，餘事卿輩略不介意，朕亦安能置而不問邪？」俄坐事削一階，令視事如故。

二十六年，轉尚書左丞，世宗謂曰：「朕昨與宰臣議可授執政者，卿不在焉。今阿魯罕年老，斡魯也多病，吾欲用宗浩何如？」斡特剌奏曰：「彼二人者恐不得力，獨宗浩幹能可任。」遂用宗浩。又謂曰：「朕於天下事無不用心，一如草創時。」斡特剌曰：「自古人君始勤終怠者多矣，有始有終，惟聖人能之。」上曰：「唐太宗至明之主也，然魏徵諫以十事，謂其不能有終，是則有終始者實爲難矣。」二十八年，爲上京留守，賜通犀帶及射生馬一。

明昌二年致仕。承安初，有事北方，朝廷欲得舊臣任之，乃起爲東京留守，遣監察御史完顏綱諭旨曰：「知汝精神尚健，故復用也。」明年，改上京留守，又諭之曰：「上京祖先基業之地，卿馳驛之任，到彼便宜行事。邊事稍息，即召卿還。」二年九月，還朝，拜平章政事，封芮國公。在位數月，薨，年六十九。訃聞，上傷悼久之，遣官致祭，賻贈銀千二百五十兩、重幣四十五端、絹四百五十疋、錢二千貫，謚曰成肅。

斡特剌性温厚醖藉，嘗爲丞相紇石烈良弼所薦，後世宗謂宰臣曰：「良弼善知人，如斡特剌輩其才真可用也。」在相位十餘年，甚見寵遇，唯奏定五品官子與外路司吏同試部令史、及令隨朝吏員得試國史院書寫，世宗以爲非云。

程輝字日新，蔚州靈仙人也。皇統二年，擢進士第，由尚書省令史升左司都事。久之，爲南京路轉運使，以宮殿火，降授磁州刺史。有吴僧者殺州人張善友而取其妻，輝督捕之，命張母以長錐刺僧與其妻無完膚以死。改陝西東路轉運使，再遷户部尚書。

大定二十三年，拜參知政事。世宗諭之曰：「卿年雖老，猶可宣力。事有當言，毋或隱默。卿其勉之。」一日，輝侍朝，世宗曰：「人嘗謂卿言語荒唐，今遇事輒言，過於王蔚。」顧謂宰臣曰：「卿等以爲何如？」皆曰：「輝議政可否，略無隱情。」輝對曰：「臣年老耳聵，第患聽聞不審，或失奏對。苟有所聞，敢不盡心。」舊廟祭用牛，世宗晚年欲以他牲易之，輝奏曰：「凡祭用牛者，以牲之最重，故號太牢。語曰：『犁牛之子騂且角，雖欲勿用，山川其舍諸？』古禮不可廢也。」

二十四年，世宗幸上京，尚書省奏來歲正旦外國朝賀事，世宗曰：「上京地遠天寒，朕甚憫人使勞苦，欲即南京受宋書，何如？」輝對曰：「外國使來必面見天子，今半途受書，異時宋人託事效之，何以辭爲？」世宗曰：「朕以誠實，彼若相詐，朕自有處置耳。」輝以爲不可，於是議權免一年。會有司市麵不時酬直，世宗怒監察不舉劾，杖責之。以問輝，輝對曰：「監察，君之耳目。所犯罪輕，不贖而杖，亦一時之怒也。」世宗曰：「職事不舉，是故犯也，杖之何不可。」輝對曰：「往者不可諫，來者猶可追。」

二十六年，以老致仕。次年，復起知河南府事，輝辭以衰老不任，召入香閤，諭之曰：「卿年老而精力尚强，雖久歷外，未嘗得嘉郡，河南地勝事簡，故以處卿，卿可優游頤養。」輝曰：「臣猶老馬也，芻豆待養，豈可責以筋力。向者南京宮殿火，非聖恩寬貸，臣死久矣。今河之徑河南境上下千餘里，河防之責視彼尤重，此臣所以憂不任也。」於是特詔不預河事。章宗立，時輝年七十六，復乞致仕，詔許之，仍給參知政事半俸。承安元年卒，謚曰忠簡。

輝性倜儻敢言，喜雜學，尤好論醫，從河間劉守真說，率用涼藥。神童嘗添壽者方數歲〔二〕，輝召之，因書「醫非細事」四字，添壽塗「細」字，改書作「相」，輝頗慙，人亦以此爲中其病云。

劉瑋字德玉，咸平人也。唐盧龍節度使仁敬之裔。祖宏，遼季鎮懿州，王師至，宏以州降〔三〕，太祖俾知咸州，後以同平章政事致仕。父君詔，同知宣徽院事。瑋幼警悟，業進士舉，熙宗録其舊，特賜及第。調安次丞。由遵化縣令補尚書省令史，歷户部主事、監察御史，累轉尚書省都事。宰臣奏擬瑋經畫軍民田土，世宗見其名曰：「劉瑋尚淹此乎。」遷户部員外郎。時將東巡，命瑋同工部郎中宋中往營行宮，就陞郎中。改同知宣徽院事，爲使宋國信副使。瑋父兄皆以是官使江左，當時榮之。還授户部侍郎。

初，世宗器瑋材幹，以爲無施不可，及將幸上京，以行在所須皆隸太府，欲瑋領其事，嫌其稍下，故移户部侍郎張大節於工部，而以户部授瑋。上還，謂宰臣曰：「劉瑋極有心力，臨事閑暇，第用心不正耳。若心正當，其人才不可得也。」

明年，擢户部尚書。時河決于衛，自衛抵清、滄皆被其害，詔兼工部尚書往塞之。或以謂天災流行，非人力所能禦，惟當徙民以避其衝，瑋曰：「不然。天生五材，遞相休王，今河決者土不勝水也。俟秋冬之交，水勢稍殺，以漸興築，庶幾可塞。」明年春，瑋齋戒禱于河，功役齊舉，河乃復故。召還增秩，以爲宋弔祭副使。世宗不豫，拜參知政事，仍領户部，既而爲山陵使。尋上表請外，出知濟南府事，移鎮河中。明昌二年，徙知大名府，仍領河防事。

三年，入拜尚書右丞。上嘗問考課法今可行否，右丞相夾谷清臣曰：「行之亦可，但格法繁則有司難於承用耳。」瑋曰：「考課之法本於總核名實，今提刑司體察廉能贓濫以行賞罰，亦其意也。若别議設法，恐涉太繁。」上問唐代何如，瑋對以「四善、二十七最」。明年六月，卒。是日，上將擊毬於臨武殿，聞瑋卒而止，謚曰安敏。

後上謂宰臣曰：「人爲小官或稱才幹，及其大用則不然。如劉瑋固甚幹，然自世宗朝逮輔朕，於事多有知而不言者。若實愚人則不足論，知及之而不肯盡心，可乎？」平章政事完顏守貞曰：「春秋之法，責備賢者。」上曰：「夫爲宰相而欲收恩避怨，使人人皆稱己是，賢者固若是乎？」

董師中字紹祖，洺州人也。少敏贍，好學强記。擢皇統九年進士第，調澤州軍事判官。改平遥丞。縣有劇賊王乙，素凶悍不可制，師中捕得杖殺之，一境遂安。時大軍後，野多枯骴，縣有遺櫬寓于驛舍者，悉爲葬之。遷絳上令，補尚書省令史，右相唐括訛魯古尤器重之，撫其座曰：「子議論英發，襟度開朗，他日必居此座。」再考，擢監察御史，遷尚書省都事。初，師中爲監察時，漏察大名總管忽剌不公事，及忽剌以罪誅，世宗怒曰：「監察出使郡縣，職在彈糾，忽剌親貴尤當用意，乃徇不以聞。」削官一階，降授沁南軍節度副使。累遷坊州刺史。

明昌元年，初置九路提刑司〔一四〕，師中選爲陝西路副使，坐修公廨濫支官錢罪，以贖論。及御史臺言其寬和有體，召爲大理卿。御史中丞吴鼎樞舉以自代，尚書省亦奏其才行，遂擢中丞。時西北路招討使宗肅以平章夾谷清臣薦，知大興府事。師中上言：「宗肅近以贓罪鞫于有司，獄未竟，不宜改除。」上納其言，曰：「朕知之矣。有功不賞，有罪不罰，雖唐、虞不能化天下。」命復送有司。

四年，上將幸景明宮，師中及侍御史賈鉉、治書侍御史粘割遵古諫，以謂「勞人費財，蓋其小者，變生不虞，所繫非輕。聖人法天地以順動，故萬舉萬全。今邊鄙不馴，反側無定，必里哥孛瓦貪暴强悍，深可爲慮。陛下若問諸左右，必有容悅而言者，謂堂堂大國，何彼之恤。夫蠭蠆有毒，患起所忽。今都邑壯麗，内外苑囿足以優佚皇情，近畿山川飛走充牣，足以閱習武事，何必千車萬騎，草居露宿，逼介邊陲，遠煩偵候，以冒不恻之悔哉。」上不納。師中等又上疏曰：「近年水旱爲沴，明詔罪己求言，罷不急之役，省無名之費，天下欣幸。今方春東作，而亟遣有司修建行宮，揆之於事，似爲不急。況西、北二京，臨潢諸路，比歲不登。加以民有養馬簽軍挑壕之役，財力大困，流移未復，米價甚貴，若扈從至彼，又必增價。日糴升合者口以萬數，舊藉北京等路商販給之，倘以物貴或不時至，則飢餓之徒將復有如曩歲，殺太尉馬、毀太府瓜果、出忿怨言、起而爲亂者矣。書曰：『民情大可見，小人難保。』況南北兩屬部數十年捍邊者，今爲必里哥孛瓦誘脅，傾族隨去，邊境蕩搖如此可虞，若忽之而往，豈聖人萬舉萬全之道哉。迺者太白晝見，京師地震，又北方有赤色，遲明始散。天之示象，冀有以警悟聖意，脩德銷變。矧夫逸遊，古人所戒，遠自周、奏，近逮隋、唐與遼，皆以是生釁，可不慎哉，可不畏哉。」左補闕許安仁、右拾遺路鐸亦皆上書論諫。是日，上御後閤，召師中等賜對，即從其奏，仍遣諭輔臣曰：「朕欲巡幸山後，無他，不禁暑熱故也。今臺諫官咸言民間缺食處甚多，朕初不盡知，既已知之，暑雖可畏，其忍私奉而重民之困哉。」乃罷北幸。尋爲宋生日國信使，還以所得金帛分遺親舊。五年，上復如景明宮，師中及臺諫官各上疏極諫，上怒，遣近侍局直長李仁愿詣尚書省，召師中等諭之曰：「卿等所言，非無可取，然亦有失君臣之體者。今命平章諭旨，其往聽焉。」

户部尚書馬琪表舉自代，擢吏部尚書。初，完顔守貞改爲西京留守，朝京師，上欲復用，監察御史蒲剌都等糾彈數事，師中辨其誣，而舉守貞正人可用，守貞由是復拜平章政事。及守貞以罪斥，上曰：「向薦守貞者應降黜。如董師中言臺省無此人不治，路鐸、李敬義亦嘗推舉，可左遷於外。然三人者後俱可用，今姑出之，以正失舉罪。」除陝西西路轉運使。歲餘，徵爲御史大夫，命與禮部尚書張暐看讀陳言文字。踰三月，拜參知政事，進尚書左丞。他日奏事，上語輔臣曰：「御史姬端脩言小人在側，果誰歟？」師中曰：「應謂李喜兒輩。」上默然。

師中通古今，善敷奏，練達典憲，處事精敏，嘗言曰：「宰相不當事細務，要在知人才，振綱紀，但一心正、兩目明，足矣。」承安四年，表乞致仕，詔賜宅一區，留居京師。以寒食，乞過家上冢，許之，且命賦寒食還家上冢詩。每節辰朝會，召入侍宴，其眷禮如此。泰和二年，薨，年七十四。上聞之，甚悼惜，顧謂大臣曰：「凡正人多執方而不通，獨師中正而通。」詔依見任宰執例葬祭，仍賻贈之，謚曰文定。

師中工文，性通達，疏財尚義，平居則樂易真率，其臨事則剛決，挺然不可奪。弟師儉，初業進士，欲籍其資廕。師中保任之，密令人代給堂帖，使之肄業。師儉感其義方，力學後遂登第。方在政府，近侍傳詔，將録用其子，師中奏曰：「臣有姪孤幼，若蒙恩録，勝于臣子。」上義之，以其姪爲筆硯承奉。與胥持國同輔政，頗相親附，世以此少之。

王蔚字叔文，香河人也。登皇統二年進士第，調良鄉丞。治績優等，補尚書省令史，知管差除。蔚性通敏，曉析吏事，尋授都事，以喪去，起復，行左司員外郎，遷郎中。大定二年，超授河東北路轉運使，諭旨曰：「汝在海陵時，行事多不法。然朕素知爾才幹，欲授以内除，而憲臺有言，以是補外。如能澡心易行，必當升擢，否則勿望再用。」既而察廉爲第一，授中都路都轉運使。改吏部尚書，以斷護衛出職事不當，奪官一階。頃之，出知河中府事，遷南京留守。

十五年，拜參知政事，蔚懇辭不任負荷，勅諭之曰：「卿但履正奉公，無或阿順，何以辭爲？」十六年，出知真定府事，累轉知河中府。明昌元年，召拜尚書右丞，致仕，卒。

馬惠迪字吉甫，漷陰人也。擢天德三年進士第，再調昌邑令，察廉第一，補尚書省令史。大定中，出爲西京留守判官，以治最，擢同知崇義軍節度事。累遷左司郎中。先是，鄧儼居是職，世宗愛其明敏，惠迪一日奏事退，上謂宰臣曰：「人之聰明多失於浮衒，若惠迪聰明而朴實，甚可喜也。朕嘗與論事，五品以下朝官少有如者。」未幾，超授御史中丞，拜參知政事。

時烏底改叛亡，世宗已遣人討之，又欲益以甲士，毁其船栰。惠迪奏曰：「得其人不可用，有其地不可居，恐不足勞聖慮。」上曰：「朕固知之。所以毁其船栰，正欲不使再窺邊境耳。」尋以憂去，起爲昭義軍節度使。明昌元年，爲南京留守，致仕，卒。

馬琪字德玉，大興寶坻人。正隆五年擢進士第，調清源主簿，三遷永清令。永清畿縣，號難治，前令要介有能聲，琪繼以治聞。補尚書省令史，以永清治最，授同知定武軍節度使事、興中府治中，召爲户部員外郎，改侍御史。

世宗謂宰臣曰：「比者馬琪主奏高德温獄，其於富户寄錢事皆略不奏。朕以琪明法律而正直，所爲乃爾，稱職之才何其難也？古人雖云『罪疑惟輕』，非爲全尚寬縱也。」尋轉左司員外郎，扈從東巡，遷右司郎中，移左司。時擇使宋國者，世宗欲命琪，宰臣言其資淺，詔特遣之，還授吏部侍郎，改户部。

章宗即位，除中都路都轉運使。時户部闕官，上命宰臣選可任者，或舉同知大興府事烏古孫仲和，上曰：「仲和雖有智力，恐不能主錢穀。理財安得如劉晏者，官用足而民不困，唐以來一人而已。」或舉琪，上然之，曰：「琪不肯欺官，亦不肯害民，是可用也。」遂擢爲户部尚書。久之，削官一階。初，琪病告，近侍傳旨，不具服曳履而出，有司議當徒二年，減外猶追官解任。大理少卿閻公貞以爲琪本荒遽失措，與非病告有違不同，宜減徒二年三等論之。上從公貞議，任職如故。

明昌四年，拜參知政事，詔諭之曰：「户部遽難得人，顧無以代卿者，故用卿晚耳。」一日，上謂琪曰：「卿在省久矣，比來事少於往時何也。」琪曰：「昔宰職多有異同，今情見不同者甚少。」上曰：「往多情見爲是耶，今無者爲是耶？」琪曰：「事狀明者不假情見，便用情見，亦要歸之是而已。」五年，河決陽武，灌封丘而東，琪行尚書省事往治之，訖役而還。遷中大夫。承安元年，北邊用兵，而連歲旱暵，表乞致仕，不許。明年，出鎮安武軍，致仕，卒。子師周，閤門祗候，當給假，以聞。上悼之，以不奏聞責諭有司，後二品官卒皆具以聞，自琪始。

琪性明敏，習吏事，其治錢穀尤長，然性吝好利，頗爲上所少云。

楊伯通字吉甫，弘州人。擢大定三年進士第，由尚書省令史爲吏部主事、順義軍節度副使，以憂去。吏部侍郎馬琪表薦伯通廉幹，尚書省覆察如所舉，召爲尚書省都事，授同知定武軍節度使事。明昌元年，擢左司員外郎，轉郎中，累遷吏部尚書，尋移户部。

承安二年，拜參知政事。監察御史路鐸劾奏伯通引用鄉人李浩，以公器結私恩。左司郎中賈益承望風旨，不復檢詳，言之臺端，欲加糾劾，大夫張暐輒尼不行。上命同知大興府事賈鉉詰之，伯通居家待罪。鉉奏：「暐言彈紏大臣，須有實跡，所劾不當，徒壞臺綱。益言除授皆宰執公議，不言伯通私枉。」詔責鐸言事輕率，而慰諭伯通治事。伯通再上表辭，不許。四年，進尚書左丞，致仕，卒。

尼厖古鑑本名外留，隆州人也。識女直小字及漢字，登大定十三年進士第，調隆安教授。改即墨主簿，召授國子助教，擢近侍局直長。世宗器其材，謂宰臣曰：「新進士中如徒單鎰、夾谷衡、尼厖古鑑，皆可用也。」改太子侍丞〔一五〕。踰年，遷應奉翰林文字，兼右三部司正。世宗復謂宰臣曰：「鑑嘗近侍，朕知其正直幹治。及爲東宮侍丞，保護太孫，禮節言動猶有國俗純厚舊風，朕甚嘉之。」

章宗立，累遷尚書户部侍郎，兼翰林直學士。俄轉同知大興府，用大臣薦，改知大興府事。明昌五年拜參知政事，薨，謚曰文肅。

贊曰：移剌履從容進說，信孚於君，至論經純傳駁，以孝行爲治本，其得古人遺學歟。昔臧孫達忠諫於魯，君子知其有後，信矣。張萬公引正守己，質言無華。開壕括地之議，明灼利害，如指諸掌，閉於羣説而不式，致仕而歸，理勢然也。蒲察通之哭海陵，君臣大義死生一之，其志烈矣。程輝、斡特剌之鯁直，劉瑋、董師中之通敏，才皆足以發聞，然師中有附胥之譏，劉瑋見避事之責，其視前人多有愧矣。王蔚、馬惠迪之徒，何足算也。

校勘記

〔一〕王蔚　原作「王尉」，據本卷傳文改。

〔二〕尼厖古鑑　原作「尼龐古鑑」，據本卷傳文改。

〔三〕劉仲誨　原作「劉仲晦」，據本書卷七八劉仲誨傳改。

〔四〕大定四年爲東京辰淥鹽副使　按，遺山先生文集卷一六平章政事壽國張文貞公神道碑，「大定四年，調遼陽府路辰淥鹽司判官」。任職與此異。

〔五〕上命樞密使夾谷清臣發兵擊之　「樞密使」，本書卷九章宗紀一、卷九四夾谷清臣傳皆記夾谷清臣時任「樞密副使」。

〔六〕可斂不及民而足　「足」字原脱。按，遺山先生文集卷一六平章政事壽國張文貞公神道碑記張萬公上書大略，詞句相同，此句作「可斂不及民而足」。今據補。

〔七〕賜以金帶　「帶」字原脱。按，本書卷六世宗紀上，大定七年十二月戊戌，「肇州防禦使蒲察通朝辭，賜通金帶」。今據補。

〔八〕崇尹不及也　「崇尹」，即「宗尹」，章宗朝避金睿宗諱所改。

〔九〕舉太子率府率完顔守貞　下一「率」字原脱。按，本書卷七世宗紀中，大定十九年「九月戊午，以太子左衛率府率裴滿胡剌爲夏國生日使」。卷六七烏春傳附温敦蒲剌傳，「徵爲太子左衛率府率」。卷一〇五楊伯雄傳，「父丘行，太子左衛率府率」。卷一二〇世戚徒單恭傳，「起復其子率府率吾里補爲諫議大夫」。卷一二五文藝傳上鄭子聃傳，「天德三年，丘行爲太子左衛率府率」。均作「率府率」。又，卷五七百官志三東宫官有「左右衛率府率」。今據補。參見本書卷五七校勘記〔六〕。

〔一〇〕轉右衛將軍　「衛」字原脱。按，金制無「右將軍」。本書卷七世宗紀中，大定十二年九月，

「右衛將軍粘割斡特剌爲夏國生日使」。卷六一交聘表中，大定十二年「九月辛巳，以殿前右衛將軍粘割斡特剌爲夏生日使」。今據補。

〔二〕賜衣馬車牛弓矢鎧仗　「鎧仗」，原作「器伏」，據南監本、北監本、殿本、局本改。

〔三〕神童嘗添壽者方數歲　按，本書卷一二六文藝傳下麻九疇傳，「太原常添壽四歲能作詩」。疑作「常添壽」是。

〔三〕唐盧龍節度使仁敬之裔祖宏遼季鎮懿州王師至宏以州降　按，大金故信武將軍同知涿州軍州事期都尉彭城縣開國公食邑三伯户劉公墓誌銘稱劉瑋堂侄元德爲「唐燕王之後，曾祖宏」。唐末爲燕王又任盧龍節度使者爲「劉仁恭」，「仁敬」蓋避顯宗允恭諱而改。又，「宏」，原作「弘」，據墓誌、本書卷二太祖紀天輔二年十二月、卷七五孔敬宗傳、遼史卷二八天祚皇帝紀二天慶八年十二月改。下文同改。

〔四〕明昌元年初置九路提刑司　按，本書卷九章宗紀一，大定二十九年六月「乙未，初置提刑司，分按九路」。本卷張萬公傳、卷九七張亨傳等皆作「章宗即位，初置九路提刑司」。則「明昌元年」或當作「章宗即位」。

〔五〕改太子侍丞　「太子」，疑當作「太孫」。按，本書卷八世宗紀下，大定二十六年十一月戊辰，「以近侍局直長尼厖古鑑純直通敏，擢皇太孫侍丞」。又本卷下文有「及爲東宮侍丞，保護太孫」句。

金史卷九十六

列傳第三十四

黄久約　李晏　李仲略　李愈　王賁　許安仁　梁襄

路伯達

黄久約字彌大，東平須城人也。曾祖孝綽有隱德，號「潛山先生」。父勝，通判濟州。母劉氏，尚書右丞長言之妹，一夕夢鼠銜明珠，寤而久約生，歲實在子也。擢進士第，調鄆城主簿，三遷曹州軍事判官。有盜竊民財，訴者以爲强，郡守欲傅以重辟，久約閱實，囚得免死。累擢禮部員外郎，兼翰林修撰，升待制，授磁州刺史。磁並山，素多盜，既獲而款伏者，審録官或不時至，繫者多以杖殺，或死獄中。久約惻然曰：「民雖爲盜而不死于法可乎？」乃盡請讞之而後行。

久之，復入翰林爲直學士，尋授左諫議大夫，兼禮部侍郎，爲賀宋生日副使。至臨安，適館伴使病，宋人議欲以副使代行使事，久約曰：「設副使亦病，又將使都轄、掌儀輩行禮乎？」竟令國信使獨前行，副使與館伴副使聯騎如故，乃終禮而還。道經宿、泗，見貢新枇杷子者，州縣調民夫遞進，還奏罷之。

時以貧富不均，或欲令富民分貸貧者，下有司議，久約曰：「物之不齊，物之情也。貧富不均，亦理之常。若從或者言，適足以斂怨，非損有餘補不足之道。」章宗時領右丞相，韙其議。尋上章請老，詔諭之曰：「卿忠直敢言，匡益甚多，未可使去左右。」遷太常卿，仍兼諫職。

時郡縣多闕官，久約言：「世豈乏材，閡於資格故也。明詔每責大臣以守格法而滯人材，乞斷自宸衷而力行之。」世宗曰：「此事宰相不屬意，而使諫臣言之歟？」即日授刺史者數人。久約又言宜令親王以下職官遞相推舉，世宗曰：「薦舉人材惟宰相當爲耳，他官品雖高，豈能皆有知人之監。方今縣令最闕，宜令刺史以上舉可爲縣令者，朕將察其實能而用之。」又謂久約曰：「近日察舉好官皆是諸科監臨，全無進士何也？」久約曰：「諸科中豈無廉能人，不因察舉有終身不至縣令者，此法未可廢也。」上曰：「爾舉孫必福是乎？」久約曰：「臣頃任磁州時，必福爲武安丞，臣見其廉潔向公、無所顧避，所以保舉。不謂必福既任警巡使，處決凝滯。」上曰：「必福非獨遲緩，亦全不解事，所以罪不及保官者，幸其無贓汙耳。」久約無以對。必福五經出身，蓋諸科人，故上問及之。翌日侍朝，故事，宰相奏事則近臣退避，久約欲趨出，世宗止之，自是諫臣不避以爲常。

章宗即位，久約以國富民貧、本輕末重、任人太雜、吏權太重、官鹽價高、坊場害民，與夫選左右、擇守令八事爲獻，皆嘉納之。再乞致仕，不許，授橫海軍節度使以優佚之。明昌二年致仕，卒。久約雋朗敢言，性友弟，爲文典贍，有外祖之風云〔一〕。

李晏字致美，澤州高平人。性警敏，倜儻尚氣。皇統六年，登經義進士第〔二〕。調岳陽丞。再轉遼陽府推官，歷中牟令。會海陵方營汴京，運木於河，晏領之。晏以經三門之險，前後失敗者衆，乃馳白行臺，以其木散投之水，使工取於下流，人皆便之。丁内艱〔三〕，服除，召補尚書省令史。辭去，爲衛州防禦判官。世宗素識其才名，尋召爲應奉翰林文字，特令詣閤謝，上顧謂左右曰：「李晏精神如舊。」慰勞甚悉。時方議郊禮，命攝太常博士，俄而真授。爲高麗讀册官，五遷祕書少監，兼尚書禮部郎中，除西京副留守。世宗謂侍臣曰：「翰林舊人少，新進士類不學，至於詔敕册命之文鮮有能者，可選外任有文章士爲之。」左右舉晏，上曰：「李晏朕所自識。」於是召爲翰林直學士，兼太常少卿。以母老乞歸養，授鄭州防禦使，未赴，母卒。起復爲翰林直學士。

世宗御後閤，召晏讀新進士所對策，至「縣令闕員取之何道」，上曰：「朕夙夜思此，未知所出。」晏對曰：「臣伏念久矣，但無路不敢言。今幸待罪侍從，得承大問，願竭所知。」上曰：「然則何如？」對曰：「國朝設科取士始分南北兩選，北選百人，南選百五十人，合二百五十人。詞賦經義入仕之人既多，所以縣令未嘗闕員。其後南北通選，止設詞賦一科，每舉限取六七十人。入仕之人既少，縣令闕員蓋由此也。」上以爲然，詔後取人毋限以數。尋擢吏部侍郎，兼前職，諭旨曰：「卿性果敢，有激揚之意，故以授卿，宜加審慎，毋涉荒唐。」俄爲中都路推排使，遷翰林侍講學士，兼御史中丞。

會朝士以病謁告，世宗意其詐，謂晏曰：「卿素剛正，今某詐病，以宰相親故，畏而不糾歟？」晏跪對曰：「臣雖老，平生所恃者誠與直爾。百官病告，監察當視。臣爲中丞，官吏姦私則當言之。病而在告，此小事臣容有不知，其畏宰相何圖焉。」既出，世宗目送之，曰：「晏年老，氣猶未衰。」一日，御史臺奏請增監察員，上曰：「採察内外官吏，固係監察。然爾等有所聞知，亦當彈劾。況糾正非違，臺官職也，苟不能正其身，如正人何？」顧謂晏曰：「豳王年少未練，朕以臺事委卿，當一一用意。」

初，錦州龍宮寺，遼主撥賜户民俾輸税于寺，歲久皆以爲奴，有欲訴者害之島中。晏乃具奏：「在律，僧不殺生，況人命乎。遼以良民爲二税户，此不道之甚也，今幸遇聖朝，乞盡釋爲良。」世宗納其言，於是獲免者六百餘人。故同判大睦親府事謀衍家有民質券，積其息不能償，因没爲奴，屢訴有司不能直，至是，投匭自言。事下御史臺，晏檢擿案狀得其情，遂奏免之。尋爲賀宋正旦國信副使。及世宗不豫，命宿禁中，一時詔册皆晏爲之。

章宗立，晏晝十事以上。一曰，風俗奢僭，宜定制度。二曰，禁游手。三曰，宜停鑄錢。四曰，免上户管庫。五曰，太平宜興禮樂。六曰，量輕租税。七曰，減鹽價。八曰，免監官陪納虧欠。九曰，有司尚苟且，乞申明經久遠圖。十曰，禁網差密，宜尚寬大。又奏「乞委待制党懷英、修撰張行簡更直進讀陳言文字，以廣視聽」。皆採納之。以年老乞致仕，改禮部尚書，兼翰林學士承旨。越二年，復申前請，授沁南軍節度使，久之，致仕。上念其先朝舊人，復起爲昭義軍節度使。

明昌六年，歸老，得疾，詔除其子左司員外郎仲略爲澤州刺史，以便侍養。承安二年卒，年七十五，謚曰文簡。

仲略字簡之。聰敏力學，登大定十九年詞賦進士第，調代州五臺主簿。以母憂去，服闋，轉韓州軍事判官，遷澤州晉城令，補尚書省令史。除翰林修撰，兼太常博士。改授左司都事，爲立夏國王讀册官。還，權領左司。一日，奏事退，上顧謂侍臣曰：「仲略精神明健，如俊鶻脱帽。」又曰：「李仲略健吏也。」未幾，轉員外郎，以親病求侍，特授澤州刺史以便禄養。先是，晏領沁南軍節度使，澤於懷爲支郡，父子相繼，鄉人榮之。以父喪免，起爲户部郎中。

時上命六品以上官，十日以次轉對，乃進言曰：「凡救其末，不若正其本。所謂本者厚風俗，去冗食，養財用而已。厚風俗在乎立制度，禁奢僭。去冗食在乎寵力農，抑游墮。養財用在乎廣儲蓄，時斂散。商賈不通難得之貨，工匠不作無用之器，則下知重本。下知重本，則末息矣。」又條陳制度之宜，上嘉納之。俄授翰林直學士，兼前職，因命充經義讀卷官。上問曰：「有司以謂經義不若詞賦，罷之何如？」仲略奏曰：「經乃聖人之書，明經所以適用，非詞賦比。乞自今以經義進士爲考試官，庶得碩學之士。」上可其奏。改吏部郎中，遷侍郎，兼翼王傅，俄兼宛王傅。

時知大興府事紇石烈執中坐贓，上命仲略鞫之，罪當削解。權要競言太重，上頗然之，仲略奏曰：「教化之行，自近者始。京師，四方之則也。郡縣守令無慮數百，此而不懲，何以勵後？況執中兇殘很愎，慢上虐下，豈可宥之。」上曰：「卿言是也。」未幾，授山東東西路按察使。尋以病訪醫京師，泰和五年卒。上聞之，歎曰：「此人於國家宣力多矣，何遽止是耶。」贈朝列大夫，謚曰襄獻。

仲略性豪邁有父風，剛介特立，不阿權貴，臨事明敏無留滯，故所任以幹濟稱云。

李愈字景韓，絳之正平人。業儒術，中正隆五年詞賦進士第，調河南澠池主簿。察廉優等爲平陽酒副使，遷冀氏令，累遷解州刺史。章宗即位，召授同知中都路都轉運使事，改同知濟南府。

明昌二年，授曹王傅，兼同知定武軍節度使事。王奉命宴賜北部，愈從行，還過京師，表言：「諸部所貢之馬，止可委招討司受於界上，量給迴賜，務省費以廣邊儲。擬自臨潢至西夏沿邊創設重鎮十數，仍選猛安謀克勳臣子孫有材力者使居其職，田給於軍者許募漢人佃種，不必遠輓牛頭粟而兵自富彊矣。」上覽其奏，謂宰臣曰：「愈一書生耳，其用心之忠如是。」以表下尚書省議。會愈遷同知西京留守，過闕復上言，以爲「前表儻可採，乞斷自宸衷」，上納用焉。自是，命五年一宴賜，人以爲便。改棣州防禦使。未幾，授大興府治中，上諭之曰：「卿資歷應得三品，以是員方闕而卿能幹，故用之，當知朕意。」北京提刑副使范楫、知歸德府事鄧儼各舉愈以自代，由是擢河南路提刑使。上言：「隨路提刑司乞留官一員，餘分部巡按。」又言：「本司見置許州，乞移治南京爲便。」並從之。憲臺廉察，九路提刑司以愈爲最。

五年，入見，尚書省以聞，上問宰執有何議論，平章政事守貞曰：「李愈言河決事。」上曰：「愈嚮陳備禦北邊策〔四〕。言甚荒唐。」守貞曰：「愈於見職甚幹。」上曰：「蓋以其敢爲耳。」又曰：「李愈論河決事，謂宜遣大臣視護以慰人心，其言良是。」明年，改河平軍節度使。承安二年，徙順義軍，奏陳屯田利害，上遣使宣諭，仍降金牌俾領其事。四年，召爲刑部尚書。先是，刑部尚書闕，上以愈爲可用，令議之，或言愈病，上曰：「愈比陳言，有退地千里而爭言其功之語，卿等定惡此人多言耶。」特召用之。舊制，陳言者漏所言事於人，並行科罪，仍給告人賞。愈言：「此蓋所以防閑小人也。比年以來詔求直言，及命朝臣轉對，又許外路官言事，此皆聖言樂聞忠讜之意，請除去舊條以廣言路。」上嘉納焉。尋爲賀宋正旦副使。

泰和二年春，上將幸長樂川，愈切諫曰：「方今戍卒貧弱，百姓騷然，三叉尤近北陲，恒防外患。兼聞泰和宮在兩山間，地形狹隘，雨潦湍集，固不若北宮池臺之勝，優游閑適也。」上不從，夏四月，愈復諫曰：「北部侵我舊疆千有餘里，不謀雪恥，復欲北幸，一旦有警，臣恐丞相襄、樞密副使闍母等不足恃也。況皇嗣未立，羣心無定，豈可遠事逸游哉。」上異其言。未幾，授河平軍節度使，改知河中府事，致仕。泰和六年卒，年七十二。謚曰清獻。自著狂愚集二十卷。

王賁字文孺，其先自臨潢移貫宛平。曾祖士方，正直敢言。遼道宗信樞密使耶律乙辛之讒殺其太子，世無敢白其冤者，士方擊義鍾以訴，遼主感悟，卒誅乙辛，厚賞士方，授承奉官。父中安，擢進士第，坐田穀黨事廢。世宗即位黨禁解，終沂州防禦使。

賁性孝友，勤敏好學，第進士，由復州軍事判官補尚書省令史，擢右三部檢法司正。侍御史賈鉉舉賁安靜有守，不尚奔競，政府亦言其廉，素善論議。擢河北東西大名府路提刑判官，選授尚書省都事，以喪去。用薦者多，起復刑部員外郎、侍御史，累遷南京路按察使，卒。賁敦厚尚義，篤於親朋，不營産業，比歿家甚窶，上聞憫惜之，贈朝列大夫，仍厚卹其家。

弟質字敬叔，登大定二十五年進士第，累官吏部主事，以才幹舉遷昭義軍節度副使。

章宗問質臨事若何，張萬公對曰：「勝其兄賁。」章宗曰：「及其兄亦可矣。」後以禮部尚書致仕，終。

許安仁字子靜，獻州交河人。幼孤，能自刻苦讀書，善屬文。登大定七年進士第，調河間縣主簿。累遷太常博士，兼國史院編修官。章宗爲皇太孫，安仁以講學被選東宮，轉左補闕、應奉翰林文字。上即位，改國子監丞，兼補闕，徙翰林修撰，同知制誥，兼職如故。侍御史賈鉉以安仁守道端慤，薦于朝。同知濟南府事路伯達繼上章稱其立己純正，宜加顯任，超授禮部郎中，兼左補闕。適朝議以流人實邊，安仁言：「昔漢有募民實邊之議，蓋度地營邑，制爲田宅，使至者有所居，作者有所用，於是輕去故鄉而易於遷徙。如使被刑之徒寒餓困苦，無聊之心靡所顧藉，與古之募民實塞不同，非所宜行。」上然之。

明昌四年春，上將幸景明宮，安仁與同列諫曰：「昔漢、唐雖有甘泉、九成避暑之行，然皆去京師不遠。非如金蓮千里之外，鄰沙漠，隔關嶺，萬一有警，何以應變，此不可不慮也。」疏奏，遂罷幸。

出爲澤州刺史，作無隱論上之，凡十篇，曰本朝、曰情欲、曰養心、曰田獵、曰公道、曰養源、曰冗官、曰育材、曰限田、曰理財。在郡二年，徙同知河南府事，升汾陽軍節度使，致仕。泰和五年卒，年七十七，謚曰文簡。安仁質實無華，澹然有古君子風，故爲時人所稱云。

梁襄字公贊，絳州人。少孤，養於叔父寧。性穎悟，日記千餘言。登大定三年進士第，調耀州同官主簿。三遷邠州淳化令，有善政。察廉升慶陽府推官，召爲薛王府掾。世宗將幸金蓮川，有司具辦，襄上疏極諫曰：

金蓮川在重山之北，地積陰冷，五穀不殖，郡縣難建，蓋自古極邊荒棄之壤也。氣候殊異，中夏降霜，一日之間寒暑交至，特與上京、中都不同，尤非聖躬將攝之所。凡奉養之具無不遠勞飛輓，越山踰嶮，其費數倍。至於頓舍之處，軍騎闐塞，主客不分，馬牛風逸以難收，臧獲逋逃而莫得，奪攘蹂躪，未易禁止。公卿百官衞士，富者車帳僅容，貧者穴居露處，輿臺皂隸不免困踣，飢不得食，寒不得衣，一夫致疾染及衆人，夭傷無辜何異刃殺。此特細故耳，更有大於此者。

臣聞高城、峻池、深居、邃禁，帝王之藩籬也，壯士、健馬、堅甲、利兵，帝王之爪牙也。今行宮之所，非有高殿廣宇城池之固〔五〕，是廢其藩籬也。掛甲常坐之馬，日暴雨蝕，臣知其必羸瘠矣。禦侮待用之軍，穴居野處，冷啖寒眠，臣知其必疲瘵矣。衛宮周廬才容數人，一旦霖潦積旬，衣甲弓刀霑濕柔脆，豈堪爲用，是失其爪牙也。秋杪將歸，人已疲矣，馬已弱矣，裹糧已空，褚衣已弊，猶且遠幸松林，以從畋獵，行於不測之地，往來之間動踰旬月，轉輸移徙之勞更倍於前矣。

以陛下神武善騎射，舉世莫及，若夫銜橜之變，猛摯之虞，姑置勿論。設於行獵之際，烈風暴至，塵埃漲天，宿霧四塞，跬步不辨，以致翠華有崤陵之避、襄城之迷，百官狼狽於道途，衛士參錯於隊伍，當此宸衷寧無戒悔。夫神龍不可以失所，人主不可以輕行，良謂此也。所次之宮，草略尤甚，殿宇周垣唯用氈布。押宿之官、上番之士，終日驅馳，加之飢渴，已不勝倦。更使徹曙巡警，露坐不眠，精神有限，何以克堪。雖陛下悅以使人，勞而不怨，豈若不勞之爲愈也。故君人者不可恃人無異謀，要在處己於無憂患之域也。

燕都地處雄要，北倚山嶮，南壓區夏，若坐堂隍，俯視庭宇，本地所生，人馬勇勁，亡遼雖小，止以得燕故能控制南北，坐致宋幣。燕蓋京都之選首也，況今又有宮闕井邑之繁麗，倉府武庫之充實，百官家屬皆處其內，非同曩日之陪京也。居庸、古北、松亭、榆林等關，東西千里，山峻相連，近在都畿，易於據守，皇天本以限中外，開大金萬世之基而設也。柰何無事之日越居草萊，輕不貲之聖躬，愛沙磧之微涼，忽祖宗之大業，此臣所惜也。又行幸所過，山徑阻脩，林谷晻靄，上有懸崖，下多深壑，垂堂之戒，不可不思。

臣聞漢、唐離宮去長安才百許里，然武帝幸甘泉遂中江充之姦，太宗居九成幾致結社之變。太康畋於洛汭，后羿拒河而失邦。魏帝拜陵近郊，司馬懿竊權而篡國。隋煬、海陵雖惡德貫盈，人誰敢議，止以離棄宮闕，遠事巡征，其禍遂速，皆可爲殷鑒也。臣嘗論之，安民濟衆，唐、虞猶難之。而今日之民，賴陛下之英武無兵革之憂，賴陛下之聖明無官吏之虐，賴陛下之寬仁無刑罰之枉，賴陛下之節儉無賦斂之繁，可謂能安濟矣。而遊畋納涼之樂，出於富貴之餘，靜而思動，非如衣食切身有不可去者，罷之至易耳。唐太宗將行關南，畏魏徵而停，漢文帝欲馳霸陵，袁盎諫而遽止。是陛下能行唐、虞之難行，而未能罷中主之易罷，臣所未諭也。

且燕京之涼非濟南之比，陛下牧濟南日，每遇炎蒸不離府署，今九重之內，臺榭高明，宴安穆清，何暑得到。議者謂陛下北幸久矣，每歲隨駕大小前歌後舞而歸，今茲再出，寧有遽不可乎。臣愚以爲患生於不戒者多矣，西漢崇用外戚，而有王莽之禍，梁武好納叛降，而有侯景之變。今者累歲北幸，狃於無虞，往而不止，臣甚懼焉。夫事知其不可猶冒爲之，則有後難必矣。

議者又謂往年遼國之君，春水、秋山、冬夏捺鉢，舊人猶喜談之，以爲真得快樂之趣，陛下效之耳。臣愚以謂三代之政今有不可行者，況遼之過舉哉。且本朝與遼室異，遼之基業根本在山北之臨潢，臣知其所遊不過臨潢之旁，亦無重山之隔，冬猶處於燕京。契丹之人以逐水草牧畜爲業，穹廬爲居，遷徙無常，又壤地褊小，儀物殊簡，輜重不多，然隔三五歲方能一行，非歲歲皆如此也。我本朝皇業根本在山南之燕，豈可捨燕而之山北乎。上京之人棟宇是居，不便遷徙。方今幅員萬里，惟奉一君，承平日久，制度殊異，文物增廣，輜重浩穰，隨駕生聚，殆逾於百萬。如何歲歲而行，以一身之樂，歲使百萬之人困於役、傷於財、不得其所，陛下其忍之歟？臣又聞，陛下於合圍之際，麋鹿充牣圍中，大而壯者才取數十以奉宗廟，餘皆縱之，不欲多殺。是陛下恩及於禽獸，而未及於隨駕衆多之臣庶也。

議者謂，前世守文之主，生長深宮，畏見風日，彎弧、上馬皆所不能，志氣銷懦，筋力拘柔，臨難戰懼，束手就亡。陛下監其如此〔六〕，不憚勤身，遠幸金蓮，至於松漠，名爲坐夏打圍，實欲服勞講武。臣愚以爲戰不可忘，畋獵不可廢，宴安鴆毒亦不可懷，然事貴適中，不可過當。今過防驕惰之患，先蹈萬有一危之途，何異無病而服藥也。況欲習武不必度關，涿、易、雄、保、順、薊之境地廣又平，且在邦域之中，獮田以時，誰曰不可。伏乞陛下發如綸之旨，回北轅之車，塞雞鳴之路，安處中都，不復北幸，則宗社無疆之休，天下莫大之願也。

方今海內安治，朝廷尊嚴，聖人作事，固臣下將順之時，而臣以螻蟻之命，進危切之言，仰犯雷霆之威，陷於吏議，小則名位削除，大則身首分磔，其爲身計豈不愚謬。惟陛下深思博慮，不以人廢言，以宗廟天下爲心，俯垂聽納，則小臣素願遂獲，雖死猶生，他非所覬望也。

世宗納之，遂爲罷行，仍諭輔臣曰：「梁襄諫朕毋幸金蓮川，朕以其言可取，故罷其行。然襄至謂隋煬帝以巡游敗國，不亦過乎。如煬帝者蓋由失道虐民，自取滅亡。民心既叛，雖不巡幸國將安保？爲人上者但能盡君道，則雖時或巡幸，庸何傷乎？治亂無常，顧所行何如耳。豈必深處九重便謂無虞，巡游以時即兆禍亂者哉。」

襄由是以直聲聞。擢禮部主事、太子司經。遷爲監察御史，坐失察宗室弈事，罰俸一月。世宗責之曰：「監察，人君耳目，風聲彈事可也。至朕親發其事，何以監察爲？」轉中都路都轉運户籍判官，未幾，遷通遠軍節度副使，以喪去。服闋，授安國軍節度副使，同知定武軍節度事，避父諱改震武軍。太常卿張暐、曹州刺史段鐸薦襄學問該博，練習典故，可任禮官。轉同知順義軍節度使事、東勝州刺史。坐簸揚俸粟責倉典使償，爲按察司所劾，以贖論。歷陝州刺史，累遷保大軍節度使，卒。

襄長于春秋左氏傳，至于地理、氏族，無不該貫。自蚤達至晚貴，膳服常淡薄，然議者譏其太儉云。

贊曰：金起東海，始立國即設科取士，蓋亦知有文治也。漸摩培養，至大定間人材輩出，文義蔚然。加以世宗之聽納，人各盡其所能，論議書疏有可傳者。惜史無全文，僅存梁襄諫北幸一書，辭雖過繁而意亦切至，故備載之，以見當時君明臣直，不以言爲忌。金之致治於斯爲盛，嗚呼休哉。

路伯達字仲顯，冀州人也。性沉厚，有遠識，博學能詩，登正隆五年進士第，調諸城主簿。由泗州榷場使補尚書省掾，除興平軍節度副使，入爲大理司直。大定二十四年，世宗將幸上京，伯達上書諫曰：「人君以四海爲家，豈獨舊邦是思，空京師而事遠巡，非重慎之道也。」書奏，不報。閲歲，改祕書郎，兼太子司經。時章宗初嚮學，伯達以文行知名，選爲侍讀，居無何以憂去。會安武軍節度使王克温舉伯達行義〔七〕，起爲同知西京路轉運使事，召爲尚書禮部員外郎，兼翰林修撰，勑與張行簡進讀陳言文字。

先是，右丞相襄奏移賀天壽節於九月一日，伯達論列以其非時，平章政事張汝霖、右丞劉瑋及臺諫亦皆言其不可〔八〕，下尚書省議，伯達曰：「上始即政，當行正、信之道，今易生辰非正，以紿四方非信。且賀非其時，是輕禮重物也。」因陳正名從諫之道。升尚書刑部郎中。上問羣臣曰：「方今何道使民務本業、廣儲蓄？」伯達對曰：「布德流化，必自近始。請罷畿内採獵之禁，廣農郊以示敦本，輕幣重穀，去奢長儉，遵月令開籍田以率先天下，如是而農不勸、粟不廣者未之有也。」是時，採捕禁嚴，自京畿至真定、滄、冀，北及飛狐，數百里内皆爲禁地，民有盜殺狐兔者有罪，故伯達及之。累遷刑部侍郎、太常卿，拜安國軍節度使，未幾，改鎮安武。

嘗使宋回，獻所得金二百五十兩、銀一千兩以助邊，表乞致仕，未及上而卒。其妻傅氏言之，上嘉其誠，贈太中大夫，仍以金銀還之，傅泣請，弗許。傅以伯達嘗修冀州學，乃市信都、棗强田以贍學，有司具以聞，上賢之，賜號「成德夫人」。

子鐸、鈞。鈞字和叔，登大定二十五年進士第，終萊州觀察判官。鐸最知名，别有傳。

贊曰：金詘宋稱臣稱姪，受其歲幣，禮也。使聘於其國，燕享禮也，納其重賂其可乎哉？時人貪利忘禮，習以爲常，莫有知其爲非者。故去則云酬勞效，還則户增物力，上下交征，惟利是事，此何誼耶？伯達獨能明其非禮，回獻所饋，齎志未畢，傅氏又能成之，及歸所獻，竟以買田贍學。婦人秉心之烈、制事之宜，乃能如是，士大夫溺於世俗之見者寧不愧哉。賜號「成德」，不亦宜乎。

校勘記

〔一〕有外祖之風云　按，中州集卷九劉長言小傳，「父蹟，年三十五終於儀真令，工詩能文，有南榮集」。「外祖」下當有「劉蹟」二字，文義方完。

〔二〕皇統六年登經義進士第　「六年」，中州集卷二李晏小傳作「二年」。

〔三〕丁内艱　「内艱」，局本作「外艱」。按，下文云「以母老乞歸養，授鄭州防禦使，未赴，母卒」。則是時其母未卒，作「外艱」是。

〔四〕愈嚮陳備禦北邊策　此處疑有脱文。按，上文云「上覽其奏，謂宰臣曰：『愈一書生耳，其用心之忠如是。』」並皆「納用焉」。與下文「言甚荒唐」殊相矛盾。本書卷二七河渠志，明昌五年「八月，以河決陽武故堤，灌封丘而東，（中略）上曰：『李愈不得爲無罪，（中略）徒能張皇水勢而無經畫，（中略）問王村河口開導之月，則對以四月終，其實六月也，月日尚不知，提刑司官當如是乎。』」其「言甚荒唐」似指此而言。

〔五〕今行宮之所非有高殿廣宇城池之固　「非」，原作「亦」，據南監本、北監本、殿本、局本改。

〔六〕陛下監其如此　「其」，原作「某」，據南監本、北監本、殿本、局本改。

〔七〕會安武軍節度使王克温舉伯達行義　「武」字原脱。按，本書卷八世宗紀下，大定二十八年九月「丙申，以安武軍節度使王克温等爲賀宋生日使」。卷六一交聘表中，大定二十八年「九月丙申，以安武軍節度使王克温、近侍局使鶻殺虎爲賀宋生日使」。今據補。

〔八〕右丞劉瑋　本書卷八三張浩傳附子張汝霖傳記此事作「參知政事劉瑋」。按，卷九章宗紀一，大定二十九年八月「甲辰，參知政事劉瑋罷」；又明昌三年六月「乙丑，以知大名府事劉瑋爲尚書右丞」。此議移賀天壽節事在章宗即位之初，劉瑋之官當是參知政事。